新しい道徳教育

理論と実践

広岡義之 編著

ミネルヴァ書房

はじめに

　現代の子どもたちは，安らぎを喪失した「寄るべなき世界」(ランゲフェルド)で生きざるをえなくなっている。そもそも模範となるべき大人，家庭や地域の教育力が低下しており，さらには子どもたちの日常の生活空間である学校そのものが憩いの場でなくなって久しい。こうした状況にある学校で，子どもたちに，生命尊重の心を育てよう，自尊感情を高めよう，基本的な生活習慣を確立させよう，人間関係を築く力や集団活動を通した社会性を育てようと，学校の教師たちは懸命に呼びかけている。このような教師の懸命の呼びかけは，実は教師と子どもの間に真の信頼関係が構築され，さらに道徳の時間がうまく機能していて，はじめて功を奏するのではないだろうか。そうでなければ，そうした教育的呼びかけも形骸化してやがて崩壊していくほかあるまい。

　日本の教育的閉塞感を改善するために，文部科学省は2008(平成20)年に，道徳教育を「要(かなめ)」とした新学習指導要領を改訂した。そこで最も重要な役割を果しているのが，教育改革の核となるべき「道徳の時間」のさらなる充実という方針である。そこで本書では，道徳教育の理論編で道徳的考察を深めるにとどまらず，さらに実践編においては小学校・中学校の道徳の時間の資料の読み方や指導法に力点を置いた。具体的には小・中学校の道徳の時間の資料の解釈，授業の展開の仕方，指導案の実際について可能な限り例示しつつ，受講生の便宜を図った。教育実習に参加した折に，道徳の授業を受け持つ機会も増加しているという。こうした実情からも，道徳の時間に実際にどのように対処し，計画を立てればよいかという点にも配慮して，本書は執筆されている。

　本書では幸いなことに，現在，日本道徳教育学会会長の重責を担われている関西学院大学教授の横山利弘先生に推薦のお言葉を賜ることができた。編者は横山先生の大学院での後輩にあたり，20数年前にドイツのボルノー博士のもとで学ぶ際に，紹介状を書いていただく機会に恵まれた。その後，ドイツで学んでいるとき，テュービンゲン大学を横山先生が訪問され，きめ細かいご配慮を

いただいた。当時，横山先生は文部省の調査官として訪独されており，ボルノー教授以外にもヘルバルト研究の第一人者であったアスムス教授をハイデルベルグで紹介してくださった。横山先生がアスムス教授ご夫妻と面会された時に同席させていただいた経験は，今となっては懐かしい思い出である。

さて，横山先生の構築されている道徳教育理論に基づきつつ，道徳の資料をいかに読み込むか，そして，その解釈を道徳の授業に意義深く反映させることが，いかに大切なことかについて少し説明してみたい。道徳教育的にみれば，「心」とは，「知」（道徳的判断力）・「情」（道徳的実践心情）・「意」（道徳的意欲）で構成される。道徳教育は，人間的魅力を増すための教育であり，「粋な」ふるまいのできる人間を育成することでもある。読み物資料をもとに道徳の時間が深く展開され，子どものアポリア（進行不可能性）を乗り越えた後の「価値の自覚」の実現をめざして，教師側もまた，読みもの資料の徹底した読み込みと指導案の準備をすることが求められるのである。

編者は現在，日本道徳教育学会および日本道徳教育方法学会の会員であり，また大学で「道徳教育の研究」という講義を担当している。その意味では道徳教育について継続的に研究をしているが，2008年からは1カ月に1回のペースで開催されている「横山利弘先生を囲む道徳研究会」（この文言で検索すると，ＨＰで詳細に内容が確認可能）にも出席させていただき，さらに具体的な道徳の教材解釈や指導方法について，常時100名を超える参加者とともに学んでいる。道徳教育の資料の読み込みや教材研究等の勉強会には，現役の小・中学校の先生方，校長・教頭をはじめ，道徳教育推進教師，教育委員会の指導主事等，道徳教育の指導的立場にある方々，大学の教員，出版関係の方々，教師を目指す大学生等，構成員は多士済々である。出席者はすべて自発的に勉強会に出席し，自らの置かれている立場から，それぞれ道徳教育の教材解釈の仕方について日々，研鑽を積まれている。横山先生の講義内容は，たんに知的・分析的な教材解釈を超えて，その過程で自らの生き方をも再考させられる内容で，参加者各自の道徳的エネルギーを充電する機会ともなっているようである。その意味で，受講生の勉学意欲の前向きな姿勢には感服する他ない。遠くは，富山，広島，山口などからも勉強会に参加されており，その勉学意欲にはただただ頭が

はじめに

下がる思いである。また，会場にはエネルギーが満ち満ちているという表現も，けっしておおげさなものではない。

本書第Ⅱ部の実践編は小・中学校の指導案について論じられているが，一貫して横山先生の道徳的解釈を基盤に据えている。特に中学校の章では，横山先生の御著書や上記「横山利弘先生を囲む道徳研究会」で学ぶことのできた内容を中心に紹介している。説明の文言や図表などもこの勉強会で配布されたものを使用させていただいた。そのことに関して，関係各位に改めてこの場を借りて深く御礼申しあげたい。特に廣済堂あかつき株式会社様には資料等のご提供を快くお認めいただき感謝している。

本書は，主として大学生を対象とした道徳教育の入門書である。それゆえ，テキストという性格上，内外の多くの研究者の成果を援用させていただいたが，引用註は省かざるをえなかった。その代わりに，各章末に参考・引用文献というかたちで諸文献を紹介させていただいた。これらに関係する方々にもお許しを請うと共に厚くお礼申しあげたい。

また本書の刊行にかんして，ミネルヴァ書房編集部の浅井久仁人氏からいつも温かいご配慮をいただき，衷心から感謝申しあげる。われわれは今から道徳教育を学ぶスタート地点に立っている。現代社会における道徳教育の状況を一瞥するならば，今後の道徳教育研究の課題も多く，筆者たちはさらなる自己研鑽に取り組むつもりである。顧みてなお意に満たない箇所も多々気づくのであるが，これを機会に十分な反省を踏まえつつ，大方のご批判，ご叱正，ご教示を賜り，さらにこの方面でのいっそうの精進に努める所存である。

 2009年7月30日

        執筆者を代表して 広岡　義之

新しい道徳教育──理論と実践　　目　次

はじめに

第Ⅰ部　道徳教育の理論と歴史

第1章　新学習指導要領「道徳」の改訂重要事項と対応課題……… 2
　1　我が国の道徳教育の現状と改善点…2
　2　道徳教育の「要」として道徳の時間を充実させる改訂…3
　3　道徳教育改訂の趣旨…9

第2章　道徳教育の歴史的展開……………………………………… 16
　1　道徳の発生…16
　2　西洋世界の道徳観　Ⅰ──古代から中世…17
　3　西洋世界の道徳観　Ⅱ──ルネサンス・宗教改革以降…21
　4　日本の近代以前の道徳思想…26

第3章　子どもの道徳性の心理的発達……………………………… 30
　1　エリクソンの理論と道徳性の発達…30
　2　ピアジェの理論と道徳性の発達…37

第4章　子どもの道徳性に伴う大人の道徳観……………………… 45
　1　幼稚園及び保育所における保育の充実…45
　2　保育内容から見る道徳性の芽生え…50
　3　子どもの道徳性の発達に伴う大人の道徳観…55

第Ⅱ部　道徳教育の実際

第5章　道徳教育の目標 …………………………………………… 64
1　教育の根本精神…64
2　学 校 教 育…67
3　道徳の時間…72

第6章　道徳教育の内容と内容項目 ………………………………… 76
1　道徳教育の内容…76
2　内容項目とその取扱い…81

第7章　道徳教育の全体計画と年間指導計画 ……………………… 90
1　全体計画の作成…90
2　道徳の時間の年間指導計画の作成…94
3　学級における指導計画…99
4　全体計画・年間指導計画等の留意点——横山利弘の見解を中心に…100

第8章　道徳の時間の特性と指導方法，道徳教育の評価 ………… 105
1　道徳の時間の特性…105
2　道徳の時間の注意点…110
3　道徳の時間の指導方法…113
4　道徳教育における評価…120

第9章　道徳の指導案の実際——小学校 …………………………… 123
1　道徳時間の進め方（小学校の場合）…123
2　道徳資料の検討…128

第10章　道徳の指導案の実際——中学校……………………………………146
  1　道徳とは何か——倫理と道徳の字義と語義からの確認…146
  2　横山利弘の「タマゴッチ理論」による道徳教育…147
  3　子どもの心を開く資料を使用する心得…149
     ——横山利弘の道徳理論に従いつつ
  4　子どもの心を開く資料を使用しての授業展開例…152
     ——横山利弘理論に従いつつ
  5　道徳資料と授業案準備の心得…154

資料編
  小学校学習指導要領新旧対照表（総則・道徳）…180
  中学校学習指導要領新旧対照表（総則・道徳）…195
  中学校「道徳の内容」一覧表【見え消し版】…207
  「道徳の内容」の学年段階・学校段階の一覧表…208

索　引

第Ⅰ部　道徳教育の理論と歴史

第1章

新学習指導要領「道徳」の改訂重要事項と対応課題

　　　　　現代の子どもたちは，安らぎの喪失した「寄るべない」世界で生きざるをえなくなっている。そもそも模範となるべき大人，具体的には家庭や地域の教育力が低下しており，さらには子どもたちの日常の生活空間である学校そのものが憩いの場でなくなって久しい。こうした状況の中で，子どもたちだけに，生命尊重の心を育てよう，自尊感情を高めよう，基本的な生活習慣を確立させよう，人間関係を築く力や集団活動を通した社会性を育てようと叫んでも，ますますその教育的スローガンは形骸化していくしかないだろう。このような問題点を克服するために，今回の道徳教育の改訂が打ち出されたのである。本章では，道徳教育のどの部分が改訂され，それにどのように対応すればよいのかを考察する。

1　我が国の道徳教育の現状と改善点

(1) 教科化が見送られた道徳教育

　横山利弘（2008b）に従えば，道徳教育の教科化の問題が表面化したのは，安倍晋三総理（当時）の諮問機関である「教育再生会議」が道徳の時間の教科化を提言して以来のことである。この提言は「経済財政改革の基本方針2007」に「徳育を『新たな枠組み』により，教科化し，多様な教科書・教材を作成する」という文言で盛り込まれ，2008（平成20）年6月に閣議決定された。

　他方，中央教育審議会の答申「幼稚園，小学校，中学校，高等学校及び特別支援学校の学習指導要領等の改善について」（平成20年1月17日）では，この問題についての賛否両論を併記したうえで，「専門的な観点から検討」した結果として，「教材の充実」を盛り込むことで終了した。これはいったい何を意味するのであろうか。それはつまり，教科化は閣議決定されたものの，中央教育審議会では見送られ，その結果として道徳の時間は「従来の枠組み」のもとで，その充実・強化が図られることになったことを指し示す。

（2）道徳教育に必要な学校と家庭と地域の役割分担と連携

　道徳教育が実効をあげるためには，学校と家庭と地域の役割分担と連携が重要であると横山（2008b）は言う。しかし，子どもたちの周辺状況を一瞥すると，現実に社会規範や家庭・地域の教育力が低下しており，地域の大人との交流や異年齢の子ども同士の交流の場も減少し始めている。そのために，現在の子どもたちには，生命尊重の心が育ちにくいばかりか，自尊感情も乏しくなっている。また基本的な生活習慣の確立，さらに人間関係を築く力，集団活動を通した社会性の育成等も十分とは言えなくなっているのが現状である。

　こうした状況下で，子どもが抱える課題を克服していくという観点から道徳教育の充実を図る必要がでてくるのである。しかし実際には，学校の道徳教育，とくに道徳の時間の指導が形骸化しており，子どもの道徳の時間の受けとめがよくない，というのが答申の現状認識であった。それでは，これからの道徳教育をどのように変革してゆけばよいのであろうか。

2　道徳教育の「要」として道徳の時間を充実させる改訂

　道徳教育の「要」として道徳の時間を充実させる新学習指導要領が出されたが，ここでは藤永芳純（2008a, b, c）および押谷由夫（2008）の指摘に従いつつ，その内容の要点をまとめてゆくことにする。

（1）改正教育基本法に即した新学習指導要領

　新学習指導要領においては，とくに道徳教育が，最も重要な役割を果している。なぜなら新学習指導要領改訂の最大の目的の一つが，改正教育基本法の教育課程への具体化であり，また「生きる力」の理念の共有ということであった。改正教育基本法で最も強調されているのは，人格の形成と練磨である。それとの関連で言えば，「生きる力」は，「豊かな心」（徳）を基盤とし，そのうえで「確かな学力」（知）と「健やかな体」（体）を育成することこそが道徳教育に求められているのである。

　たとえば，中学校学習指導要領第1章総則第1の2の箇所で，「伝統と文化

を尊重し，それらをはぐくんできた我が国と郷土を愛し」「公共の精神を尊び」という道徳教育の目標の文言が新たに追加された。改正教育基本法では，個の確立とともに，自己が帰属する集団・社会の伝統と文化を尊重し，郷土・我が国への愛着が強調されたことが文言追加の理由である。

ここで「公共の精神」とは，社会・国家の一員である自己の自覚の強調であり，この視点は道徳教育のみならず各教科・領域を通じて追求されるべき教育全体の課題となる。さらに配慮事項として，「特に生徒が自他の生命を尊重し，規律ある生活ができ，自分の将来を考え，法やきまりの意義の理解を深め，主体的に社会の形成に参画し，国際社会に生きる日本人としての自覚を身に付けるようにすることなどに配慮しなければならない」と附記された。

（2）校長のリーダーシップおよび「道徳教育推進教師」の設置

「道徳教育主担当者」の設置が，道徳教育充実のために，中央教育審議会答申（平成20年1月17日。以下「答申」と略称）で提案された。これを受けて，新中学校学習指導要領では，道徳の時間の配慮事項に「学級担任の教師が行うことを原則とするが，校長や教頭などの参加，他の教師との協力的な指導などについて工夫し，道徳教育推進教師を中心とした指導体制を充実すること」（第3章道徳第3の3(1)）と記載された。

「答申」では「道徳教育主担当者」，新中学校学習指導要領では「道徳教育推進教師」とそれぞれ呼ばれているが，その趣旨は同じである。道徳教育充実のための計画策定，実践，評価の中心的存在としての役割や，家庭・地域との連携や他校との情報交換等へのかかわりが強く期待されている。

新学習指導要領において，「道徳の時間」は学校の教育活動全体で取り組むべき道徳教育の「要(かなめ)」であることが強調されており，それらを踏まえていくつかの具体案が提示された。第1は，指導体制の確立と機能化である。新学習指導要領では，先にも触れたとおり，校長のリーダーシップがより鮮明に強調された。そのうえで第2に「道徳教育推進教師」を中心とした指導体制の充実が謳われている。現在でも「道徳主任」の制度は各学校で設定されているものの，十分に機能するまでには至っていない。今回の改訂においては，この点を改善

し，周知徹底するためにも，「道徳教育推進教師」を明確にして，各クラスでの道徳の時間の指導が確実に実施できるための教師が配置されることになった。

（3）全教育活動を通じて道徳教育を充実させること
① 各教科と道徳の時間などとの関連性

新学習指導要領において，「道徳の時間を要として学校の教育活動全体を通じて行う道徳教育」という従前の考え方が再確認された。各教科等の「第3 指導計画の作成と内容の取扱い」において，教科等の時間においても道徳教育の視点が追記されることが明確にされた。たとえば，国語科では次のようになる。

「第1章総則の第1の2及び第3章道徳の第1に示す道徳教育の目標に基づき，道徳の時間などとの関連を考慮しながら，第3章道徳の第2に示す内容について，国語科の特質に応じて適切な指導をすること」とある。これは他の教科等でも同様であるが，各教科等にはそれぞれ固有の目標があるために，それよりも優先されるのではなく，あくまでも「特質に応じて」の道徳的指導が追加されたと考えるべきであろう。

② 各教科と道徳の時間などとの関連

学校という空間では，「授業」が主要な活動となっている。それゆえ現実の教育場面では，個々の授業の中でいかに道徳性の育成を図るかがすべての教師の道徳教育の課題となる。なぜなら道徳は教育活動全体を通じて行われなければならないからである。それとの関連で，新学習指導要領では，全教科，外国語活動（小学校のみ），総合的な学習の時間，特別活動のそれぞれの「指導計画の作成と内容の取扱い」において，道徳の時間などとの関連を考慮しつつ，適切な指導をすることが求められる。さらに，各教科等の特質を生かして道徳性をはぐくむ学習活動が，今回の改訂で新たに加わった。

たとえば，国語科における「言語文化」の学習，社会科における「我が国の伝統や文化」に関する学習，理科における「生命・地球」に関する学習，音楽における「音楽づくり」や「音楽文化」の学習，図画工作・美術における「造形体験」や「美術文化」の学習，家庭科における「自己と家庭，家庭と社会の

第Ⅰ部　道徳教育の理論と歴史

資料1-1　内容項目と各教科等の指導

第3学年

	国語	社会	数学	理科	音楽	美術
指導の方針	作品を通して，人との関わりや自分自身を振り返り，命や生きることについての認識を深め，生活を工夫・改善していく態度を育てる。	現代社会を通して社会的思考を育むとともに，物事の因果関係を追求できる探求力を養う。	題材の系統性を考え，数学的な考えを伸ばし，問題を解決する経験を通して考えの筋道を身につけさせる。	自然の事物・現象について理解を深め，自ら科学的に探求し，総合的に考える力を養う。	音楽に対する感性を豊かにし，豊かな情操を養うことにより，精神の落ち着きを促す。	心豊かな生活や心の潤いにつながる「よさや美しさ」などの価値を生涯に渡り持ちうる礎を築く。
4月	虹の足(2-6) 形(3-3)	現代社会とわたしたち4-(1) 経済成長とわたしたちのくらし4-(4)	平方根(2-5) 根号を含む式の計算(1-4)	速さと運動の調べ方(1-4) 力と運動(1-4)	花3-(2)，4-(9) きらきら星(リコーダー)3-(2)	自画像(彩色)1-(4)，3-(3)
5月	俳句の世界(3-3, 3-3) 「書評」で楽しむ1-5)	結びつく日本と世界4-(10) 個人と社会1-(3)	多項式　多項式の乗法(1-3)	力学的エネルギー(1-4) 色々なエネルギーとその移り変わり(1-4)	そのままの河で2-(3) ふるさと4-(8) 帰れソレントへ4-(10)	自画像(彩色)1-(4)，3-(3) 自画像(デッサン)1-(1)，1-(4)，1-(5)
2月	故郷(2-3, 4-1, 4-10) 峠(1-2)	国家と国際社会4-(10) 人類の課題1-(4)	三平方の定理の応用(1-4)	人間と環境(4-2)	卒業式の歌4-(7)	鑑賞・西洋美術4-(9)
3月	グループ雑誌を作ろう(4-2, 4-4)	公民を学んで4-(1)		自然と人間のかかわり(4-2) 科学技術と私たちの生活(4-10)	卒業式の歌4-(7)	鑑賞・卒業生作品4-(7) 鑑賞・西洋美術4-(9)

※1　欄内（ ）は内容項目を示すものである。
※2　総合的な学習の時間について　(1)【　】について→【国】…国際理解教育，【環】…環境
（出典）『平成20年度　文部科学省指定「道徳教育実践研究事業」中間発表』兵庫県淡路市立津名中学校

第1章　新学習指導要領「道徳」の改訂重要事項と対応課題

内容（部分）（淡路市立津名中学校）

保健体育	技術・家庭	外国語	総合的な学習の時間	特別活動	家庭・地域社会等との連携
運動や健康，安全についての理解と運動の合理的な実践を通して心身の協調的な発達を図る。	生活と技術の関わりについて，理解を深め，生活をよりよくしていく姿勢を育む。	外国語を通じ，言語や文化への理解を深め，積極的にコミュニケーションを図ろうとする態度を育成し，実践的コミュニケーション能力の基礎を養う。	相互に学び合う思いやりのある協力的な雰囲気や人間関係を作り，自ら学び課題や目標をもてる様に育成する。	集団や社会の一員としてよりよい生活や人間関係を築く態度を育て，生き方について自覚を深め，自己を生かす力を育む。	道徳の時間の内容を保護者・地域と共有し，道徳的実践力の向上を図る。
集団行動(2−1, 4−2) 体ほぐし(1−1) 健康の成り立ち(1−1)	幼い頃の様子4−(6)	Wonder Rings 1−(5) 道順を尋ねるとき2−(1)	英語による自己紹介の作成【国】1−(5)	学級役員・係の決定(4−4) ドッヂボール大会(2−3)	・保護者への方針の提示 ・道徳通信の発行
器械運動(1−2, 1−5) 運動と健康(1−1)	幼児の生活と遊び4−(6)	飲み物・食べ物をすすめるとき2−(1) キレオさんへのインタビュー2−(2) 靴職人と妖精の物語2−(6)	インターネットの利用方法と活用【情】4−(2)	中間考査の準備と反省(1−3) 修学旅行(2−3)	・生徒の個別状況の報告 ・学校間連携 ・道徳通信の発行
サッカー(4−5) ともに健康に生きる社会(1−1)	消費者としての自覚4−(1)	3年間の思い出2−(6)		愛校作業(4−7) 期末考査の準備と反省(1−3) 球技大会(2−3)	・学校間連携 ・道徳通信の発行
バスケットボール(2−2, 2−3)	環境への影響を考える3−(2)	勇気3−(3) すべての人にとっての人権4−(10)		卒業式への取り組み(2−6)	・道徳教育講演 ・学校評議員に実践報告 ・道徳通信の発行

教育，【情】…情報教育，【福】…福祉教育　（2）まとめ取りにより実施予定。
第3学年　内容項目と各教科等の指導内容　22頁より抜粋。

つながり」に関する学習，体育における「体つくり運動」や「健康・安全」に関する学習などである。

　具体的には，実際の授業でいかにして上述の教育内容を実践してゆくかが大きな課題になる。ここで，道徳教育に熱心に取り組んでいる淡路市立津名中学校の道徳教育の内容項目と各教科等の指導内容の一覧（第3学年）を紹介しておきたい（資料1-1）。

（4）ねらいの重点化

　これまで道徳の指導内容においては，4つの視点で整理された内容項目が示されていた。しかし今回の改訂では，項目数が小学校で低学年16（14），中学年18，高学年22，中学校で24（23）になり（（　）内は現行），並べ方が一部変更された。しかも内容項目を各学年で年間に一度は必ず取りあげ，そのうえで，生徒の発達段階や特性等を踏まえ，指導内容の重点を明確にすることが求められた。具体的には，いずれの学校・学年段階でも共通に育成を目指す内容を重点化するものと，それぞれの学年段階で重点化するものを明確にすることが求められている。また同時に，誰でもが共通に身につけるべき内容はしっかりと身につくように指導することが求められている。

（5）自ら感じ，考え，判断し，道徳的実践ができる子どもたちを育てる

　「心の教育」とは，心の安定を図りつつ，自ら感じ，考え，判断し，道徳的実践のできる子どもたちを育てることを意味する。今回の改訂では，自ら感じ，考え，判断するという内面性を確立しつつ，さらにそれを超えて自ら道徳的実践ができる指導を教師に求めた。生活規律が強調される所以がここにある。生活を自ら律しつつ，仲間や教師とともに楽しく学校生活を展開し勉学できることが重要である。それができるためには，道徳的価値の自覚を深め内面的な道徳的実践力を育てる道徳の時間と，特別活動や体育科などにおける体験活動や学習活動と相互の連携を深めつつ，子どもたち自身が自律的に生活規律を身につけ実践できるようになる高度な指導力が教師に要求される。

（6）学校・家庭・地域の連携を深める

　道徳教育は，生きている人間全体の課題であり，即，実践される必要があるだろう。道徳の時間が，学校・家庭・地域連携の「要」となるためにも，教師，子ども，保護者，地域住民が協力しあうことが大切なポイントとなる。たとえば，地域の人材活用，地域への授業公開等も実践しつつ，道徳の時間を保護者や地域の人々と構築してゆく努力が必要とされるだろう。また教師は，道徳の時間の学習の様子を学校通信や学級通信等で知らせたりすることも大切な広報活動として意識するべきであろう。

（7）魅力的な教材の活用と道徳教育に資する体験活動の推進

　教材の活用については「先人の伝記，自然，伝統と文化，スポーツなどを題材とし，生徒が感動を覚えるような魅力的な教材の開発や活用を通して，生徒の発達の段階や特性等を考慮した創意工夫ある指導を行うこと」と示された（道徳第3の3 (3)）。感動を覚えるような道徳の時間こそが子どもたちにとって必要不可欠である。そのためにも一人ひとりの教師が，魅力ある道徳の時間となるための教材を開発し，活用する地道な努力を積み重ねるべきであろう。

　"道徳の教科化"は見送られたものの，「答申」では「実際の指導に大きな役割を果たす教材の充実が重要である」と提起された。「道徳性」を構成する「道徳的心情，道徳的判断力，道徳的実践意欲・態度，道徳的習慣等の諸様相」は具体的な生活体験とのかかわりが不可欠である。しかし現代社会の子どもたちは限られた人間関係の中で，仮想空間，仮想時間，仮想の人間関係を生きがちであるとの指摘がでている。それらを防止するためにも，道徳において「職場体験活動やボランティア活動，自然体験活動などの体験活動を生かすなど，生徒の発達の段階や特性等を考慮した創意工夫ある指導を行うこと」（第3の3 (2)）が強調された。

3　道徳教育改訂の趣旨

　以上の改善点の指摘を踏まえた上でここからは直接，文部科学省編『中学校

学習指導要領解説　道徳編　平成20年8月』（2008年）の中で触れられている改訂の趣旨の文言を要約しつつ，改めて今回の改訂における道徳教育の重要事項について指摘してゆくことにする。

（1）改善の基本的な観点
① 改正教育基本法等の趣旨と道徳教育

　改正教育基本法の第1条において「教育は，人格の完成を目指し，平和で民主的な国家及び社会の形成者として必要な資質を備えた心身ともに健康な国民の育成を期して行われなければならない」と教育の目的が規定されている。さらに第2条では，その目的を実現するための目標が示されている。そこでは，今後の教育において重視すべき理念として，従来から規定されている個人の価値の尊重，正義，責任などに加えて，新たに以下の項目が追加された。すなわち，公共の精神に基づき，主体的に社会の形成に参画し，その発展に寄与する態度，生命や自然を大切にし，環境の保全に寄与する態度，伝統と文化を尊重し，それらをはぐくんできた我が国と郷土を愛するとともに，他国を尊重し，国際社会の平和と発展に寄与する態度を養うという内容が追記された。

　教育基本法の改正を受けて，学校教育法も一部改正され，そこでも，義務教育の目標として，第21条において上記と同様の趣旨が明記された。学校で行う道徳教育は，これらの趣旨の実現に向けて取り組まれることとなる。

② 「生きる力」の理念の共有と道徳教育

　「生きる力」をはぐくむことは，今回の学習指導要領においても引き継がれている。「生きる力」とは，変化の激しい社会において，人と協調しつつ自律的に社会生活を送ることができるようになるために必要な，人間としての実践的な力であり，豊かな人間性を重要な要素としている。

　それではここで言われている「豊かな人間性」とはどのような意味をもつのであろうか？　子どもたちに必要とされる「豊かな人間性」とは，美しいものや自然に感動する心などの柔らかな感性，正義感や公正さを重んじる心，生命を大切にし，人権を尊重する心などの基本的な倫理観，他人を思いやる心や社会貢献の精神，自立心，自己抑制力，責任感，他者との共生や異なるものへの

寛容などの感性及び道徳的価値を大切にする心であるとされる。このような心の育成を図るのが「心の教育」であり，その基盤として「道徳教育」が位置づけられている。

③　これからの学校の役割と道徳教育

　学校は，子どもたちの豊かな人格を形成し，国家・社会の形成者として必要な資質を培う場であることは言うまでもない。そのためには，子どもが友達や大人たちの中でかけがえのない一人の人間として大切にされることを実感でき，存在感と自己実現の喜びを味わうことのできる学校でなければならない。また，そのような学校は，子どもにとって伸び伸びと過ごせる楽しい場であり，興味・関心のあることにじっくり取り組める「ゆとり」が求められる。さらに，そのための基盤として，子どもたちの望ましい人間関係や教師との信頼関係がはぐくまれる場であるべきだろう。

　しかし，現在，子どもの自制心や規範意識の希薄化，生活習慣の確立の不十分さなど，子どもたちの心と体の状況にかかわる課題が多く存在する。また，国際的に比較しても，我が国の子どもは，あまり自分に自信があると思っていない。さらに学習や将来の生活に対して無気力であったり不安を感じたりしている子どもの増加等も深刻な問題である。子どもたちが，他者，社会，自然・環境との豊かなかかわりの中で生きるという実感や達成感を深めてこそ健全な自信がはぐくまれる。そのためにも，学校の集団生活の場としての機能を十分に生かし，道徳教育の一層の充実が図られなければならない。

④　学校段階における重点の明確化と道徳教育

　道徳教育はすべての学校段階において一貫して取り組むべきものである。そのために，幼稚園，小・中・高等学校の学校段階や小学校の低・中・高学年の学年段階ごとに，より効果的な指導が行われなければならない。その際，

・幼稚園においては，規範意識の芽生えを培うこと，
・小学校においては，生きる上で基盤となる道徳的価値観の形成を図る指導を徹底するとともに，自己の生き方についての指導を充実すること，
・中学校においては，思春期の特質を考慮し，社会とのかかわりを踏まえ，人間としての生き方を見つめさせる指導を充実すること，

・高等学校においては，社会の一員としての自己の生き方を探求するなど人間としての在り方生き方についての自覚を一層深める指導を充実すること，
にそれぞれ配慮する必要がある。

　とりわけ，基本的な生活習慣や，人間としてしてはならないことなど，最低限の規範意識，自他の生命の尊重，自分への信頼感や自信などの自尊感情や他者への思いやりなどの道徳性を養うことが重要である。そしてそれらを基盤として，法やルールの意義やそれらを遵守することなどの意味を理解し，主体的に判断し，適切に行動できる人間を育てることも重要な課題となる。

（2）改善の基本方針

　2008（平成20）年1月の中央教育審議会の答申においては，道徳教育の充実・改善のための基本方針が次のように示された。
① 　道徳教育については，小・中・高等学校の道徳教育を通じ，人間尊重の精神と生命に対する畏敬の念を培い，自立し，健全な自尊感情をもち，主体的，自律的に生きるとともに，他者とかかわり，社会の一員としてその発展に貢献することができる力を育成するために，その基盤となる道徳性を養うことが重視されるべきである。
② 　道徳の時間における子どもの受け止めは，小学校と中学校では相当に異なっていることから，幼児期や高等学校段階での改善を視野に入れつつ，より効果的な教育を行うために，小学校と中学校の指導の重点や特色が明確にされなければならない。

　高等学校においては，道徳の時間は設定されていないものの，社会の急激な変化に伴い，人間関係の希薄化，規範意識の低下が見られる中で，高等学校でも，知識等を教授するにとどまらず，その段階に応じて道徳性を養い，人間としての成長を図る教育の充実が進められるべきである。
③ 　学校全体で取り組む道徳教育の実質的な充実を図る視点から，道徳教育の推進体制等の充実が図られるべきである。また，子どもの道徳性の育成に資する「体験活動」を一層推進するとともに，学校と家庭や地域社会が共に取り組む体制や実践活動の充実も深化されるべきである。

（3）改善の具体的事項

これらの基本方針を受け，改善の具体的事項が10項目にわたって示された。

① いずれの段階においても共通する指導内容

道徳教育の指導内容について，子どもの自立心や自律性，生命を尊重する心の育成をいずれの段階においても共通する重点として押さえることが大切である。さらに，基本的な生活習慣，規範意識，人間関係を築く力，社会参画への意欲や態度，伝統や文化を尊重する態度などを育成するといった観点から，学校や学年の段階ごとに取り組むべき重点を示す。

② 小学校における道徳の時間

小学校低学年では，幼児教育との接続に配慮し，たとえば，基本的な生活習慣や善悪の判断，きまりを守るなど，日常生活や学習の基盤となる道徳性の指導や感性に働きかける指導が求められる。また，中学年では，集団や社会のきまりを守り，身近な人々と協力し助け合うなど，体験や人間関係の広がりに配慮した指導が重視されるべきである。さらに高学年では，中学校段階との接続も視野に入れ，他者との人間関係や社会とのかかわりに一層目を向け，相手の立場の理解と支え合い，夢や希望をもって生きる指導が必要とされる。

③ 中学校における道徳の時間

中学校では，思春期の特質を考慮し，人間としての生き方や社会とのかかわりを見つめさせる指導を充実することが重要である。そしてその観点から，道徳的価値に裏打ちされた人間としての生き方について自覚を深める指導が重視されるべきであろう。その際，法やきまり，社会とのかかわりなどに目を向ける，人物から生き方や人生訓を学んだり自分のテーマをもって考え討論したりするなど，多様な学習が促進される必要がある。

④ 高等学校における道徳

高等学校においては，すべての教育活動を通じて道徳教育が効果的に実践されることが求められる。そのために，学校として，道徳教育の「全体計画の作成」を必須化することが大切である。さらに，各教科や特別活動，総合的な学習の時間が，それぞれの特質を踏まえて道徳教育的視点を担うことが重要である。また，生徒が人間としての在り方生き方にかかわる問題について，その自

覚を一層深めるようにする観点から，中核的な指導場面となる「倫理」や「現代社会」（公民科），「ホームルーム活動」（特別活動）などについて内容の改善を図ることも重要である。

⑤　役割演技など具体的な場面を通した表現活動の重要性

　小学校高学年や中学校の段階で，法やきまり，人間関係，生き方等の社会的自立に関する学習をする際，道徳の時間及び各教科等で，役割演技等の表現活動を取り入れた指導方法や教材等について工夫することが求められよう。

⑥　書く活動や語り合う活動など自己の心情・判断等を表現する機会の充実

　道徳的価値観の形成を図る観点から，書く活動や語り合う活動など自己の心情・判断等を表現する機会を充実し，自らの道徳的な成長を実感できるようにすることが大切である。

⑦　発達の段階に応じて情報モラルを取り扱うことの重要性

　社会における情報化が急速に進展している。その中で，インターネット上の「掲示板」への書き込みによる誹謗中傷やいじめといった情報化の影の部分に対応するため，情報モラルを取り扱う取り組みが今後さらに求められる。

⑧　小・中学校における「授業公開」の促進

　学校教育全体で取り組む道徳教育の充実の観点から，道徳教育主担当者を中心とした体制づくり，実際に活用できる有効で具体性のある全体計画の作成，小・中学校における「授業公開」の促進を図る必要がある。

⑨　体験活動や実践活動の重要性

　子どもの道徳性を高める体験活動や実践活動として，幼児等と触れ合う体験，生命の尊さを感じる体験，小学校における自然の中での集団宿泊活動，中学校における職場体験活動，高等学校における奉仕体験活動などを推進することが求められる。

⑩　家庭や地域社会の果たす役割の重要性

　道徳教育にとっても家庭や地域社会の果たす役割は重要である。そのために，道徳教育について，生活習慣や礼儀，マナーを身に付けるための取り組み等が家庭や地域社会において積極的に行われるようにその促進を図ることが重要である。

参考文献

押谷由夫著(2008)「道徳教育の充実をどのように具体化するのか」工藤文三編『小学校・中学校新学習指導要領全文とポイント解説』教育開発研究所.

谷合明雄著(2008)「道徳教育の充実をどう進めるか」佐野金吾・西村佐二編著『新教育課程をわかりやすく読む』ぎょうせい.

藤永芳純著(2008a)「道徳の改訂ポイントと対応課題」『小学校・中学校新学習指導要領全文とポイント解説』教育開発研究所.

藤永芳純著(2008b)「〈道徳〉改訂のピンポイント解説」大杉昭英編『平成20年版中学校学習指導要領全文と改訂のピンポイント解説』明治図書.

藤永芳純著(2008c)「道徳改訂の内容と方向を解説する」安彦忠彦編『中学校新教育課程教科・領域の改訂解説』明治図書.

文部科学省(2008)『中学校学習指導要領』株式会社東山書房.

文部科学省編(2008)『中学校学習指導要領解説　道徳(平成20年9月)』.

文部科学省(2008)『小学校学習指導要領解説　道徳編』株式会社東洋館出版社.

文部科学省(2008)『中学校学習指導要領解説　道徳編』日本文教出版株式会社.

横山利弘編著(2008a)『中学校教育課程講座　道徳』ぎょうせい.

横山利弘著(2008b)「道徳教育はどう変わるか」高階玲治編集『中教審〈学習指導要領の改善〉答申』教育開発研究所.

横山利弘著(2008c)　第1部第3章「学習指導要領と道徳的価値」日本道徳教育学会編『道徳教育入門』教育開発研究所.

『平成20年度　文部科学省指定「道徳教育実践研究事業」中間発表』兵庫県淡路市立津名中学校.

(広岡　義之)

第 2 章

道徳教育の歴史的展開

　　　　私たち「人間」がこれまでどのようにして生きてきたか，また「社会」と
　　　いう共同体の中で「人間」はどのように生きてきたか。私たちは現代という
　　　時代の流れの一時期に生きているが，この生そのものを保証するものとして
　　　何を挙げることができるだろうか。
　　　　ここでは私たちの現代の基礎を措定し形成してきた「歴史」を振り返るこ
　　　とを試みたい。そしてその中で培われ形成されてきた道徳について考察した
　　　い。先の「社会」と「人間」の関係をめぐってこれまでの思想家たちはどの
　　　ようにとらえてきたかを確認できるはずである。

1　道徳の発生

　人間社会において他者とのかかわりを必然とする構造そのものは誰も否定はできない。あのデフォーの『ロビンソン・クルーソー』やイタール『アヴェロンの野生児』を持ち出すまでもなく，人間生活やその人の成長にとって社会が大きな意味合いをもっていることは了解されることであろう。今仮に，たとえば，「個人の自由が存在するから他人の世話にならずに私は生きる」という人がいたとしよう。その人物がたとえ他人の厄介にならず生きてゆくと主張したとしても，彼の生活の前提である生きるための食品，移動するための道路，住まうための家屋等々を取り上げてみるまでもなく，これらはいずれも他者の力によって成り立つものである。また生活が物質的に満たされていたとしても，一人で生きてゆくその孤独さは人間の生活を豊かにするであろうか。家族をはじめ，友人，学校関係，地域社会の関係，会社関係等の人々との交流や活動を通して得られる人間としての関係は人間の生活においてまた豊かな生活を求めようとする人々にとって必須の事柄であろう。その意味で人間は他者とのかかわりの中で生きているということは肯定されよう。その場合，個人の利益追求は誰もが容認する点ではあるが，自己の利益の追求に終始する人が社会に溢れ

るとすれば，社会は「万人の万人に対する争い」（ホッブス）の状況に陥ってしまいかねないことになり，社会そのものが成り立たなくなってしまうだろう。そのために道徳，ルール，慣習，法律などが必要であるという論理が見られる。だが，それらの道徳やルールが全く時代の現状にそぐわないといった場合や，厳格な律法主義は人々に幸福をもたらすだろうかという課題も存在する。

　人間生活をより良く，より望ましくするためには，ルールや規範，道徳，倫理が必要である。人間社会を成立させるため道徳が発生してきたが，道徳が発生してきた経緯，理由は時代的特殊な事情というものもあり，また個々の道徳についてはなおも検討すべき課題も含まれているが，以下では西洋世界における道徳観と章末には日本において見られた道徳観について考察してゆく。

2　西洋世界の道徳観　Ⅰ
——古代から中世

（1）ホメロスに見られる道徳観

　ホメロス（Homēros, B.C. 9 ごろ）は古代ギリシアを代表する英雄叙事詩人である。彼の代表作は『イリアス』『オデュッセイア』である。ホメロスは『イリアス』の中において，怒りに基づく争いがトロイ戦争の原因であると冒頭において述べている。『イリアス』では騎士道の在り方が人間のなすべき道として所々に示されている。たとえば戦い場面においては騎士としての振る舞い（出自などを名乗り挙げた上で戦闘が開始される場合や，時には先祖が共に交友があったという機縁で戦わずにそれぞれ武器を交換し退散するなど）や友情，老人に対する労りなど。『イリアス』では戦いという文脈ではあるが為すべき時に為すべき手だてが語られ，理想が語られた。かの有名なアレクサンダー大王もこの書を教育書として所持していたことが伝えられている。

（2）ソクラテスに見られる道徳観

　ソクラテス（Sokrates, B.C. 470/469 - B.C. 399）は，父親を石工，母親を産婆とする古代ギリシアの代表的思想家であり教育者であったが，彼は厳格な道徳

実践者でもあった。著作を残していないため弟子のプラトンなどによる著作から彼の教育者としての活動をうかがい知ることができる。ソクラテスにおいて道徳は、自然・絶対的なるものとして考えられていた。ソクラテスを死に追いやったソフィスト（職業的教師）は彼にとって運命上決定的であり、彼らとの道徳的価値観の相違によって彼の生き方が顕在化される（「ソクラテスの死」）。それは「魂への配慮」という哲学的勧め（プロトレプティコス）として道徳教育の命題とも言えるものであった。ソフィストの代表者プロタゴラスは「万物の尺度は人間である」と主張し、価値の相対性を主張した。それに対してソクラテスは価値の相対性を納得せずに、自らの信念に基づく教育活動を実践して価値の絶対性、価値の自然性を主張した。また彼は対話術（産婆術）によって相手の無知を気づかせる教育方法（無知の知）を実践したことでも有名である。

さらに彼の知行合一説は、悪いと知りながらも悪行をなす場合や控えるべきなのにそれを自覚して為す場合などは、ソクラテスの道徳観によれば無知によるものだとして、知ることと為すこととの一致を求める厳格な道徳を意味するものであった。

（3）プラトンに見られる道徳観

プラトン（Platon, B.C. 427 - B.C. 347）は教育書『国家』等において我々が追求するべき徳目を説いている。彼は数学を最も重視する学校アカデメイアを開校した。彼の思想は当初倫理的であり、壮年には理念的、分析的、晩年には論理的、数学的、宇宙論的となっていった（著作の成立時期による）。彼が主張する道徳（アレテー）とは知恵、勇気、節制、正義の4つから成立し、これが「プラトンの四徳」とも言われ、その中でも正義（ディカイオシュネー）が最も重要視された。知恵には理性が、勇気には意志が、節制には感情がそれぞれ対応しており、正義の統合的な力によってそれらは四元徳として人格形成に影響を及ぼす。『パイドロス』の2頭立ての馬車の比喩によれば、気概と節制による二頭立ての馬を御者（正義）が上手く操ってゆく有様が比喩的に描かれている。そこにおいて我々人間の一面を見る。我々は二重人格ではないが時には嘘を付いたり強引に自己を主張することがある。また長年の習慣によって怠惰な

一面も備えており，人間社会を上手く生きてゆくために，また他者との相互理解による社会の建設者，構成者としての側面が求められている。プラトンは我々の実際性を理念的に洞察し，イデアという導きの道程（洞窟の比喩）を双方向的に意義あるものとして提示したのであった。

(4) アリストテレスに見られる道徳観

　アリストテレス（Aristotelēs, B.C. 384 - B.C. 322）の『ニコマコス倫理学』によれば，人間は如何にして有徳な人物となるのかについて検討を行っている。その解答としてアリストテレスは善くて有徳な人となるためにはアレテーに即した魂の活動を要請する。彼は人間にとって善くて有徳な人になるためには3つのもの（すなわち，自然（ピュシス），習慣（エトス），理性（ロゴス））が必要である，と『政治学』で述べている。人間としての素質（自然）すなわち習慣を受け入れるための余地，そしてその習慣づけを正しい方向へともたらすための理性である。彼にとってアレテーとは知性的徳と倫理的徳とに分類され，知性的徳は学習（教育）によって習得せられるが，倫理的徳は習慣づけによって習得される。ここに今日の教育学の2つの意味が示唆される。知性的徳の修養は，彼にとって人間形成（パイデイア）全体の問題として認識され，また知性主義者としての彼の立場に対する肯定的認識を読み取ることが可能である。他方，倫理的徳は，習慣づけ（エトス）に由来し，これが人格（エートス）の語源にもなっていることを指摘する。『政治学』においては音楽や体育の人間形成上の効用について触れられており，完全ではないにせよまさに全人的教育理念がギリシアにおいて開花し，この理念が後の時代の「永遠の哲学」（perennis philo-sophia）のお手本として，特にカトリック世界において強い影響を与えることとなる。

(5) ヘレニズム時代に見られる道徳観

　マケドニア王アレクサンダー大王が東方への遠征を開始したのはB.C. 334年頃のことであるが，この時代以後からヘレニズム時代という。この時代の道徳観として注目すべき思想は，①ゼノンに代表されるストア派の思想と，②エ

ピクロスに代表されるエピクロス派の思想である。時代はローマ時代にまで下るが、前者は、人生のモットーとしての「禁欲」を説いた。五賢帝の一人マルクス・アウレリウスは『自省録』を残し、領土の拡大と戦いに明け暮れる日々を皇帝にして哲学者として嘆いたとも言われている。他方②エピクロスは、快楽を人生のモットーととらえたが、飽くことのない快楽を追求することをもって人生のモットーとしたのではなかった。彼は快楽の欠乏状態を苦ととらえ、その苦を適度に充足させる快楽をもって、快楽と呼び、決して飽くことのない快楽を追求したのではなかった。またストア派は人生のモットーとしてのアパテイア（泰然自若）を、エピクロス派はアタラクシア（精神的平静さ）を説いた。

（6）キリスト教に見られる道徳観

世界には、信者数が3億人以上の宗教団体が4つ（キリスト教、イスラム教、ヒンズー教、仏教）ある。その中でも西洋の精神文化に多大な影響を与えた要因としてヘブライズムとヘレニズムが挙げられる。キリスト教はユダヤ教に起源をもち、非常に厳格なユダヤ教（律法主義、選民主義）に対して、福音主義、神の愛を説く。旧約聖書（ユダヤ教、キリスト教）において人間は原罪（その結果、男は労働を女は産みの苦しみ）を負うものとして現世における永遠の課題を持ち続ける存在として描かれ、また「モーセの十戒」は神の教えとして、絶対的な宗教的、倫理的戒律が示されている。

イエス・キリストはこうした厳格な律法主義に対して疑問を感じ、神による無比な愛（アガペー）と人間による隣人愛の実践によるキリスト教社会の構築を目指していった。

どのような人であれ喜びとともに悩みを有し、その意味においては完全な人間は存在せず、人間は非常に複雑な存在であり、世を生き抜く際に必ず遭遇する諸問題に対して、絶対的な神の愛への信頼と寛容そして同胞による共同（人類愛）によって対峙しうる可能性を説こうとしている。西洋中世時代において、修道院文化（ベーダ）やキリスト教教育（聖ベネディクトゥス）が展開されることとなるが、この点で人類史上におけるキリスト教に見られる道徳観の意義は非常に大きいと言わねばならない。

（7）アウグスティヌス，トマス・アクィナスに見られる道徳観

　アウグスティヌス（Augustinus, 354-430）は非常に豊かな経験を有した人物であった。というのも，彼は若い頃，宗教上の悩み，性の悩み，真理への悩みを自伝『告白』の中において改悛し，やがて神への道に至る経緯を示している。宗教的生活は彼にとって絶対的なものとして，それまでの彼の生き方と対比されるものであった。彼によって信仰，希望，愛という三元徳が提唱された。彼は中世におけるプラトンの思想を補強したとも言われている。また彼の自伝は宗教と生活の密接な関係について，「ミラノの回心」などは道徳的，宗教的意味をもつものとして非常に示唆的である。

　13世紀に活躍したトマス・アクィナス（Thomas Aquinas, 1225-1274）の場合，彼の思想はアリストテレス的であるとも言われる。彼はパリ大学においてロバート・グローテストの指導を受けた。彼は哲学的真理と宗教的真理の調和に努めようと試みた。『神学大全』においては神の存在証明（5つの論証の道）を展開した。彼の倫理観についてはアリストテレス倫理学の影響を強く受けたものであった。但し彼独自の倫理観としては二通りあり，一つは人間の自然本性に即した徳と，他のもう一つは超自然的な徳を想定していた。古代ギリシアの四徳（知恵，勇気，節制，正義）に加え，人間の自然な目標は人間の自然法則の理解と道徳法則の理解を通して実現されるとした。

3　西洋世界の道徳観　Ⅱ
——ルネサンス・宗教改革以降

（1）ルネサンスに見られる道徳観

　ルネサンス（13～15世紀）は発見と解放の時代，人間中心の時代と主張されることがある。中世一千年を支配してきたローマ・カトリック（宗教）の時代が禁欲や従順を説き伏せてきた社会的事情は，やがてそれらを制度的に支えてきた僧侶たちの日常行動の行き詰まりを見せ始め，それに代わる新しい世界観や人間観が古代ギリシアや古代ローマの思想を再評価しながら登場してきた（ヒューマニズム・人間中心主義）。だが，15, 16世紀の社会そのものは依然とし

てカトリック教皇の勢力が残存しており，フスやブルーノなどの焚刑に処せられたものなども存在した。とはいえ，イタリアから始まったこの文化的運動はやがてヨーロッパ全土に拡大し，文学，芸術，建築，思想などに及ぼした影響力は計り知れない。文学においては中世までの掟と他方で人間の自由意志とを対立させ見事に作品の構成原理とした作家たちも見られた。領主や大商人たちもこれらの学術には理解を示していたが，他方においてマキャベリに見られるような権謀術数といった政治と権勢欲を道徳よりも第1とする価値観が芽生えたりもした（マキャベリズム，チェザーレ・ボルジア）。

ルネサンス文学における道徳観は，僧侶たちの愚行や教会の形式主義，貴族たちへの批判が為されたため，中世時代の禁欲や信仰心などを積極的に評価するというよりは，むしろ人間の自由な精神を謳歌し場合には俗世間の価値観を人間そのものの姿として評価するものも見られた。またピコに見られるように人間の自由意志を人間の尊厳の証左として，その自由意志に人間の在り方（道徳）を肯定的に見なそうとする考えも出てきた。

(2) 宗教改革に見られる道徳観

2つのRの時代（14―6世紀）とも言われるこの時代の特徴の他のもう一つはReformation（宗教改革）であった。ルターはそれまでのカトリックの形式主義的な宗教観や自分自身のそれへの不一致について悩んでいたが，「95箇条の論題」を発表するに至って，それまでのカトリックの主張する人間の罪の許しは教会や司祭によるところではなく，イエスの言動を述べた聖書を自らの内において理解・信仰することであるという結論に至った（信仰義人説，万人祭司説）。信仰がどのレベルで理解されるかは，信仰のない者にとっては困難であるが，しかしその相違に気づく人物，またその相違に基づいて信仰生活を行う人にとっては大きな意味が見いだせる。マックス・ウェーバーは『プロテスタンティズムの倫理と資本主義の精神』において職業召命（独語：Beruf，英語：Calling, Vocation）と資本主義の関係について実証的に検討し，プロテスタンティズムの倫理の意義を指摘していることは有名である。

またカトリック側もヨーロッパ全土において布教の余地を見いだすことより

も，新天地において新たな布教の活動を活発化させ，日本や中国にもその影響が及ぼされ，反宗教改革として反動的な宗教運動が起こったことは周知の通りである（フランシスコ・ザビエル，マテオ・リッチ）。その結果，我が国には合理的科学的な思想が部分的に導入され各地にコレジョ，セミナリオという各学校が創設されたものの，キリスト教的な信仰心と隣人愛に基づく社会倫理がもたらされることにはほど遠かった。しかしながら，新教の宗教的道徳に基づいて，家族観や家庭観，結婚に対するルールが整備され，教育制度等が豊かになっていったことはやがて近代社会を迎えるヨーロッパにおいては大きな意味をもっていた。

(3) ルソーに見られる道徳観

ジャン・ジャック・ルソー（Jean-Jacques Rousseau, 1712 - 1778）はフランスを代表する思想家である。彼は波瀾万丈に富んだ人生を送ったがその意味でも彼の実際生活を道徳的に検証することも興味深い。彼はスイスの時計職人の息子として生まれるが，そのことが原因で母親はすぐに亡くなる。その後父親とともに生活をするが，性格は内向的で主に読書を中心とする生活を行ったと言われる。後に家出をふとしたことからせざるを得なくなり，パリに出て『人間不平等起源論』(1760) やフランスの百科全書派の活動に貢献する。中世のアベラールの著作に範を取ったとも言われる『新エロイーズ』では情緒に縛られることのない自由を求め，『社会契約説』では理想社会を説き，『エミール』においては自然を重視した教育論を展開している。彼の思想は自然において人間は平等であるが，社会や文明を通して人間は不平等となることを説こうとしている。自然に即した教育を主張することで失われた人間性を回復できるともした。上記の社会契約説の中で，ルソーは契約と道徳の関係についても言及している。人はお互いにどう対応するべきかという法則を認識し他者もその契約に従う場合，ここにルソーにとっての理性人は成立し，道徳は成立する。

(4) カントに見られる道徳観 (啓蒙時代)

戦前の日本の大学生は「カンショ」を読むべきとされていたなどと言われて

いるが,「カンショ」とはドイツ思想を代表する二人の思想家（カント，ショーペンハウエル）のことである。彼らがなぜ読むべき対象となっていたかと言えば，戦前という時代背景もあるけれども，カント（Immanuel Kant, 1724-1804）はドイツ観念論を代表とする思想家，道徳哲学者として厳格な道徳理念を提唱し，ショーペンハウエル（Arthur Schopenhauer, 1788-1860）は人間の課題とされる苦痛や退屈を取り上げるなど一般には厭世観的哲学を提唱したという点において，普遍的意味をもつ思想を展開したためであろう。

　カントの場合，三大批判書（『純粋理性批判』『実践理性批判』『判断力批判』）を著して，人間に固有な能力の一つである理性の機能とその限界について論述した。また従来，無学の徒を軽蔑の目でもって眺めていた彼は，ルソーの書（『エミール』）に親しみ，このことが契機となって人間を尊厳することを学んだと言われる。さらに『純粋理性批判』においては，何度も繰り返し考えれば考えるほど思いを新たにするものが2つある，私の頭上の星空と私の内なる道徳法則である，と述べている。これは自然の崇高さと人間の道徳法則をもつ偉大さを述べたものである。特にカントにとってこの道徳法則とは「汝の意志の格率が常に普遍的法則となるように行為せよ」という厳格で内的な道徳法則のことであった。

　私たちはしばしば「～したら，…する」という条件付きの命題を主張することが多い。しかしこのような条件付きの命題（カントによればこれを仮言命法という）は条件が満たされなければ成り立たない不完全な命題である。「テストで100点取ったら，～する」，「教えてくれたら，～する」，「テスト範囲ならば，勉強する」，「盗むことは法律に違反するから（ダメだ）」など，ここでは道徳の問題以外にも適応した事例を挙げてみたが，しかしこのような条件付きの命題で物事を考えている場合は多くないだろうか。

　カントによれば，このような事例とは反対に条件抜きの道徳的命題を定言命法と呼び，道徳を結果（外面）として判断するのではなく，動機（内面）を重視しそのように振る舞うことができることを理想とした。ここに私たちはカントの道徳理論の独自性を見て取ることができよう。純粋に心から発動する善き態度や善き行動が人間に内在する自然本性に基づいており，誰もが有するこの

自然本性こそ，人間固有の機能としての理性の働きでもあった。この理性の働きは自らの立てた法則として作用し，この法則に則った自律を「意志の自律」と言い，そこに自由があるととらえた。その意味で，私たちの自由とはやりたい放題のことを行うことではないのである。彼の理念は日本の戦後の教育政策を構築した人々に影響を与えた。彼の教育学的代表作は『教育学講義』がある。

（5）ヘルバルトに見られる道徳観

ヘルバルト（Johann F. Herbart, 1776 - 1841）はドイツのイエナ，ケーニヒスベルグ，ゲッチンゲンにおいて活動した著名な哲学者，教育学者であった。彼の学問的貢献は学としての近代的な科学的教育学を樹立させ，段階教授法と言う教育方法に歴とした業績を残したことであった。また彼の教育論は心理学を重視して，教育目的を倫理学に教育方法を心理学に求めたことは有名である。彼自身リアリズムと称する哲学と教育学を，カントの後任としてケーニヒスベルグ大学で教授した。彼にとって道徳は教科の中心として位置づけられその延長線上において各教科は展開されるべきであるとする中心統合法を展開した。精神の状態は相対立する要因の葛藤・衝突の結果であるとする心理学説を有し，心理的法則を身体的法則と結びつけ，発展させようとした。彼の代表作は『ペスタロッチの直観のABC』『一般的教育学』がある。

（6）デューイに見られる道徳観

ジョン・デューイ（John Dewey, 1859 - 1952）は20世紀を代表するアメリカの思想家，教育哲学者である。彼の思想はアメリカの歴史とともに考察しなければならない。フロンティア精神と呼ばれるイギリスやヨーロッパ大陸とは異なった固有の事情から彼のプラグマティズムの精神は説明づけられることが多い。プラグマティズムのプラーグマとは古代ギリシア語で「事物」という意味であったが，そこから実用主義などと訳されるに至った。ヨーロッパ大陸とは異なり，アメリカ社会の発展には建国以来の開拓精神と自由主義に基づく精神性がしばしば指摘されるところである。そこで実際社会に役立つ知識や有用性が，理念や観念に先立ってアメリカ社会では重視された。教育や学問もこの例に漏

れず道具としての知性という考えや手段としての教育という考えが確立されることとなった。

彼自らの哲学のことを彼は instrumentalism（用具主義）と称した。思考は，人間の機能の一部に過ぎず，それは生きるための手段としてあるのであって，人生の目的ではないとする考えを表明した。

彼にとって道徳は社会性のことであって，特に民主主義社会の一員として創造的活動的に社会に参与できる市民の育成を目指した。また確実性を探し求めることは際限のない探求でしかありえないため，そのような活動は不毛であると考えた。理想を否定するこのような実際的思想は，社会への参加，さらには環境への適応という問題として敷衍され，常に変化する社会に対し，人間自身も変化対応が迫られるとする考えを表明している。代表的著作には『民主主義と教育』『学校と社会』，『経験と教育』などがある。

4　日本の近代以前の道徳思想

これより我が国における道徳思想について簡単な歴史を主要な人物を中心に考察する。

日本に仏教が伝来したと伝えられるのは6世紀（538年あるいは552年とも）であったが，仏教をはじめ儒教，道教の影響も見られる（日本思想の重層性）。但し我が国は以上の外来思想をすべて受容しはしなかった。また仏教が伝来する以前においては「清き明き心」を日本古来の精神文化の一つとした。聖徳太子はこの仏教を広め定着させることに貢献した人物の一人であるが，彼はこの精神を生かし，現世の平和と幸せを主張する『法華経』などの注釈書を著した。また「十七条憲法」を制定し，和の精神（協調の精神）を説いたことは有名である。

9世紀には，最澄，空海らが平安仏教を展開した。最澄は比叡山において天台宗を，空海は高野山において真言宗をそれぞれ開いた。これらの宗教は後の鎌倉仏教と対比され，旧仏教とも言われ，仏教による国家の統一を目指す鎮護国家の手段とされた。

遣唐使廃止（894年）後，我が国は国風文化によって独自の日本文化を形作っていったが，鎌倉時代になると末法思想が流布し，浄土思想が誕生してきた。これらは庶民のための仏教（新仏教）とも言われている（鎌倉仏教）。鎌倉仏教のうち，代表的な宗教は，法然の浄土宗や，親鸞の浄土真宗，栄西の臨済宗，道元の曹洞宗，日蓮の日蓮宗などが挙げられる。

　浄土思想は，阿弥陀仏による慈悲を信じ（親鸞の絶対他力），「南無阿弥陀仏」と唱えれば極楽浄土へ赴くことができるというものであった。当時の末法思想も手伝って，浄土宗，浄土真宗は広く庶民に受け入れられた。他方，他力ではなく自力による救済を目指した宗教が，禅宗であった。禅宗は，座禅により悟りが開かれるものとして，自己への真なる目覚めを座禅を通じて達成しようとするものであった。道元は，末法思想を否定してただひたすら座禅に取り組むことを勧めた（只管打坐）。

　戦国時代になると，武家のたしなみや家訓による教育が行われた。有名な家訓としては武田家（武家）の『甲陽軍鑑』，商家の『夢の代』などが挙げられる。

　江戸時代には，数多くの学問が登場した。江戸幕府が推奨した朱子学は，封建社会を維持するためのイデオロギー的装置として機能した。幕府は，江戸に昌平坂学問所（林羅山）を設け，寛政異学の禁を敷き朱子学以外の学の教授を禁止し，朱子学を教授した。朱子学者の中では，林家の師匠である藤原惺窩の弟子たち（山鹿素行，木下順庵，新井白石，室鳩巣など）や南村梅軒の弟子たち（山崎闇斎ら）が活躍した。

　他方，近江聖人と称される中江藤樹は，日本における陽明学の代表者であり，朱子学を批判して，人倫の道の中心は「孝」であるとし，実践道徳に重きをおいて，知行合一を説いた。有名な言葉として「父母の恩徳は天よりも高く，海よりも深い」がある。後に日本の陽明学派の中からは，中井甃庵，中井竹山（大坂「懐徳堂」），佐藤一斎（『言志四録』），大塩平八郎（家塾「洗心洞」）などが出ている。

　さらに朱子学や陽明学に対抗して登場してきた学派の一つに古学派がある。古学派の代表者である伊藤仁斎，東涯の父子は，京都堀川に家塾「堀川塾（古

義堂)」を開き，孔老孟荘などの中国の古典の訓読や解釈を中心とする学問を重視し，「誠」をひとの道とする考えを提唱した。

　また日本古来の古典を研究対象とし教育内容としたものとして国学派が挙げられる。これは江戸時代の鎖国政策に伴って盛んになってきた事情があるが，国学の代表者としては，契沖，荷田春満，賀茂真淵，本居宣長，平田篤胤らが挙げられる。彼らは，『古事記』『日本書紀』『万葉集』などの日本の古典を読解，解釈することを中心とした。彼らは，いにしえの歌は，〜高く直き心をもてす（賀茂真淵）と言い，高く直き心を丈夫（ますらを）ぶり［男性的でおおらか］だとしたり，また神ながらの道やもののあわれは古典研究によって達成できると考えた。この学派は後に一部国粋主義として発展し，日本の宗教性，神秘性の研究を発展させることとなった。

　その他，江戸時代には，民衆思想として貢献した貝原益軒（『養生訓』）や石田梅岩（石門心学，『都鄙問答』），安藤昌益（直耕，『自然真営道』），二宮尊徳（報徳思想，勤勉倹約）らが活躍し，民衆思想に影響を与えた。

　明治時代に入ると，幕末からの尊王攘夷運動を経て，開国思想や新たに西欧の近代的思想が盛んになった。そのような中，福沢諭吉は，下級藩士出身でありながらも，長崎，大坂（「適塾」）において学び，蘭学を修めた。20歳代で蘭学，英学を修得，塾を開設（後の慶應義塾），遣米使節団一員として渡米し，後にヨーロッパにも視察に出向いている。彼はこのような中で日本の近代化のためには西欧流の合理的思想を日本にもいち早く広めようと決意し，数々の啓蒙書を残して，明治初期に非常に大きな影響力を与えた。彼のモットーは『学問のすゝめ』において取り上げられている「独立自尊」であるが，国が独立して西洋と対等にやり合ってゆくには個人が独立する必要があると説き，一身独立して一国独立すと説いて，広く啓蒙活動を行った。彼の思想は実学として認められ，日本の学校教育制度を示した学制（1872〔明治〕5年）にも大きな影響を与えたと言われている。ここに日本の近代的な教育理念が誕生した。彼の思想は，個人主義的，実学主義的であり，これが批判の対象となることも見られるが，しかし彼の我が国における影響力は計り知れない。

参考文献

Rachels, J.（1993） *The Elements of Moral Philosophy*, Second edition. Mc-Graw-Hill.
石川松太郎編（1995）『日本教育史』玉川大学出版部.
尾崎ムゲン（1999）『日本の教育改革』中公新書.
広岡義之編（2007）『教育の制度と歴史』ミネルヴァ書房.
村井康彦（2007）『日本の文化』岩波ジュニア新書.

（津田　徹）

第3章

子どもの道徳性の心理的発達

　　　　本章では，道徳教育を考えるうえで基礎となる心理的発達の理論を学ぶ。
　　　特に，乳幼児教育に深くかかわりをもつエリクソン，ピアジェの両理論を取
　　　り上げることで，道徳教育の基礎的理解を深め，子どもの道徳性の芽生え及
　　　びその心理的発達を理解することを目的とする。
　　　　また，人間形成の基礎と言われる乳幼児期において，漠然とその時期をと
　　　らえるのではなく，教育の現場において，とかく抽象的になりやすい「道徳
　　　教育」の原点を明確にするためにも，乳幼児の心の発達を様々な視点から考
　　　察する。これにより，「知育・徳育・体育」の調和のとれた教育が可能とな
　　　り，これが「善き心の発達」において最も重要なところであることを再確認
　　　する。

1　エリクソンの理論と道徳性の発達

（1）エリクソンの理論の特徴と背景

　エリクソン（Erik Homburger Erikson）は，精神分析学を確立させたフロイト
（Sigmund Freud）理論*を正統的に受け継ぎ，自我心理学を発展させたことは周
知のことである。その中でも，特に漸成的自我発達理論における青年期に関す
る理論化は，心理学や精神分析を超え，様々な場において言及された。たとえ
ば，社会学や教育学，哲学などの領域においても，その影響は拡がりを見せた
のである。また，アイデンティティ**やモラトリアム***などの用語も随所で拡がり
を見せ，日常的にも広く使われるようになった。

　　＊　フロイト理論とは，フロイトの精神分析学に基づく理論のことであり，人間の
　　　心的現象における無意識過程を重視した。さらには幼児期の重視や性的要素を重
　　　視したこともこの理論の特徴である。
　＊＊　アイデンティティ（identity）とは，自我同一性もしくは自己同一性と訳され
　　　る。自分が何者であり，どこから来てどこへ向かうのかということを，他者同様
　　　に自らも認め認識することである。
＊＊＊　モラトリアム（moratorium）とは，一般に支払猶予もしくは支払延期という意

味で用いられるが，心理学用語としては，人間として成長し社会的義務の遂行が行えるまでの精神的な準備期間，または，その猶予期間に留まろうとする心理状態のことをいう。

ところで，精神分析学者としての地位を築いたエリクソンであるが，その前身は画家であり，教育にも深い関心を寄せる人物であった。また，養父は西ドイツの小さな町の小児科医であり，幼い頃より診察に訪れる子どもを見てきた彼は，画題にも多くの子どもの姿を描いたようである。このような中で，子どもに関心を示すことは彼にとって必然であり，そこから子どもの成長と精神発達との関係に着目し，それが彼の研究主題となり，児童の精神分析家，いわゆる児童分析家となったのも理解できるところである。

（2）漸成的自我発達理論

エリクソンは，フロイトの心理・性的成熟の発達段階を軸に，独自の自我発達の漸成説を展開した。そこでは，先天的素因が環境との相互作用の中で生成していく過程こそが自我の発達であるとされ，それは，生まれながらに備わっている種々の素因が，特定の時期に他とのつながりの中で発達分化し，その働きを現していく過程のことをさしている。

さらに，先天的素因が発達分化する際，心理・社会的要因も重視され，自我発達が，その人をとりまく社会的・文化的・歴史的な制約を担った現実や対人関係の中で展開されることが強調された。これは，エリクソン自身がフロイトの心理・性的な見地に，社会的な見地を加えたものと理解されている。

漸成説に関しては，発達とは，それが分化していく過程であるとしているが，決して同質な連続的過程ではなく，質的に異なる発達段階をなすものであるという。エリクソンは，これを人生周期（life cycle）として8つの発達段階に分け，それぞれの段階における自我の発達分化には，その時期特有のものがあるとしている。

また，この8つの発達段階には，必ず越えなければならない課題があり，エリクソンはこれを心理・社会的危機と呼んでいる。この危機とは，潜在的な力が高まると同時に傷つきやすくなる時期のことであり，身体的成熟レベルと社

31

表3-1 人間の8つの段階

発達段階	心理―性的発達	心理―社会的発達課題	心理―社会的危機における態度の学習	基本的な徳（virtue）
I	口唇―感覚期（口唇や感覚器官で活発に外界と相互作用する乳児期）	基本的信頼 対 基本的不信	母親の姿を通して自分の世界を信頼できるようになる	希望
II	筋肉―肛門期（肛門括約筋をはじめ全身の筋肉が成熟して，自分で身体のコントロールが可能になる時期）	自律 対 恥・疑惑	自分の意志を他人（親）の意志と衝突させ，これを錬磨する	意志力
III	移動―性器期（行動・生活空間が急速に拡大し性の区別にも気づく幼児期）	自発性 対 罪	行動と認知の能力によって，新たな目標を見出し，家庭から関心がそれていく	目的
IV	潜在期	勤勉性 対 劣等感	自分が生まれた文化・社会の中での基本的文法（原則）と基本的技術を学ぶ	コンピテンス（適格性，社会的能力，競争力）
V	青年期	同一性（アイデンティティ）対 役割の拡散	幼少期に獲得した役割や技術を現在の職業的規範といかに結びつけるかが課題	忠誠心
VI	性器期（若い成人期）	親密さ 対 孤独	他人の中に自己のアイデンティティを見出す（これにより結婚が可能となる）	愛
VII	性器期（成人期）	生殖性 対 停滞	社会の中で自分の場所を確認し，生み出されるものに対し，個人で責任をとる	世話
VIII	性器期（老年と円熟期）	自我の統合 対 絶望	全人類に共通するような普遍的な同一性，全人類的同一性をもつ	英知

（出典）　エリクソン（1980）及びエヴァンズ（1981）より，筆者が独自にまとめた。

会からの期待，さらには自分自身の欲求などと関連し，各段階に生じてくるものである。このような危機における葛藤こそが，その後の自らの人生を善きものとするか，悪しきものとするかを決定づける，重要な時期となりうることは否定できない。つまり，葛藤を解決し克服することが，その段階の課題となり，

それが肯定的側面として表出した場合，自我の強さとなり，否定的側面としての表出は，自我の未熟さとして次の課題への移行が困難になるとされる。

（3）人格的強さとしての "virtue" と基本的道徳の形成

エリクソンは8つの発達段階には，それぞれ特有の基本的な人格的強さ "virtue" があるとした。"virtue" とは一般的には「徳」や「道徳的美点」，「強さ」などを意味するが，彼の場合，それは人生の各段階において発生する発達課題を達成した時に生じる人格的な強さとして用いた。つまり，人間のもつ基本的な強さのみが全ての価値に力を与えるため，これらの強さなしには，全ての価値や善の活力は損なわれてしまうのである。

ここでの各段階において獲得される "virtue" とは，道徳的発達において道徳性そのものが養われるという意味ではなく，自分自身の人生において，望ましい方向を見つめ，それに向かって力強く生きていくことができる "力" の獲得のことである。

たとえば，エリクソンによると，乳児期に獲得される徳目としての「希望」は，人間のすべての強さの基本的要素である。それは，愛情溢れる母親との相互作用の中で獲得され，それが次の段階へ進む活力となりうるのである。子どもは自分の母親の姿を通して，自分の世界が信頼できるようになる。つまり，母親はすぐに自分の元へ戻ってきて自分の欲求を満たしてくれる，自分が不安になった時は必ずそばでその不安をなくしてくれる，などの基本的信頼が基盤にあってこそ，獲得される「希望」なのである。それゆえ，母親は「信頼すること」を子どもに教えなければならない。希望がなければ，人間は生きていくことはできない。希望を失った子どもたちは十分に愛することや活動することを学べない。文字通り生きていくことができず，失望の一途をたどるのかもしれない。

このように，無力な乳児を生み出す成人期においては「生殖性」が発達課題となり，それは「産む」ということを意味する。そこでは，世代から世代へと生まれていくあらゆるものの存在に気づくことで基本的な強さを獲得していくのである。この成人期における徳目とは「世話」を行うことであり，自己の強

さを獲得するためにも，自分の生み出した命に対して責任をとり，守り通していく"力"こそが，この段階における"virtue"となるのでる。

エリクソンの「人間の8つの段階」において，それぞれの時期に獲得されなければならない基本的な徳，いわゆる人格的な強さとしての"virtue"とは，その時期に獲得されなければ，次の段階においても獲得は難しいものとなる。それゆえ，彼は各段階における発達課題を重視し，健全な人間形成を目指すためにも常に前を向き，希望をもち，自分自身の人生を力強く生き抜く力を求めたのである。

（4）道徳律と倫理律

エリクソンは道徳*と倫理**を明確に区別している。ここでの道徳律とは，超自我***に対応しており，それは道徳が苛酷，過度になると神経症や非合理的な行動をもたらし，そこに普遍的な価値を見いだせなくなる。これは，精神的に未熟な段階において育つものであり，場合によっては，道徳という名のもとに他者を敵とし抹殺することも起こりうるのである。

* 道徳とは，社会の一員として，それぞれの行為の善悪を判断する基準として，一般に承認されている規範の全体である。しかし，これは時代とともに変遷し，地域や民族によって異なるものである
** 倫理とは，人として守るべき道であり，実際道徳の規範となる原理である。つまり，道徳の体得というよりも，永遠普遍の原理そのものに重点が置かれている
*** フロイトは，イド，自我と共に心を構成する3要素の一つとして超自我の領域を区別した。超自我とは，自我から分化発達し社会的価値をとりいれ，あるべき行動基準によって自我を監視し，欲動に対して検閲的役割をはたすものである

一方，倫理律とは多くの人が善に対して一致した認識をもち，その理想を基盤に，普遍的なものとしてとらえられるものである。つまり，道徳とは，いつかは滅びていく可能性を含んでいるが，倫理は決して滅びることはないのである。それゆえ，人の倫理観とは，漸成的自我発達の過程を進みながら形成されていくと考えられている。

このように，道徳とは精神的に未熟な段階にて育つものであり，そこには大人の子どもに対する強制や脅威が存在する。要するに，非合理的な内的動機に

基づいてそれは形成されていく，超自我の産物なのである。これに対し，倫理とは個人を取り巻く社会との相互性の中で，自我の発達に伴いつつ現実への順応の一部として形成されていく。それは，決して高遠の理想ではなく，それぞれの自我の発達過程において芽吹くものなのである。

　しかし，道徳と倫理とは全く別のものではない。それらは，乳幼児期からの相互関係によって築き上げられるものである。また，青年期に入ると，思想的な言葉でもって普遍的な善を認知するということが可能となる。そこで初めて，道徳と倫理とは互いに交差するのだ。これにより，青年は社会における自らの姿を省みることができ，現実の社会において自分自身を位置づけることができるようになる。さらに，自分の内における価値基準に対して，葛藤を抱くことがあっても，そこに普遍性が関与し始め，倫理性が芽生えてくるのである。この営みは青年期において，いたって自然なものであると言える。

（5）成人期と普遍的な倫理性

　青年期で芽生えた倫理性は，成人期において基本的な活力としての「愛」を形成していく。そのためには，心理・社会的危機である「親密性対孤独」の葛藤を克服することが求められる。それは，相手との対立を相互に調整し，相手に合わせながらも自己のアイデンティティを保つことである。特に初期成人期においては，他者とかかわる時，必ず自分と違った異質なものに直面する。その時，異質ゆえにかかわりを絶つと，心理・社会的危機の「孤独」という結果になるが，自ら選んだかかわりゆえ可能な限り親密な関係「親密性」を維持しようと相互間の調整と努力を行うと，それが自我の発達につながっていくのである。

　次の段階である成人期では，その対象は「自らが生み出した他者」となる。つまり，自分が生み出した者を，持続的に責任をもって育み配慮するということであり，生殖性としての課題を担うことになる。持続的にかかわるということは，自分と異なる他者を受け入れ，その相手に自分を合わせていくという営みが必要となる。そこでは当然，対立や葛藤が生じるが，逃げることなく責任をもって配慮し続け，相互に調整し関係を維持していかなければならない。こ

のように成人期とは，異質な者を排除せず，自分を保ちつつ他者を受け入れ，それに合わせていく能力の拡充と言える。

　人生の最終段階としての「重要関係の範囲」は，全人類とされているが，それは自らが生み出した者だけではなく，より広い範囲での他者との関係であり，自分を保ちつつその関係を調整できるようになることが，エリクソンの考える自我発達の方向であり倫理性なのである。それは，自分が属する狭い範囲での集団ではなく，全人類に共通する普遍的な同一性をもつことであり，これは，他者とかかわり異質なものを相互調整によって乗り越えていく過程においてのみ，可能となる。

（6）エリクソンの理論と道徳性の芽生え

　これまで，エリクソンの理論に基づき道徳性の発達を学んできたが，そこでは特に乳幼児期を重視する彼の姿が見えてきた。「8つの発達段階」においても，その第1段階に獲得される基本的な徳として「希望」をあげ，それは母親との密接な関係において獲得されるとしている。人間が生きるために最も必要とされる「希望」が第1の獲得徳目とされているところにも，道徳性の発達における乳幼児期の重要性がうかがえる。

　また，人生の最終段階である第7，8段階では，自らの子どもを生み育てるという持続的な配慮を必要とする「命」への課題と，全人類とのかかわりを通して思考する普遍性としての倫理を課題に，道徳性の連続した発達をとらえることができる。つまり，人生の最終段階であるということは，そこで育まれる新たな命としての他者，いわゆる乳幼児の存在を意識し，大人と乳幼児の関係から道徳性の芽生えは育まれ相互に発達するということである。段階的に乳児は1段階であったとしても，それは8段階における新たな命としての他者である。それゆえ，乳幼児における道徳性の発達においては大人の存在を，大人の道徳性及び倫理性の発達においては他者としての乳幼児の存在を，決して欠くことはできないということである。

　ここに人間としての命の営みにおける道徳的視点が見出される。

2 ピアジェの理論と道徳性の発達

（1）ピアジェの研究の原点

　スイスの心理学者であるピアジェ（Jean Piaget 1896 - 1980）は，独自の研究方法により人間の精神や思考の法則性を追究するため，子どもの認知発達を研究した。彼は10歳で「すずめの観察記録」をまとめ，短い論文として博物雑誌に投稿したところ掲載された。これが人生の船出であったと後に語っている。その後，21歳で軟体動物に関する研究において博士号を取得した彼は，紆余曲折はあったものの，心理学への道へと進んでいった。その間，人間の認識とは何であるのかを紐解くために，絶えず彼自身の中で哲学的思考との葛藤があったという。しかし，それを立証するためには心理学しかないと固く信じる事で，研究に邁進していったのである。

　彼の心理学における最初の研究は，子どもの思考の研究であった。ルソー研究所の所長となった彼は，1921年から1925年の4年間で子どもの思考の本質は自己中心性[*]にあるという事を明らかにした。その後，思考の発達段階やその特質，自己中心的思考から抽象的思考への移行などを明らかにしていく中で，1940年以降は発生的認識論[**]の研究へと進んでいったのである。

　　[*]　自己中心性とは，ものごとをとらえる際，自分の側からの観点のみでそれをとらえ，他人の観点に自分を置いてとらえることが難しいことをいう。
　[**]　幼児の思考について臨床研究の場からその発達を考察し，発達過程には4つの段階があるとした。第Ⅰ段階は，感覚運動的知能の段階（0～2歳），第Ⅱ段階は，前操作的思考の段階（2～7歳），第Ⅲ段階は，具体的操作の段階（7～11歳），第Ⅳ段階は，形式的操作の段階（11～12歳以降）である。ここでの発生とは発達のことであり，操作とは心の内での行為であり，最終的には論理的思考を目指すものである。

　このような中，子どもの自発的な遊びに着目した彼は，そこで変化していく道徳性の発達段階の過程を明らかにし，それを重視した。その中で「子どもに教えるということは，全て子どもがそれを創り出し，発見することを妨げることになる」と述べ，外的なことのみにとらわれすぎると，子どもの内面から創

りあげようとする自発的で意欲的な力までもが妨げられることになると主張した。つまり，人間形成としてとらえる子どもの発達は「他律*」から「自律**」への道のりであり，それは自らの自発性に基づく道徳性の発達を意味し，決して教えられて育つものではないということである。

そこで，ピアジェが臨床研究の現場において特に注目した「子どもの自発性に基づく遊び」を中心に，道徳性の発達を考えていく。

* 「他律」とは，自らの意志ではなく他者からの命令や束縛によって行動すること
** 「自律」とは，自らの行為を自分自身の意志でもって規制し，外部からの制御から脱して自身の立てた規範に従い行動することである。一方，「自立」とは，自分の力で身を立てるということで，一人立ちを意味する

（2）「他律」から「自律」への発達

人間形成における内的な発達，つまり「自律」を目指した教育こそ，真の教育であるとピアジェはいう。その基盤は乳幼児期の遊びの中にあり，まさに，自発的な遊びの重要性が問われる時期である。子どもの中に自律的な意識が養われるということは，自らの内に規範が作られるということであり，それは道徳的意識を培うことでもある。

乳幼児においては，幼ければ幼いほど他律的であり，それゆえ，周りの大人は乳幼児に対して強制的である。それは，初歩的であり一般的な道徳的行為を示すことが通常のためであり，物事の判断が正常にできない子どもにとっては必要なことである。しかし，年齢を重ね複雑な良心との葛藤を抱き始めると，もはや命令的道徳観念を押し付けることはできない。そこでは，自律的に自らの良心との葛藤を解決していかなければ，何ら道徳的成長は見られないからである。このように，子どもの道徳性を養うためには，他律的であるものから自律的な道徳的意識へと発達することが求められる。

ここで重要とされる自律性とは，幼い子どもの自己中心性からの解脱，いわゆる，脱中心化*によって育まれるものであり，それは自発的活動である遊びを通して培われるものである。そのため，ピアジェは子どもの自発的活動におけ

る環境を非常に重視した。特に，教育機関における遊び環境の配慮には深い洞察力と注意力とが要求されるという。なぜなら，子どもとは遊びによってのみ，自らの内的なものを発展させ，それを周りの環境に少しずつ適応させる。そこでの相乗効果により，さらなる内的な発展を遂げ，ますます効果的で自発的な活動を求めるようになるからである。この過程により，幼少時期の子どもにとっては遊びであったものから，いわゆる，勉強へとその推移を自発的に行うことができるようになるのである。

> ＊ 脱中心化とは，物事をとらえる場合，１つの側面や観点からのみとらえるのではなく，様々な側面を同時にとらえ，観点を自由に変えることができるようになることである。これは，認知発達の重要な目安であり，操作的段階に入ると可能となる

ここでの子どもの内的な発展とは心の成長であり，まさに善き人間形成への過程である。つまり，他律的な姿勢から自律的に物事の判断ができる人間へと成長していく過程であり，そこでは，遊びの経験が子どもの内にて構成，再構成される。それゆえ，適切な環境構成こそが，子どもの遊びには必要であり，それが自律的道徳性を発達させていくのである。

（3）子どもの実在性と自発性

ピアジェは，子どもの思考の内容に強い興味を示し，独特の思考内容で展開される子どもの遊びを理解するならば，まず注意深い観察が必要であるとした。なぜなら，大人の思考や意識するものと子どものそれとは全く違い，子どもの思考の多くは，まだ直観の域にあると考えたからである。

たとえば，太陽と月の事例がよくこれに用いられる。子どもは，太陽や月は必ず自分についてくるものであると信じ考えている。つまり，彼らの直観とは，真の知識ではなく，事実的に感じることのできる知覚であり，それは自らの心の世界にあるものを外の世界に持ち込むことができ，その逆もあるというものである。これら双方の混同により，子どもの信じる気持ちを基盤とした実在性＊が存在するのである。

> ＊ 自分が考えたことや意識したこと，夢に見たものなどが必ず存在するという，

子ども独自の思考の姿をいう

　このように，子どもの思考とは大人の理解を超えたところにあるからこそ，深い洞察による観察が行われなければ，子どもの遊びを理解することは難しいのである。それゆえ，自己中心的でありがならも，その独特な子どもの実在性を我々大人（教育者）が認識し理解するだけで，子どもとのかかわりにおける対応は柔軟なものになる。

　さらに，実在性の概念が存在する時期において，子ども自身の信じて止まない心，いわゆる信仰＊という意識は，人間形成の視点においても，そのまま人生の基盤として育まれる。また，子ども独自の思考の内容は，自らの信仰において存在する実在性により，その時期の子どもの精神成長を助けている。このように，子どもの成長の一環として存在する実在性ではあるが，その土台にある信仰こそが，その後の人間形成を支えていく。そして，幼児においてはそれが遊びにあるのだ。

　　＊　ピアジェは，道徳性の発達を述べる時，croyance という言葉を頻繁に使用する。これは，信念や信条と訳される言葉であるが，ここでは，信じ尊ぶという意味を包含して，あえて「信仰」という言葉を使用する

（4）子どもの汎心性と自発性

　子どもとは心的な世界と物的な世界とを全く区別することなく，また，自我と外界とをはっきりと見極めることもしない。そのため，大人には生命のない多数の事物であっても，これを生きている，あるいは意識あるものだと思い込む時期がある。ピアジェはこれを「汎心性」（animisme）と呼んでいる。このような子どもの姿は，どこにでも見かけるものである。また，ここでの「汎心性」とは，ある程度の年齢によって段階別に分類される（表3-2）。

　最初，子どもは全てのものには生命があると考えているが，それは次第に自主的に動くものだけに局限されていく。そこには自発的に主体的に活動し思考する子どもの姿が必ずある。

　子どもにとって知識を得る意味での「知る」と，直感により「感じる」との言葉には，我々大人が考える以上にその違いがある。そして子どもは「知る」

表3-2 汎心性の発達段階

段階	年齢	汎心性の発達
I	0～6,7歳 保育所・幼稚園へ通う時期	活動的なものの全てに意識があると考える。 なぜなら、活動と意識的努力（自発的活動）との分離ができておらず、全てのものは意識的であり、なんらかの運動と結合するというのである。しかし、いかなる事物が意識的であり得るかは、何も識別されていない。たとえば、ボタンや糸、壁や石にも意識があると信じている子どもの状態がそれである。
II	6,7～8,9歳 保育所・幼稚園から小学校低学年へと進む時期	意識は動くことのできる物のみに賦与される。 子どもは事物に対して、あたかも自らの努力によって運動していると考え、意識を動くものだけに極限するのである。たとえば、壁や石は動かないが、雲や風、太陽や月、自転車など、動くものに対しては自らの努力で運動すると信じる。それが自発的な運動であるのか、外部からの運動によるのかは、全く考えに及ばないのである。
III	8,9～11,12歳 小学校高学年に達する時期	物そのものによる運動と、外部のものによって導かれる運動との間に、本質的区別がなされる。 つまり、運動するものに対する意識の賦与が、自主的であるか否かにある。それは、子ども自身が事物に対して、それ自体が自発的に動いているかそうでないかを発見するところにある。たとえば、身体は太陽や風と同じようにひとりでに動くことが出来るゆえ、これらはそれで単独に意識的であると考える。一方、自らの運動を外部から受けるもの、たとえば自転車というようなものは意識のないものであるという考えである。
IV	11,12歳以降 中学・高校以降の時期	意識は動物界に局限される。 つまり、物に対する概念は、生命のない事物であると認識されるのである。これは汎心性の退行を意味すると言える。しかし、この段階においても、なお太陽と月だけには意識が賦与されるという。

（出典） ピアジェ（1955）より、汎心性の発達段階を筆者がまとめた。

よりも「感じる」ことから様々な事物に意識を賦与していくのである。また、この時期が長い期間続いているということにも気づかなければならない。つまり、教えられることで知識を得る「知る」という世界の前に、自らが「感じる」ことで信じる世界が長期にわたり存在するのである。これらの発達は段階を追って連続的に成長するが、その一方で発達に伴う汎心性の退行、いわゆる直感により「感じる」ことから、知識を得る意味での「知る」へと移行していくのである。だからこそ、乳幼児期における子どもの自発的な感性である「感じること」や「信じること」を尊重しなければならないのだ。

このように、汎心性における発達段階は、事物における自発的運動の視点が中心となっている。子どもの汎心性と自発性の関連は、自らが感じ、信じるという「信仰」を基盤にしている。そして、その第1段階の時期であり出発点で

表3-3 生命の概念の発達過程

段階	年齢	生命の概念の発達
I	0～6,7歳 保育所・幼稚園へ通う時期	全てのものは活動とか機能とかあるいは何らかの用途をもって生きるものと考えている。 つまり，生命とは活動と同一視され，生命を活動という言葉で特定しているのである。
II	6,7～8,9歳 保育所・幼稚園から小学校低学年へと進む時期	生命は運動によって定義され，すべての運動はある程度に自発的なものと認められる。 つまり，生命は運動と同一視され，生命を単に運動という言葉だけで意味付けしてしまう。しかし，それが自発的であるのか外部からの力によるのかの区別はされずに，全ては自発的であると見なされている。
III	8,9～11,12歳 小学校高学年に達する時期	子どもの自発的運動と外部の何かによって強いられた運動とを区別する。生命は自発的運動と同一のものとされる。 これまで全ての運動は自発的と見なされていたものが，自発的であるか外部からの力によるものであるかの区別が明確にされる段階である。つまり，機械的なものと生物学的なものとの混同から解消されるためである。
IV	11,12歳以降 中学・高校以降の時期	生命は動物のみか，あるいは動物と植物にのみ局限される。それは，生命が自発的運動と同一視されるためである。

(出典) ピアジェ（1955）より，生命の概念の発達段階を筆者がまとめた。

もある時期が，養育，保育の時なのである。それゆえ，幼い子どもを養育する親や幼児教育に携わる教育者達は，子どもの信じるという気持ちを尊重することにより生じる自発的活動に対して，その意義を見出していかなければならない。

(5) 子どもの生命の概念と自発性

生命の概念の発達とは，汎心性と非常に似た過程で，その成長を発達させる。ピアジェはここでも段階別に生命の概念を分類することで，その発達過程を明らかにした（表3-3）。

生命の概念の発達とは，活動と目的と自由力の継続から生成され，それらは常に子どもの世界に存在している。つまり，全ての物は目的に向かって導かれ，目的を達成する手段として自由な活動を想像し，生命の概念は漸次的に力の概念あるいは自発的運動の原因であるという概念に変わっていく。このように，子どもの生命概念の発達は，自発的運動が核となり示されている。そして発達

段階の最後には，生命は動物あるいは植物だけに局限されるのである。

このように，組織的でありながら全くの自発性を伴い，自らの信仰のうちに形成され成長しつづけるこれら重要な概念は，特に幼少期の間に形成されていく。そして，そこには絶えず子どもの信仰が存在し，様々な概念を育んでいるのである。子どもはいかなる時にも「生」を意識しており，生まれて成長を続けるという「連続における生」を求めている。これは，太陽や月などの自然界における連続から，子どもは法則を見出していると言える。つまり，生と死に対する思考の分離がこの時期にできていないだけで，生きることを望む子どもの姿は，すべての人間形成における根源であると言える。

(6) 子どもの自発性と道徳性の芽生え

ここまで述べてきたようにピアジェは，人間教育の基礎となる乳幼児期にこそ尊重されなければならない諸概念の発達と自発性における関係の重要性を我々に語り示している。

たとえば，子どもの実在性であるが，それは真の知識ではないけれど，事実的に感じる心が大切であり，そこには何の証拠も理論も必要としない。自ら自発的に信じるという心があればいいのである。また，汎心性においては，自発的な運動が子どもの心をとらえている。もちろん，子どもの発達段階において，自発的運動と外部からの力との違いを認識することのできない段階もあるが，事実を「知る」というよりも「感じる」ことで「それは生きている」と心から信じることができるのも自らの自発性ゆえである。さらに，生命の概念においては，活動と目的と自由力の継続が子どもの世界にあり，そこでも自発的な運動が子どもの心をとらえている。そして，その根底には普遍的で主体的なものがある。普遍的なものとは「善」へと向かう思考であり生命の概念の目的でもある。そして，それは決して受身では育むことのできない自発的なものなのである。

これら3つの概念に共通することは，その根底に子どもの「信仰」が存在するということである。信じるという心が子どもの思考内容を発達させる。そしてこの「信仰」は，子ども自らの自発性がなければ存在することのできないも

のである。

　このように，子どもは根拠も理論も証明も何もなしに信じることで，様々な概念を育み成長させている。そして，その多くは子どもの遊びの中で促されるのである。ここでの遊びとは，決して権威的関係や強制，義務といったものに支配されることなく，大人との相互性に基づく人間関係があってこそ，自ら信じる「信仰」を基盤に自由に自発的に行動できるものである。この自発的な行動が，自らを律する「自律」へとつながり，相互性に基づく信頼が育まれ，そこから道徳性の芽生えが豊かに行われるのである。

参考文献
エバンズ，岡堂哲雄他訳（1981）『エリクソンは語る』新曜社.
エリクソン，鑪幹八郎訳（1980）『洞察と責任』誠信書房.
エリクソン，仁科弥生訳（1987）『幼児期と社会1』みすず書房.
エリクソン，仁科弥生訳（1987）『幼児期と社会2』みすず書房.
ピアジェ，大伴茂訳（1957）『臨床児童心理学Ⅰ　児童の自己中心性』同文書院.
ピアジェ，大伴茂訳（1955）『臨床児童心理学Ⅱ　児童の世界観』同文書院.
ピアジェ，大伴茂訳（1957）『臨床児童心理学Ⅲ　児童道徳判断の発達』同文書院.
ピアジェ，赤塚徳郎他監訳（2000）『遊びと発達の心理学』黎明書房.

（猪田　裕子）

第4章

子どもの道徳性に伴う大人の道徳観

　この章では，乳幼児期に焦点をあて，そこでの養育・保育・教育の姿から，子どもの道徳性の芽生えをとらえていく。また，幼稚園及び保育所から小学校への連携の重要性にも着目し，今回，新たに改訂された「幼稚園教育要領」および「保育所保育指針」を中心に，人間形成の基礎としての保育の姿を考察していく。さらに，子どもの道徳性の発達を通して，大人の道徳観を省みることで，乳幼児教育における「心を育てる保育」の意味を考えていく。
　これにより，人間形成の基盤である乳幼児期における道徳性の芽生えがいかに重要であるかを考察するとともに，子どもの成長に大きくかかわる大人の存在にも着目することで，今後の保育や教育のあるべき姿を考えていく。

1　幼稚園及び保育所における保育の充実

（1）幼稚園教育要領の改訂と保育の充実

　日本における幼稚園教育は，小学校入学前の教育として位置づけられているが，決して小学校教育への準備期間ではない。もちろん，義務教育へつながることもあり，その後の学習や生活に深い関係性もあるが，この時期の教育は，人間としての基礎を育てる重要な時期であるとの認識を見失ってはならない。この視点を中心に，幼児期におけるふさわしい教育のあり方をさぐったものが，今回の幼稚園教育要領改訂としてまとめられたのである。
　現在，様々な問題を抱える社会において，子どもの教育に対するニーズは多様化の一途をたどっている。たとえば，女性の社会進出の拡大，情報の氾濫した社会，少子化，都市化など，子どもを取り巻く環境は確実にその姿を変えつつある。そのような中で，食生活の乱れなどからくる基本的生活習慣の欠如，コミュニケーション能力の低下，自制心や規範意識の希薄化などの問題も随所で取り上げられている。
　このように刻一刻と変化する子どもを取り巻く社会状況の中で，この度，学

校教育法の一部改正に伴い、幼稚園教育の位置づけが第77条から第22条へとされ、その目的を「幼稚園は、義務教育及びその後の教育の基本を培うものとして、幼児を保育し、幼児の健やかな成長のために適当な環境を与えて、その心身の発達を助長することを目的とする。」と規定された。これは、小学校への前倒しとしての教育的位置づけではなく、人間としての基礎を培い「生きる力」を育む時期の教育であるとの認識である。

このように、約60年ぶりに教育基本法が改正され、新たに幼児期の教育が規定されたこともあり、その内容も幼稚園から小学校へのさらなる連携、及び、保護者とのより深いつながりなどが求められる形となった。また、乳幼児期は生涯にわたる人間形成の時期であるという視点から「生きる力の基礎の育成」「豊かな心と健やかな体の育成」などが基本的なねらいとして盛り込まれ、教育の連続性における基盤としての幼児教育が再確認されたと言える。

下記は、新幼稚園教育要領に記されている総則より、「幼稚園教育の基本」の抜粋である。

幼稚園教育の基本

　幼児期における教育は、生涯にわたる人格形成の基礎を培う重要なものであり、幼稚園教育は、学校教育法22条に規定する目的を達成するため、幼児期の特徴を踏まえ、環境を通して行うものであることを基本とする。
　このため、教師は幼児と信頼関係を十分に築き、幼児と共によりよい教育環境を創造して教育を行わなければならない。
① 幼児は安定した情緒の下で自己を十分に発揮することにより発達に必要な体験を得ていくものであることを考慮して、幼児の主体的な活動を促し、幼児期にふさわしい生活が展開されるようにすること。
② 幼児の自発的な活動としての遊びは、心身の調和のとれた発達の基礎を培う重要な学習であることを考慮して、遊びを通しての指導を中心として第2章に示すねらいが総合的に達成されるようにすること。
③ 幼児の発達は、心身の諸側面が相互に関連し合い、多様な経過をたどって成し遂げられていくものであること、また、幼児の生活経験がそれぞれ異なることなどを考慮して、幼児一人一人の特性に応じ、発達の課題に即した指導を行

うようにすること。
　その際，教師は，幼児の主体的な活動が確保されるよう幼児一人一人の行動の理解と予想に基づき，計画的に環境を構成しなければならない。この場合において，教師は，幼児と人やものとのかかわりが重要であることを踏まえ，物的・空間的環境を構成しなければならない。また，教師は，幼児一人一人の活動の場面に応じて，様々な役割を果たし，その活動を豊かにしなければならない。

(注) 波線部引用者。

　幼稚園教育とは，そこでの生活により義務教育及びその後の教育への基礎が培われる。そして，その中心には豊かな人間形成という視点が据えられている。それは遊びを通して培われるものであり，幼稚園の環境にある様々な事物や人とのかかわりが，遊びという経験をさらに深め，子どもの学びとなっていく。この学びこそがその後の教育や生活の基盤となるのである。
　ここでの子どもの遊びとは総合的なものゆえ，小学校における特定の教育内容と直結するわけではない。しかし，「心情・意欲・態度*」を育てることが，その後の教科教育の基礎を作り出すので，幼児期における教育の目標として「生きる力」の育成というものが共通の理念となったのである。

　　＊　幼稚園修了までに育つことが期待される「心情・意欲・態度」は，子どもの生きる力の基礎とされている。

(2) 保育所保育指針の改訂と保育の充実

　これまで保育所保育は，家庭における子育てを支え，子どものすこやかな育ちを支える役割を果たしてきた。この役割は，今日ますます必要とされる状況にある。なぜなら，少子化が進む中で，子育てに不安や悩みを抱える親たちの増加，養育力の低下や児童虐待へとつながる状況の増加，さらには情報化社会に身を委ねることで感じるストレスなど，子どもを取り巻く社会環境の激変が多くの問題を生み出している。
　特に乳幼児期は，子どもが生涯にわたる人間形成の基礎を培う時期であるため，身近な大人のかかわりや豊かな環境，安定した生活や楽しい遊び，友達とのかかわりなどが欠かせない時期でもある。その中において「子どもの最善の

利益を守る」という理念は，普遍的なものとして保育所保育指針の中に記されている。ここでの最善の利益とは，子どもの生命の保持そのものであり，情緒の安定を図ることである。これにより，心身の調和のとれた豊かな発達を育むことができるのである。心の荒んだ時代と叫ばれる現代社会だからこそ，乳幼児期からの心の育ちにしっかりと目をむけた保育の必要性が問われるのだ。

下記は，新保育所保育指針に記されている総則より，「保育の目標」の抜粋である。

保育の目標

ア　保育所は，子どもが生涯にわたる人格形成にとって極めて重要な時期に，その生活時間の大半を過ごす場である。このため，保育所の保育は，子どもが現在を最も良く生き，望ましい未来をつくり出す力の基礎を培うために，次の目標を目指して行わなければならない。

（ア）十分に養護の行き届いた環境の下に，くつろいだ雰囲気の中で子どもの様々な欲求を満たし，生命の保持及び情緒の安定を図ること。

（イ）健康，安全など生活に必要な基本的な習慣や態度を養い，心身の健康の基礎を培うこと。

（ウ）人との関わりの中で，人に対する愛情と信頼感，そして人権を大切にする心を育てるとともに，自主，自立及び協調の態度を養い，道徳性の芽生えを培うこと。

（エ）生命，自然及び社会の事象についての興味や関心を育て，それらに対する豊かな心情や思考力の芽生えを培うこと。

（オ）生活の中で，言葉への興味や関心を育て，話したり，聞いたり，相手の話を理解しようとするなど，言葉の豊かさを養うこと。

（カ）様々な体験を通して，豊かな感性や表現力を育み，創造性の芽生えを培うこと。

イ　保育所は，入所する子どもの保護者に対し，その意向を受け止め，子どもと保護者の安定した関係に配慮し，保育所の特性や保育士等の専門性を生かして，その援助に当たらなければならない。

（注）波線部引用者。

上記のように，新保育所保育指針では養護と教育の両視点を踏まえており，

養護においては「子どもの生命の保持及び情緒の安定を図るために保育士等が行う援助や関わり」を重視している。教育においては「子どもが健やかに成長し，その活動がより豊かに展開されるための発達の援助であり，『健康』，『人間関係』，『環境』，『言葉』及び『表現』の5領域から構成される」としている。

このように，保育所保育における内容とは，養育と教育の機能をあわせ持っており，それは乳児から就学前幼児まですべての子どもの生命，生活，情緒，成長，発達という総体的な発達過程を見守り援助する営みを指している。その中において，最も重視されるところが，生きる力を育むことであり，それは道徳性の芽生えを基盤に心の発達を目指すものである。これが，小学校教育の学習意欲や態度にもつながり，健全な人間形成のための「生きる力」としての知識獲得へとつながるのである。そのためには，双方の連携がきわめて重要となり，保育所での保育が小学校以上の学習内容，学習指導要領とどのようにつながりをもっているかに目を向け，発達の連続性を再確認することで，さらに強い連携を育むことが可能となるのである。

さらに，保育所保育においては3歳未満児の保育にも十分な配慮が必要とされる。特にこの時期は心の成長の基盤となる時であり，一人の人間として人生を歩んでいくスタート地点でもある。それゆえ，様々な視点からの配慮や援助が必要とされ，これらがしっかりとなされてこそ，後の生きる力としての教育活動に意味が付与されるのである。

また，保育所保育指針の第4章「指導計画の作成上，特に留意すべき事項」の中で，「発達過程に応じた保育」として，「3歳未満児については，一人一人の子どもの生育暦，心身の発達，活動の実態などに即して，個人的な計画を作成すること」と述べられている。このように，3歳未満児の保育の位置づけは以前にも増して強調され，そのニーズは高まっており，地域での子育て支援や家庭への支援などの形でもそれは現れている。人間形成の基盤とも言えるこの時期に，これだけの関心が集まっている現代，生きる力を育てるため，保育所であれ家庭であれ，または地域ぐるみの活動であれ，今を生きる乳児への保育の充実が求められるのである。

2　保育内容から見る道徳性の芽生え

(1) 保育内容と領域

　幼稚園教育では，幼稚園教育要領第1章の第1「幼稚園教育の基本」に基づいて幼児が園生活を展開し，その中で心身の発達の基礎となる体験を得ることとされている。そのため，幼稚園教育要領第2章「ねらい及び内容」では，それがより具体的に示されている。すなわち，幼児が生活を通して発達していく姿を踏まえ，育つことが期待されるものを「ねらい」とし，それを達成するために教師が指導し，幼児が身に付けていくことにおいて望まれるものを「内容」としている。一方，保育所保育では，養護と教育の両視点を踏まえ保育の内容が示されているが，教育の面においては，幼稚園教育に概ね準じている。それゆえ，保育の内容は，幼稚園・保育所ともに幼児の発達の側面からまとめ，以下の5つの領域として編成されている。

・心身の健康に関する領域「健康」
・人とのかかわりに関する領域「人間関係」
・身近な環境とかかわりに関する領域「環境」
・言葉の獲得に関する領域「言葉」
・感性と表現に関する領域「表現」

これら5領域を中心に保育内容を実践することにより，心身ともに調和のとれた発達の基礎を培うことができるのである。

　ここでの5領域とは，小学校教育のように一つの教科としての位置づけではなく，各領域には編成されているけれど，それは子どもの発達という視点から相互に関連しあい，保育の中で遊びの経験として総合的に育まれていくものである。特に，知的教育に偏りがちな現代社会だからこそ，人間形成という視点から，教育における調和を重視し，幼児教育においては豊かな経験とそれに伴う心の発達を目指さなければならない。

　そこで，5領域における保育内容を中心に，幼児教育の根幹である心の発達の実際を見ていく。

第4章　子どもの道徳性に伴う大人の道徳観

① 領域「健康」

　「健康」の領域には，現代社会の抱える問題が，子どもの姿を通して如実に現れている。たとえば，安全な遊び場が減少する現在，それは狭い室内へと移行しつつある。そのため，限られた経験や行動を余儀なくされ，子どもの発達にも少なからず影響を及ぼしている。健全な体を作るということは，健全な精神の発達にも通じる。それゆえ，子ども自らが体を動かす楽しさを味わうことができるよう，遊び場の工夫が幼児教育の現場には課せられている。子どもは興味をもったことには納得するまで取り組む傾向が強く，そこで遊ぶことへの意欲が育まれ，遊びそのものを楽しむようになる。子どもが主体的に遊ぶことのできる場所と時間の確保は，心の発達に大きな役割を果たすのである。

　また，今回の改訂には食育指導という視点も新たに加わった。望ましい食習慣の形成が難しい現在，豊かさゆえの「食の貧困さ」が浮き彫りとなったための改訂である。食育とは，食物を単に食すという視点ではなく，人と一緒に楽しんで食事をすることにより，体と心のバランスのとれた発達を育むものである。そのためには，和やかな雰囲気の中，楽しく語り合いながらも落ち着いて食事をとることにより，相手を気遣う振る舞いやマナーにも配慮ができるようになり，それが心身の発達に通じるのである。

　人として生きていくためには，上記のような生活習慣の形成が重要であり，その第一歩は家庭において行われる。しかし，現代社会において家庭での子育て力の低下や基本的生活習慣の乱れを否定することはできない。そのため，より一層，家庭との連携を密にしつつ，個々の実態を踏まえ，共に生活する中で自律の心を育て，子ども自身が必要性を感じ行動できるように導いていくことが保育者及び周りにいる大人の役割であり使命である。

② 領域「人間関係」

　インターネットやゲームなど，メディアを使った遊びが子どもの間で急激に普及している現在，これまで当然と思われていた「人と人との関係」に変化をもたらしつつある。たとえば，対人関係の中で培われるはずのコミュニケーションを，高度なゲームが肩代わりしてしまい，それに満足を覚えるといった現

象が子どもの遊びの中で起きている。このような状況だからこそ，幼児教育において，隣り合う子どもが一緒になって楽しみ，お互いが共にやってみたいと思う気持ちを育てることは非常に重要なのである。

　幼児期の子どもは，まず自分の気持ちを優先させてしまい，相手の気持ちを汲み取るということは難しい時期にある。それでも，相手と言葉を交わし共に経験する中で，双方が満足するやり方を見出していくという経験が大切なのである。ここで育まれる心の成長は，ゲーム等では到底代用できるものではない。そのため，子どもの気持ちを保育者や周りの大人が的確にとらえ，共通の目的を具体的に示し助けていくことが必要となる。この協同という意識が，小学校教育において重要な学習の基盤につながるのである。

　また，幼いながらに人間関係の絡み合う集団生活において，最も重要な育ちとは規範意識の芽生えを培うことである。規範意識の芽生えとは，守るべきルールを理解し，それを守ろうとする意識をもつことから始まる。しかし，年齢が低ければ低いほどそれは難しく，自分の気持ちを優先させてしまうことも多い。その中で，双方に折り合いをつけ，うまく解決を見出していく経験が繰り返されることで，心の育ちが見られるのである。

　このように，子どもの規範意識の芽生えを育む教育において重要なことは，子どもの「自分の気持ちを整理する力」が育つか否かである。そのためには，自信をもって行動することが大切であり，それはお互いを大切に思い認めあうところから始まる。子どもの周りにいる保育者や大人達の深い愛情，特に心のよりどころとしての家族の存在が，このような子どもの心の育ちに大きく貢献するのである。

③　領域「環境」

　現代社会における子どもの遊び環境の変化には，驚きを隠せない。一昔前までは群れて育つ遊び環境であったはずのものが，昨今，爆発的なメディアの普及により，群れているにもかかわらず，遊びの内容は一人一人がゲームに向かうという状況が社会問題にもなっている。そこで領域「環境」においては，子どもの好奇心や探究心を大切にし，友達との遊びの中で学びあい育ちあうこと

が求められるのである。

　子どもとは好奇心旺盛であり，興味のあるものにはすぐに触り試すということを繰り返す。このように，好奇心や探究心をもって対象とかかわることで，次第に物事の特性や法則性に気づいていく。この体験が子どもの思考力の芽生えを培い，より深い洞察を可能とさせていくのである。

　改訂された幼稚園教育要領では，学校教育全体で思考力，判断力，表現力の育成を目指す中，幼児期においては遊びの中でそれらの芽生えを培うことの大切さが述べられている。友達と群れて共に遊ぶ中で，互いに刺激し合い，助け合い，知恵を出し合い，楽しく充実した遊びが展開され，その中での心の成長こそが，その後の人間形成の基盤となりうるのである。

④　領域「言葉」

　この領域では，人の話を聞く態度や意欲を育て，言葉による伝え合いができるようになることがねらいである。最も基本的なことでありながら，現代，非常に難しいところとなっている。群れて遊ぶ子どもの遊びから，メディアを相手とする個々の遊びへと変化しつつある今，それは仕方のないことかもしれない。しかし，このような現代だからこそ，保育の場における教育の必要性が重要な意味をもってくるのである。

　昔から子どもは大人の姿を見て育つと言われている。しかし，現在，幼稚園や保育所で度々見かける光景は，人の話を聞かない，もしくは聞けないという子どもの姿である。また，話を聞かない子どもの背景には，その親も同じような行動をとっている場合が多い。親として育ちきっていない親の存在が，現在の子どもの姿を作っているとも言える。それゆえ，保育の現場では，このような親への言葉かけや援助も重要な仕事の一つとなっている。

　このような保育の現場では，いかなる状況にあっても，その子どもの健やかな心身の育ちを援助するよう努めている。たとえば，相手の話を聞く態度や意欲を育てるためには，まず，自分の話したいことをきちんと表現し，それが伝わり最後まで聞いてもらえるという経験を大切にする。これにより，人の話を聞く意味が子どもの中に芽生えるのである。また，年齢が進む中で，相手の話

を聞かなかったために失敗するといった経験も大切にしている。話を聞かなかった自分自身への責任という意識が芽生え，その重要性を確信するからである。

このように，人と人とのコミュニケーションを通して，どのようにかかわるべきかという意識が芽生える。これは，決して強制的な教育からは生まれてこない。自ら気づくことが重要なのである。この気づきこそに，人間形成としての基礎を見ることができる。

⑤　領域「表現」

この領域では，豊かな環境と深い体験により，子ども自らの表現する意欲を引き出すことが重視される。子どもは，自ら感じたことや考えたことを言葉や表情，身振りや行動などで表現したり，描いたり作ったり，歌を歌ったりして表現する。このように，思いのままに感じたことを様々な手段を用いて表現しようとするため，子ども自身が自由に納得のいくまで深い体験をすることが求められる。

しかし，子どもの表現するものは，素朴ではあるが大人にとって未熟にも見えることが多い。ここで大切なことは，表現すること自体に価値があるということであり，また表現の過程で味わう気持ちや考え，表現の内容をそのまま受け止めるということである。ともすれば，我々大人は自分の価値観で子どもの表現の結果のみを評価してしまうことがある。そのような時，子どもの育ちにおいて何が大切かを見極めることが，心の教育へとつながるのである。ここでは，表現した結果ではなく，子どもが喜びをもって表現活動に取り組めるという過程が何よりも大切なのである。

我々人間は年齢を重ねるごとに，自分の心のすべてを素直に表現するということをしなくなる。一方，幼ければ幼いほど，子どもは自ら感じ，心に深く刻み込まれた体験を何らかの形で素直に表現しようとする。この表現による経験こそが，子どもの心を豊に育てる糧であると言える。

（2）道徳性の芽生えと保育

幼稚園及び保育所では，領域ごとに保育のねらいと内容が示されており，そ

れは単独に存在しながらも，保育の実際では相互に密接な関連性を示している。小学校以上の教育では，各教科が独立した形でそれぞれに授業が行われているが，その基礎を培うところの幼児教育では，総合的な視点からの保育が行われている。そして，その中心には子どもの遊びが存在する。子どもの遊びとは，まさに生きている証であり，生活そのものである。人間形成の基礎を培う時期にある子どもの生活とは，その大半が遊びであると言っても過言ではない。この遊びの中に，幼児教育における5つの領域が包含されている。それゆえ，保育の現場では総合的見地から遊びを通した保育が行われ，そこで生きる力を育むための「心の教育」が行われるのである。

また，小学校以上の教育現場では教科としての「道徳」が存在する。一方，幼児教育の現場では，領域としての「道徳」は存在しないが，全ての領域において「善き心の成長」を根幹に保育の内容が示されている。そこでは，子どもの遊びの中に道徳性の芽生えを見出し，それを善き方向へと育むための保育の重要性が問われているのである。

フレーベル*（Friedrich Wilhelm August Fröbel）は，著書である『人間の教育』の中で，「遊びは，ことばの完全な意味において人間である時のみ遊び，また遊ぶ時にのみ完全な人間である」と語り，倉橋惣三**は，著書である『育ての心』の中で「自ら育つものを，育てようという心。それが育ての心である。世にこれほど楽しい心があるか」と語っている。このように，時はどれだけ流れても，教育の真髄は普遍性をもっており，人間形成において最も重要な時期にある乳幼児期においては，自ら「遊びたい！」という意欲を育むことこそが，善き魂の導きとなるのであろう。

  * フレーベルは，18世紀から19世紀にかけて，ドイツで活躍した教育思想家であり実践家でもある。当時のドイツロマン主義や自然科学を融合した思想に影響を受け『人間の教育』を出版した。また，今でいう幼稚園にあたるところの「キンダーガルテン」を初めて開設した。
  ** 倉橋惣三は，その生涯を幼児教育の実践と研究に捧げた幼児教育者である。彼は誘導保育論を生み出し，「生活を生活で生活へ」という言葉でそれを表現している。この理論は，我が国の幼児教育の基礎をなすものとなっている。

3 子どもの道徳性の発達に伴う大人の道徳観

(1) 道徳性の芽生え

　乳幼児における道徳性の芽生えをどのような側面からとらえるかという問いは，今も昔も大きな課題である。これに伴い，子どもをどのように見るのかという子ども観，さらには大人との関係性も時代とともに変容しつつある。たとえば，道徳性の芽生えに関して，これまでは親のあり方を重視していたが，次第に子どもの発達を重視するようになり，今では，両者の相互作用を重視するようになってきた。

　親のあり方を重視していた頃は，子どもは本来，親から管理される受身の存在であり，親を同一視し，親の価値をそのまま内面へ取り込むところから道徳性の芽生えが育まれるとされた。また，子どもは親から褒められたり，叱られたりすることで価値や規則を学ぶといった受身的存在であった。しかし，この考え方は次第に変化し，他者からの賞罰を重視する一方で，子ども自ら周囲の人間関係や物事を観察し，それらをモデリング＊することで行動を予期するという考えに至った。これにより，善悪を自己評価し，自らの行動を管理することで，自尊心や自己満足感が生み出されるという考えが強調されるようになった。

　　＊　モデリングとは，モデルとなる者の行動を観察したり模倣したりすることにより，その行動パターンや特性を獲得していくことである。

　子どもの発達を重視する立場は，子ども自ら積極的に人とかかわり，様々な環境にかかわることで，道徳に関する自分自身の知識を構築するといった，子ども主体の考え方である。そのため，道徳判断の基礎となる認知発達段階を重視し，それぞれの段階で学ぶべき課題へ取りかかる状態になった時に，道徳性が芽生えると考えた。これは，基本的に他律の時期である幼児期ではなく，児童期後半からそれ以降の子どもを対象に推進されることとなった。なぜなら，他律的な幼児期であると，自己中心性をもっており他者の立場に立つこともできないと考えられたからである。

　その後，親子の相互作用を重視する考え方へと変容してくると，親のしつけ

が子どもの道徳性の芽生えに多大な影響を与えるとの研究が盛んになされた。そこでは，しつけの方法と子どもの道徳性の発達とが関連しており，さらに，子どもの個性とぴったりと合った時に一層の効果が見られることが明らかにされた。この考え方の根底にあるものは，保護者である両親が幼いころより一人の人間として子どもの個性や主体性を尊重し，基本的には対等であり，心あたたかい関係を培うことが最も優先されるということである。

このように，時代とともに変容する道徳性の芽生えの捉え方であるが，その根底にあるものは普遍的であり，今も変わらず存在する。それは「教育愛」という言葉で表現されるように，子どもたちへの愛こそが，大きな変革の力となるのである。幼児の発達を重視する考えでは，自己中心性をもっているゆえ，児童期後半の子どもたちがその対象となったが，そこに至るまでの過程において，十分に親や周りの大人たちから無償の愛を受けて育ったか否かが，その子どもの基礎をなすといっても過言ではない。つまり，乳幼児期の育ちこそ，その後の人間形成において多大な影響を及ぼすのである。

ニール*（Alexander Sutherland Neill）は，その著書である『問題の子供』の中で「愛の反対は憎しみではない。愛の反対は無関心である」と言っている。子どもにとって無関心ほど耐えられないものはない。愛も関心も寄せられない子どもは，無意識的に悪いことをしてでも関心をひこうとする。本当は，悪いことをした子どもこそ愛が必要であり，子どもも愛を求めているにもかかわらず，多くの場合，罰を与えられる。愛のムチであるとか，子どもを殴る手も痛いなどの言葉をよく聞くが，どのような理屈をつけても罰は罰であり，子どもは無意識のうちに憎しみの行為として感じるのである。

> * ニールはイギリスの新教育運動の教育家である。彼は，子どもの幸福こそ，しつけや養育の中で最も重要なものであり，それは，子どもの個人的な自由を最大限認めることだと考えていた。「子どもを学校に合わすのではなく，学校を子どもに合わせる」という彼の言葉は有名である。

現代の教育において，道徳性の芽生えを育むためには，子どもの発達も大切であり，親としてのモデリングも大切である。しかし，その根底に無償の愛を子どもたちが感じることのできるよう，あたたかい相互の関係や教育の場を

我々は築いていかなければならない。

（2）子どもの心の成長と大人の姿

　幼稚園及び保育所では，子どもの側に寄り添う保育者として，自らの人間性と専門性の向上に努める必要があり，さらに，倫理観に裏付けされた知性や技術とともに，豊かな感性や愛情をもって子ども一人一人とかかわらなければならないとされている。なぜなら，保育者の言動が子どもに大きな影響を与えるからである。しかし，これは保育者に限られたことではない。子どもの側にいる大人達は，皆，自らを省みながら子育てを行わなければならない責任がある。つまり，一人一人の子どもの心の動きをとらえ，尊重しつつ，その子どもが自ら考え行動できるような援助が求められているのである。ここでの援助とは，決して指導的な意味合いではなく，子どもの心の内側をできる限り理解しようとする大人の姿のことである。そのためには，ただひたすらに子どもを愛するといった無償の愛が大切であり，同時に子ども自身が愛されているといった実感が得られた時，子どもは大人に心を開くのである。

　ところが，子どもは自我が芽生えると同時に自らの意思表示を明確にし，人としての価値観を築き上げていこうとする。この時，一見自分勝手に見える子どもの自己主張においても，その側にいる大人たちは，一人一人を信頼し，愛をもってかかわることが求められる。つまり，いかなる場合においてもあるがままの子どもの姿を認め，理解することから子どもの道徳性は育っていくのである。

　昨今，子どもを取り巻く様々な状況の変化が，社会現象として問題視されている。たとえば，躾と称した虐待を受け心に傷を負ってしまう子ども，さらには命を失ってしまう子ども。我が子を家に残したまま食事も与えず，自由奔放に行動する親。家にいながらも，子どもの存在を自分の意識の中から消してしまう親。子どもへの愛情と称することで，過保護や過干渉の育児に自己満足を覚える親。ここで多くを語ることはできないが，往々にして，子どもは親の所有物であるとの印象を拭い去ることができない。

　このように様々な問題を抱える現代であるが，ドロシー・ロー・ノルト

第4章　子どもの道徳性に伴う大人の道徳観

(Dorothy Law Nolte) は，著書である『子どもが育つ魔法の言葉』(1999) の中で，「子は親の鏡」という詩を通し，子育てにおいて愛を生み出すことの尊さを記している。愛の心をもった人により育まれた愛は，人から人へと伝わり，さらなる愛を育んでいく。そのような愛に包まれた中で，子どもは親を手本として育っていく。つまり，日々の生活の中での親の姿が，子どもを育てていくのである。決して難しいことをしなくてもよいのである。ただ，ありのままの子どもを愛し，親自身も自らを省みることが，心豊かな子育てへとつながるのである。

以下，『子どもが育つ魔法の言葉』より，「子は親の鏡」を紹介しよう。

子は親の鏡

けなされて育つと，子どもは，人をけなすようになる
とげとげしした家庭で育つと，子どもは乱暴になる
不安な気持ちで育てると，子どもも不安になる
「かわいそうな子だ」と言って育てると，子どもは，みじめな気持ちになる
子どもを馬鹿にすると，引っ込みじあんな子になる
親が他人を羨んでばかりいると，子どもも人を羨むようになる
叱りつけてばかりいると，子どもは「自分は悪い子なんだ」と思ってしまう
励ましてあげれば，子どもは，自信を持つようになる
広い心で接すれば，キレる子にはならない
誉めてあげれば，子どもは，明るい子に育つ
愛してあげれば，子どもは，人を愛することを学ぶ
認めてあげれば，子どもは，自分が好きになる
見つめてあげれば，子どもは頑張り屋になる
分かち合うことを教えれば，子どもは，思いやりを学ぶ
親が正直であれば，子どもは，正直であることの大切さを知る
子どもに公平であれば，子どもは，正義感のある子に育つ
やさしく，思いやりをもって育てれば，子どもは，やさしい子に育つ
守ってあげれば，子どもは，強い子に育つ
和気あいあいとした家庭で育てば，
子どもは，この世の中はいいとこだと思えるようになる

(3) 人間形成の基礎としての育ちと大人の道徳観

　子どもは，自らの思いや存在を，ありのまま受け止め尊重してくれる大人へ信頼感をもつものである。ボルノー*（Otto Friedrich Bollnow）は「教育的雰囲気」という言葉で，その重要性を表現している。彼は，信頼と信用の概念の区別について述べ，信用は信頼に先行するものであり，子どもの能力や活動に対する客観的な評価であるという。信用とは，一方的な関係として成立するものであり，子ども一人一人の能力や道徳性についての知的な判断に基づくものである。一方，信頼とは，応答に基づく相互的な関係として成立するものであり，子どもとの関係における道徳的核心にかかわるところのものである。

> ＊　ボルノーは，ドイツの哲学者であり，教育学者でもある。実存哲学と生の哲学を基盤とした教育人間学を提唱した。

　大人は子どもの成長において，その時々にもっている力を信じなければならない。これにより，発達に応じた課題を与えることができるのである。この時，大人は，子どもとは常に発達の途上にあり，その能力は成長し続けるものであると信じることが求められる。このように，大人の子どもを信じ続ける心が，子どもの内面に響き，応答しようとする姿の中に，信頼関係が育まれるのである。ここにボルノーの「教育的雰囲気」という意味合いが生きてくる。子どもへのありのままの絶対の愛が，その子どもへ様々な影響を与える。そして，相互の信頼によって子ども自身が支えられていると感じることができた時，道徳性の発達がそこに深くかかわっていると言える。

　しかし，このような信頼関係に基づく雰囲気は，子どもの成長とともに難しさを見せてくる。たとえば，乳児の頃は全面的に大人へ命を委ねるゆえ，その生活の大半は大人主導であったものが，成長とともに大人の期待通りの歩みをしなくなった場合，もしくは，子どもの内面に何らかの欠点を見出した場合，往々にして，大人は子どもに対し幻滅を覚えることになる。すると，今までそこにあった信頼関係の雰囲気は消え去ることになるかもしれない。それゆえ，大人の子どもへの信頼が重要な問題となるのである。つまり，信頼関係の雰囲気，いわゆる「教育的雰囲気」がなければ，心の成長である道徳性の発達の営みは難しいということである。これを再認識したうえで，改めて大人は子ども

への信頼を自らの心の中にしっかりと据え，子どもとかかわらなければならない。

　このように，「教育的雰囲気」とは，明確な判断基準を設けることは難しいが，保育及び教育において最も必要なのは，この雰囲気なのである。もちろん，様々な保育技術や知識も必要であるが，子どもが安心して全てを委ね，愛されているという実感をもち，温かく優しい雰囲気の中で行われる保育の営みに勝るものはない。そして，これらは保育者自身の人間性にまで深くかかわってくるのである。

　保育の場における保育者は，様々な責任を担いつつ，保育者自らが信じるところを実践していかなければならない。時として，この信じるものが個々人の勝手な判断で誤った方向へと導かれることもある。つまり「信じるところの根拠」についての検討も，保育者及び乳幼児にかかわる大人には必要とされるところなのである。これは，個々の価値判断であり，規範の問題である。保育の場において，保育者一人一人の規範意識を科学的に証明することは難しい。それゆえ，保育者自身に任される部分が非常に大きいところであるが，だからこそ自己を振り返り，これまで何気なく行っていた保育の内容一つ一つを吟味し，その根本を自分自身で問い直す作業が必要となってくる。保育者としての意識の変革，それは，子どもの前に立つ大人として，自ら信じるものが，どの様な価値基準に基づいているかを意識することである。

　子どもの中に見られる道徳性の芽生えに対し，いくつもの言葉でそれを教え語るより，保育者及び周りの大人たちのたった一つの行動が，子どもの成長に大きな影響を与える。どのような態度で人と接し，どのような考えをもっているのか，その背中を見ることが，子どもにとって生きた学習になるのである。つまり，子どもの道徳性を問うならば，保育者及び周りの大人たちの道徳観が問われなければならない。我々大人が変わることにより，子どもも変わるのである。

　子どもの命を預かる保育及び教育の場とは，心の豊かな成長があってこそ，知識の獲得に意味が出てくる。現代のように知識のみに偏った教育では，人間社会の今後に希望を見出すことは難しい。このような現代だからこそ，子ども

の豊かな体験を通して感じる「心の教育」の必要性を，我々大人は再確認していかなければならないのであろう。

参考文献
倉橋惣三（2005）『育ての心（上・下）』フレーベル館.
厚生労働省（2008）『保育所保育指針解説書』フレーベル館.
ニール，霜田静志訳（1955）『問題の子供』講談社.
ノルト／ハリス，石井千春訳（1999）『子どもが育つ魔法の言葉』PHP研究所.
フレーベル，荒井武訳（1964）『人間の教育（上・下)』岩波文庫.
文部科学省（2008）『幼稚園教育要領解説』フレーベル館.

（猪田　裕子）

第Ⅱ部　道徳教育の実際

第5章

道徳教育の目標

　学校教育において，1958年の学習指導要領改訂以来，「道徳の時間」が特別に設定され，現在も道徳の授業として実践されている。2006年の教育基本法の改正，ならびに2008年の学習指導要領の改訂に伴い，今日ますます道徳教育の重要性が求められている。それは，道徳の授業がない高等学校においても同様である。道徳教育の目標を適切にとらえるためには，授業としての「道徳」と教育活動全体で行われる道徳教育との重層的な構造に目を向け，さらに，それが教育基本法や日本国憲法に深く根ざしていることを基本的に理解しておく必要がある。

　そこで，本章では，道徳教育の目標を理念的なものから実践的なものまで，3つの次元に分けて説明する。具体的に，(1)教育の根本精神，(2)学校教育，(3)道徳の時間である。第1節では，道徳教育が人格の完成を目指す教育基本法の根本精神に基づくことを説明する。第2節では，学校教育がすべて道徳教育を行い，道徳性を養うことを目指していることを指摘し，その具体的な目標を解説する。第3節では，道徳の時間の目標が，道徳性の諸要素を包括する「道徳的実践力」の育成であること，さらに，学校の教育活動ならびに道徳教育を統括する中心であることの意義を説明する。

1　教育の根本精神

　道徳教育の目標を理解する基本的な前提は，学習指導要領（第1章　総則）に示されているように，道徳教育が「教育基本法及び学校教育法に定められた教育の根本精神」（第1教育課程編成の一般方針　中段部分，下線部引用者）に基づいていることである。この「教育の根本精神」とは，一言で表現するならば，日本国憲法の精神であり，民主主義の原理である。憲法には，基本的人権や個人の尊重と平等，学問や思想，信条の自由，義務教育など近代民主主義社会に不可欠な原理が定められている。この原理は，教育基本法に引き継がれ，学校教育法で具体化されている。

　2006（平成18）年12月に改正された教育基本法（以下，新教育基本法）では，

第1条（教育の目的）において，「教育は，人格の完成を目指し，平和で民主的な国家及び社会の形成者として必要な資質を備えた心身ともに健康な国民の育成を期して行われなければならない」と規定している。この中で最初に登場する「人格の完成」は，1947（昭和22）年3月施行の旧教育基本法から一貫して謳われている目標である。それは，教育一般の理念として受容されており，一人ひとりの人間がもっている能力を最大限，調和的に発展させることを意味している。私たちは，自己，私，児童生徒，学生，社会人，国民など，見方や立場の相違によって，様々な呼び方がなされる。人間をひとりの個人，「人格」とみなす見方は，近代民主社会の産物であり，その理論的枠組みは，カント（Immanuel Kant 1724 - 1804）の倫理学に由来すると言われている。カントによれば，人間を自らの意志をもつ主観的で個人的な存在と，客観的な法則や原理に従う社会的な存在の2側面の統合とみなし，両面の倫理的行為が一致することを目指すべきことを主張した。彼の考えは，「定言命法」と呼ばれ，「君の意志の格率が，同時に普遍的立法の原理として妥当しうるように行為せよ」と著書の『実践理性批判』（第1部第1編第7部純粋実践理性の根本法則）の中に表現されている。その意味で，教育は，個人と社会の倫理が一致するような人格を形成することが目指され，同時にそれは道徳教育の目標ともなる。

　新教育基本法では，第2条に教育の目的（人格の完成）を実現するために，従来と同様，「学問の自由を尊重」することを掲げている。さらに5つの目標を規定している（表5-1）。特に，新たに加わった内容として，第3項の「公共の精神に基づき」や，第5項の「伝統と文化を尊重し，それらをはぐくんできた我が国と郷土を愛する」の2つが加わった影響は少なくない。それらによって，目指すべき人格が，哲学的，倫理学的に説明されるような普遍的な人格概念にとどまらず，国家や社会を形成する一員として求められる資質が明確に特徴づけられることになったからである。特に，「公共の精神」や「我が国と郷土を愛する」は，下記に示すように，旧教育基本法の目的にあった「自主的精神」や「真理と正義を愛する」と対照的な表現となっている。

表5-1　教育の目的・目標に関する記述

	第1条（教育の目的）
旧	教育は，人格の完成をめざし，平和的な国家及び社会の形成者として，真理と正義を愛し，個人の価値をたっとび，勤労と責任を重んじ，自主的精神に満ちた心身ともに健康な国民の育成を期して行われなければならない。
新	教育は，人格の完成を目指し，平和で民主的な国家及び社会の形成者として必要な資質を備えた心身ともに健康な国民の育成を期して行われなければならない。

	第2条（教育の方針）
旧	教育の目的は，あらゆる機会に，あらゆる場所において実現されなければならない。この目的を達成するためには，学問の自由を尊重し，実際生活に即し，自発的精神を養い，自他の敬愛と協力によって，文化の創造と発展に貢献するように努めなければならない。
	第2条（教育の目標）
新	教育は，その目的を実現するため，学問の自由を尊重しつつ，次に掲げる目標を達成するよう行われるものとする。 1　幅広い知識と教養を身に付け，真理を求める態度を養い，豊かな情操と道徳心を培うとともに，健やかな身体を養うこと。 2　個人の価値を尊重して，その能力を伸ばし，創造性を培い，自主及び自律の精神を養うとともに，職業及び生活との関連を重視し，勤労を重んずる態度を養うこと。 3　正義と責任，男女の平等，自他の敬愛と協力を重んずるとともに，公共の精神に基づき，主体的に社会の形成に参画し，その発展に寄与する態度を養うこと。 4　生命を尊び，自然を大切にし，環境の保全に寄与する態度を養うこと。 5　伝統と文化を尊重し，それらをはぐくんできた我が国と郷土を愛するとともに，他国を尊重し，国際社会の平和と発展に寄与する態度を養うこと。

　教育の目的である「人格」は，原理的に道徳的行為の主体である。その行為は，新旧両方の教育基本法を比較すると，自主的よりも公共の精神を，真理と正義よりも我が国と郷土を愛することに力点が置かれているように読み取れる。第2条第1項で，「幅広い知識と教養を身につけ，真理を求める態度を養い」や，第2項で，「個人の価値を尊重して，その能力を伸ばし，創造性を培い，自主及び自律の精神を養うこと」が謳われている。この内容では，個人のもつ価値や普遍性が重視されていることは明らかである。しかし，それが社会と個人との関係においてどのようなバランスがとられるのか，注視しなければならない。

確かに，個人の人格を根底から支えるものが，道徳を担う能力であり，道徳性と呼ばれるものである。その道徳性は，原理的に，時代や国，文化，地域などにかかわらず普遍的な規範と，個人が属する社会に応じて変化するものの2つに分けられる。それらは，前者を普遍性，後者を社会性と呼ぶことができる。この観点から，新教育基本法は，普遍性を前提としながらも，従来よりも，社会性を重視した人格を要請する教育目的に変更されたと言えるであろう。

図5-1　教育の精神・目的・目標と道徳教育の関係

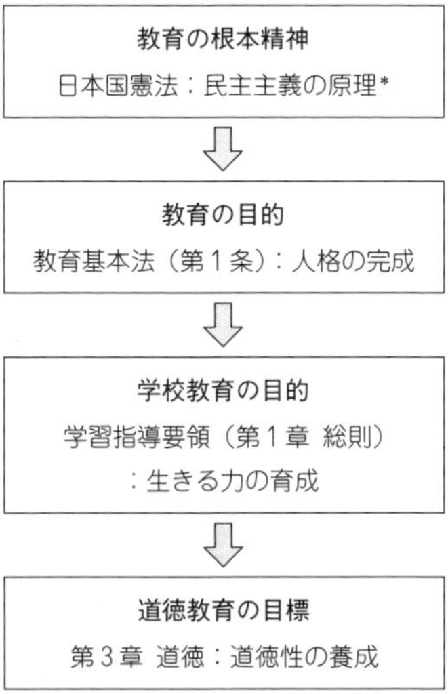

```
┌─────────────────────────┐
│   教育の根本精神         │
│ 日本国憲法：民主主義の原理* │
└─────────────────────────┘
           ⇩
┌─────────────────────────┐
│   教育の目的             │
│ 教育基本法（第1条）：人格の完成 │
└─────────────────────────┘
           ⇩
┌─────────────────────────┐
│   学校教育の目的         │
│ 学習指導要領（第1章 総則） │
│   ：生きる力の育成       │
└─────────────────────────┘
           ⇩
┌─────────────────────────┐
│   道徳教育の目標         │
│ 第3章 道徳：道徳性の養成 │
└─────────────────────────┘
```

＊　基本的人権 [11条]，自由の保障 [12, 23条]，法の下の平等 [14条]，生活権 [25条]，教育権 [26条] など。

2　学校教育

学習指導要領は，学校が行う教育課程の基準である。2008（平成20）年告示の新学習指導要領の冒頭（総則）に小学校，中学校，そして高等学校にいたるまで，共通した道徳教育の目標が記述されている。

道徳教育は，教育基本法及び学校教育法に定められた教育の根本精神に基づき，人間尊重の精神と生命に対する畏敬の念①を家庭，学校，その他社会における具体的な生活の中に生かし，豊かな心②をもち，伝統と文化を尊重し，それらをはぐくんできた我が国と郷土を愛し，個性豊かな文化の創造を図る③とともに，公共の精神を尊び，民主的な社会及び国家の発展に努め④，他国を尊重し，国際社会の平和と発展や環境の保全に貢献し⑤未来を拓く主体性のある日本人を育成する⑥ため，その基盤としての道徳性を養う⑦ことを目標とする。

（第1章総則第1教育課程編成の一般方針，第2段落，数字・下線部引用者）

上記の目標を表現した一文は，7つの内容に分割できる。これらは，以前，第3章の道徳に記載されていたが，1998年版の学習指導要領から総則に規定さ

れた。その結果，道徳教育の目標が以前より一層明確にされた。目標の大枠を構成するものは，①人間尊重の精神，そして⑦の道徳性を養うことである。それらの間に，生命に対する畏敬の念，豊かな心，文化の創造，公共の精神，国際社会の平和，環境の保全，主体性ある日本人等の項目が盛り込まれている。

最初に登場する「人間尊重の精神」は，道徳教育の基本的精神であり，先述した「教育の根本精神」と共通している。それは，1958年の学習指導要領以降，一貫して道徳教育の第1の目標として位置づけられている。『学習指導要領解説　道徳編　2008年度版』(以下「解説」と略)によると，人間尊重の精神とは，「生命の尊重，人格の尊重，人権の尊重，人間愛などの根底を貫く精神」である。これは，日本国憲法の「基本的人権の尊重」や，教育基本法の「人格の完成」，ユネスコ憲章の「人間の尊厳」の精神にも共通している。これら尊重の精神は，究極的に人間愛の精神によって支えられている。

道徳性は，①から⑥までの目標達成のための基盤と位置づけられている。また，人間尊重の精神は，道徳教育を含め，すべての教育全体を貫く精神である。つまり，⑦の基盤としての道徳性とは，人間尊重の精神を道徳教育固有の目標としてとらえる際の観点と理解すべきである。

生命に対する畏敬の念を培うことは，1989(平成元)年の学習指導要領改訂の際，追加された目標であり，人間尊重の精神と同様①にまとめられている。「解説」によると，「生命に対する畏敬の念は，人間の存在そのものあるいは生命そのものの意味を深く問うときに求められる基本的精神であり，生命のかけがえのなさに気付き，生命あるものを慈しみ，畏れ，敬い，尊ぶこと」を意味している。生命は，人間のみならず動植物などすべての生命体を含み，人間がそれらとの関係や調和の中で生きていることを自覚することが重視されている。

②の豊かな心を育むは，1998(平成10)年に追加された目標である。ここでは，①の人間尊重の精神や生命に対する畏敬の念が，観念的なものにとどまらず，具体的な生活の中で生かされることが目指されている。喜びや感動，悲しみを自分自身や他の人と共有できるような心が豊かさを意味すると考えられる。豊かな心は，他人を受け入れるゆとりや度量の広さ，変化に動じない安らかさ等，様々な精神的特性が備わっている心である。また，豊かな心は，人間尊重

の精神と生命に対する畏敬の念が，日常生活の中でより実践的な形をとったものと言える。

　③において，従来の「個性豊かな文化の創造に努める人間を育成すること」の他に，「伝統と文化を尊重し，それらをはぐくんできた<u>我が国と郷土を愛する</u>」（下線部引用者）が2008年から追加された。それは，新教育基本法で最も議論を呼んだ「愛国心」の内容を含んでいる。「解説」によれば，伝統と文化を尊重する理由は，「先人の残した優れた文化的業績とそれを生み出した精神に学び，自らを向上させていくことによって，よりよく生きたいという人間の個性的，社会的な願いを，より広い世代の共感を伴って実現することができる」と考えられている。さらに，国際社会の中で生きるために，伝統や文化を育んできた日本と郷土への親しみや愛着の情を深め，そこにしっかりと根を下ろし，「日本人としての自覚をもって，新しい文化の創造と社会の発展に貢献しうる能力や態度」を養うことが求められている。「個性豊かな文化の創造」は，日本人としての自覚や国・郷土への愛着という，半ば条件付きの文化として実質的に規定されている。さらに日本人としての自覚は，⑥「未来を拓く主体性のある日本人」においても繰り返されている。

　④の箇所も新教育基本法を受けて，2008年から「公共の精神を尊び」が追加されている。それまでは，「民主的な社会及び国家の発展に努める人間を育成する」のみが規定されていた。つまり，民主主義の精神が国民主権，基本的人権の尊重，自由，平等などの実現によって達成されることに強調点が置かれていたのであるが，今回は，さらに「公共の精神」という視点が加わった。それは，「解説」によれば，「個としての尊厳とともに社会全体の利益を図ろうとする」精神である。ここにおいても，新しい道徳教育の社会性重視の傾向が見られる。

　⑤における「国際社会の平和」は，教育基本法の前文や日本国憲法において定められた「世界の平和」に貢献する精神を受けたものである。「解説」によれば，「平和は，人間の心の内に確立すべき道徳的課題」である。なぜなら，社会の中での人々とのつながり・連帯を意識し，他の人々と共に協力し合う場を作り出していくことが，「民主的で平和的な社会及び国家を実現する根本」

だからである。さらに，2008年の改訂から，⑤の中に「環境の保全」が加わった。昨今，環境への意識が高まっている。生命や自然を大切にし，「身近な環境から地球規模の環境への豊かな想像力」やそれを守る態度が養われなければならない。⑤では，これらの「努力や心構えを国際社会へ及ぼすことが，他国を尊重することにつながる」と「解説」では考えられている。その解釈に沿うならば，地球規模の環境の保全や国際社会の平和と発展を目指すことが他国を尊重する前提条件になる。しかし，他国を尊重することによって国際平和の実現につながる，という見方も逆に可能である。国際社会の中で，アジア諸国や米国との関係を考える上で，日本がどの立場にたつべきか，それによって⑤の解釈も分かれるであろう。

⑥においては，1989年に「主体性のある日本人」が初めて目標に規定され，さらに1998年に「未来を拓く」が加わった。「解説」によれば，「未来を拓く主体性のある人間」とは，「常に前向きな姿勢で未来に夢や希望をもち，自主的に考え，自律的に判断し，決断したことは積極的にしかも誠実に実行し，その結果について責任をとることができる人間」である。「未来」という時間的要素が説明されている部分は，「前向き」「夢」「希望」という表現で示されている。少なくとも，この「解説」では，過去の反省や現状の把握を踏まえた歴史的視点を見出すことができない。道徳教育の目標の内容において，そのような過去への視点は，伝統・文化の尊重，日本・郷土への愛着の部分に限られている。「日本人」と示されている理由は，「解説」によると，「日本人としての自覚をもつ」ためであり，「国際的視野」に立ち，「世界の人々から信頼される人間」を目指すからであるという。ここでは，「日本人」として信頼されることが，個人として信頼されることより優先しているように理解できる。

⑦の道徳性を養うことは，先述のように，道徳教育固有の目標である。道徳性は，多様な様相によって構成された資質・能力・行為などの特性である。それは，第3章の道徳の目標において，「道徳的な心情，判断力，実践意欲と態度などの道徳性を養う」と規定されている。「解説」には，それぞれ次のような定義がなされている。

道徳的な心情とは，「道徳的価値の大切さを感じ取り，善を行うことを喜び，

図 5-2　道徳性の構成要素

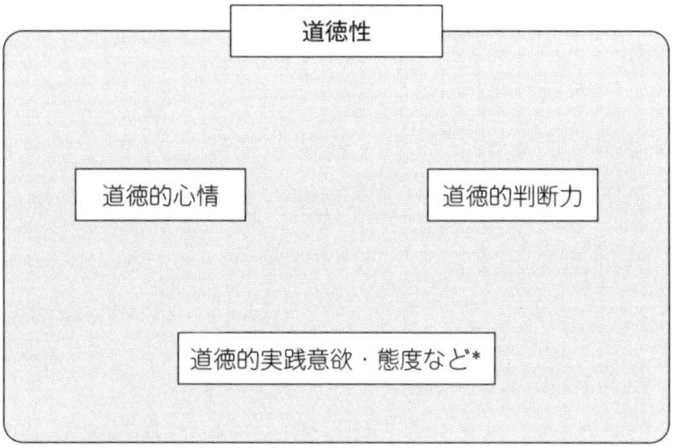

```
┌─────────────────────────────────────────┐
│ 道徳性                                    │
│                                          │
│   ┌──────────┐      ┌──────────┐       │
│   │ 道徳的心情 │      │ 道徳的判断力│       │
│   └──────────┘      └──────────┘       │
│                                          │
│        ┌────────────────────────┐       │
│        │ 道徳的実践意欲・態度など* │       │
│        └────────────────────────┘       │
└─────────────────────────────────────────┘
```

＊　道徳的習慣，道徳的行為を含む。

悪を憎む感情のことである」。それは，「人間としてのよりよい生き方や善を志向する感情」であり，「道徳的行為への動機として強く作用するもの」である。

　道徳的な判断力とは，「それぞれの場面において善悪を判断する能力である」。「人間として生きるために道徳的価値が大切なことを理解し，様々な状況下において人間としてどのように対処することが望まれるかを判断する力」である。

　道徳的実践意欲と態度とは，意欲と態度の2つの要素をまとめて，「道徳的心情や道徳的判断力によって価値があるとされた行動をとろうとする傾向性」を意味する。さらに，道徳的実践意欲は，「道徳的心情や道徳的判断力を基盤とし，道徳的価値を実現しようとする意志の働き」である。また，道徳的態度は，「それら（道徳的心情や道徳的判断力）に裏付けられた具体的な道徳的行為への身構え」である。

　道徳性を構成するこれら3つの特性は，「エネルギー（心情）の向かう的を定め（判断力），その的にあたるように具体的な行動に導く（実践意欲や態度）」弓を射る直前までの行動にたとえられる。つまり，3つの特性は，別々の能力ではなく，ある道徳的な行為にいたるまでの一連のプロセスを構成し，人間内部で生じている様々に関連し合った心の働きなのである（新井他，2005）。

3　道徳の時間

　小・中学校の授業で行われている「道徳」には，大きく2つの側面がある。第1に道徳は，教育課程において，各教科，外国語活動（小学校のみ），総合的な学習の時間，特別活動とならぶ，教育内容の一つであり，カリキュラム上，「道徳の時間」と呼ばれている。第2に，道徳は，学習指導要領の総則前段で謳われている，教育活動全体を通じて行われる道徳教育の「要(かなめ)」である。ここで言う要とは，「解説」によると，「扇の要のように道徳教育の要所を押さえて，中心で留めるような役割をもつ」と説明されている。

　「道徳の時間」に，このような役割が必要とされるのはなぜであろうか。その理由は，道徳の時間には，他の教育活動で様々な道徳的価値を考える機会が得られないものを，補充，深化，統合することが要請されているからである。たとえば，一度きりの体験活動などで十分深めきれない道徳的価値の意味や，多様な体験の中で体得した道徳的価値の相互の関連，さらにそれらの価値と自己とのかかわりを全体的に考える機会を提供することが必要である。道徳の時間は，その意味ですべての教育活動で得られる道徳的価値の総括をする時間である。

図5-3　教育活動全体と教育課程における道徳の時間の位置付け

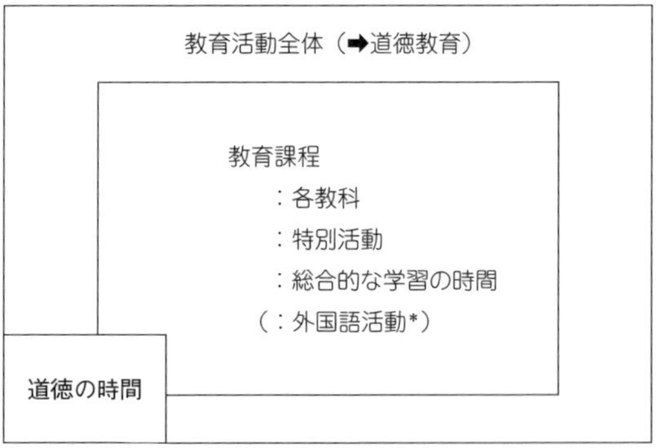

```
┌─────────────────────────────────────────┐
│ 教育活動全体（➡道徳教育）                │
│   ┌─────────────────────────────────┐   │
│   │ 教育課程                         │   │
│   │   ：各教科                       │   │
│   │   ：特別活動                     │   │
│   │   ：総合的な学習の時間           │   │
│   │   （：外国語活動*）              │   │
│   ┌──────────┐                      │   │
│   │道徳の時間│                      │   │
└───┴──────────┴──────────────────────┴───┘
                          ＊　小学校のみ。
```

このような役割を担う，道徳の時間の目標は，一言で表現するならば，「道徳的実践力の育成」である。道徳的実践力とは，「解説」によれば，「人間としてよりよく生きていく力である」。道徳的価値の自覚や人間として，自分はいかに生きるべきかを深く考え，どんな行為を自ら選ぶべきか，どうすれば実践できるかを考えることを意味している。つまり，「道徳的心情，道徳的判断力，道徳的実践意欲と態度を包括するもの」であり，道徳性と同義である（図5-4）。

図5-4　道徳性

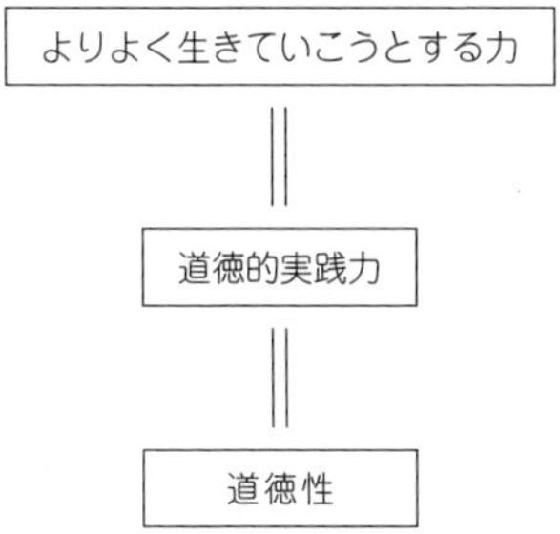

よりよく生きていこうとする力
‖
道徳的実践力
‖
道徳性

ここで重要となる概念に，「道徳的価値」がある。1998年の学習指導要領から「道徳的価値の自覚」が目標に加わった。「解説」では，道徳的価値とは，「人間らしさを表すもの」と簡単に示されている。さらに説明を加えるならば，それは，「人格の不可欠の条件として求められる資質」であり，「人格価値」である。人格には，先述のように個人と社会の2つの側面があり，それらに応じた価値が存在する。個人にかかわるものに，たとえば，自立，自制，反省，勤勉，努力，希望，勇気，自由と規律，正直，誠実，創意・工夫などがある。また，社会にかかわるものには，礼儀，思いやり，友情，信頼，寛容，謙虚，尊敬，感謝，責任，規則の尊重，社会連帯，勤労，公平，正義，郷土愛，愛国心，国際理解，人類愛などがある。

これらの価値を自覚するためには，少なくとも3つの事柄が重要である。第1に道徳的価値の内容を発達段階に応じて理解することである。小学校低学年の児童が理解できる内容と，中学生の内容とでは，自分と他人とのかかわりや，社会や世界に対する認識レベルの違いが大きいため，おのずと異なる。第2に，自分自身の問題としてそれらの価値を把握することである。自由や正義，人類愛が，自分にとってどのような意味をもつものかを考えることによって，日常生活の中でその価値を実現する主体性を養うことが初めて可能となる。第3に，道徳的価値を自分なりに発展させる意欲をもたせることである。道徳的価値が明確となり，自分の問題として実践していこうとする態度は，道徳的実践力へ

表5-2 「道徳」の目標

「道徳」の目標
道徳の時間においては,（中略）道徳教育の目標に基づき,各教科,外国語活動*,総合的な学習の時間及び特別活動における道徳教育と密接な関連を図りながら,計画的,発展的な指導によってこれを補充,深化,統合し, [小学校] 道徳的価値の自覚及び自己の生き方についての考えを深め, [中学校] 道徳的価値に基づいた人間としての生き方についての自覚を深め, 道徳的実践力を育成するものとする。

　　　　　　　　　　　　　　　　　　　　　　　　　＊　小学校のみ。

とつながる。このことは,「生きる力」の基礎を培うものとも言える。

　道徳教育は「発達の段階を考慮」して行われなければならない,と総則では示されている。具体的に,小学校6年間と中学校3年間の発達段階を考慮した指導において,ポイントとなるのはどのような事柄であろうか。

　学習指導要領にある道徳の目標の表現を,小学校と中学校で比較してみよう。表5-2のように,内容の大半は小中学校とも共通している。

　外国語活動の箇所以外に,小学校の「自己の生き方についての考えを深め」の箇所が,中学校では,「道徳的価値に基づいた人間としての生き方についての自覚を深め」となっている点が異なる。自己から人間へと生き方の自覚が深化している点を考慮するならば,小学校段階では,基本的な生活習慣の習得,身の回りの様々な道徳的価値の習得が目指され,中学校段階では,自己を人間という抽象化された存在として位置づけ,身近な家族や地域社会から,国際社会,人類にまで想像力を広げ,そこにおける道徳的価値の自覚が目指されている。

　さて,道徳性は,道徳的心情,道徳的判断力,道徳的実践意欲と態度など,主に3つの特性によって構成されている。そこで注意すべき点は「など」である。道徳性という表現は,道徳の目標として以前から学習指導要領の道徳の章に存在した。1998（平成10）年の改訂時に,「学習指導要領　第1章」の総則において従来からあった「道徳的実践」の代わりに登場した経緯がある。つまり,道徳性は,心や理性,意志や心構えといった内面的な様相だけではなく,望ま

しい生活習慣（道徳的習慣）や善い行い（道徳的行為）等の外的側面も含まれていると考えられる。道徳的価値は，頭や心の中の観念的レベルではなく，行為や習慣といった実践的レベルで実現することが必要であり，道徳教育において，教師の指導はそこまで要求されているのである。

参考文献

新井郁男他（2005）『道徳教育論』放送大学教育振興会.
押谷由夫・宮川八岐編（2008）『道徳・特別活動　重要用語300の基礎知識』明治図書.
カント，波多野精一・宮本和吉訳（1974）『実践理性批判』岩波書店.
教師養成研究会（2004）『道徳教育の研究（新訂修正版）』学芸図書.
坂田仰（2007）『新教育基本法（全文と解説）』教育開発研究所.
佐野安仁・荒木紀幸編著（2000）『道徳教育の視点（改訂版）』晃洋書房.
中村清（2001）『道徳教育論』東洋館出版社.
沼田裕之編著（2002）『〈問い〉としての道徳教育』福村出版.
村田昇編著（2003）『道徳の指導法』玉川大学出版部.
諸富祥彦（2003）『道徳授業の革新』明治図書.
文部科学省（2008）『小学校学習指導要領』東京書籍.
文部科学省（2008）『中学校学習指導要領』東山書房.
文部科学省（2008）『小学校学習指導要領解説　道徳編』東洋館出版社.
文部科学省（2008）『中学校学習指導要領解説　道徳編』日本文教出版.
文部科学省（2006）『小学校学習指導要領（平成10年12月告示）』国立印刷局.
文部省（1990）『小学校学習指導要領（平成元年3月告示）』大蔵省印刷局.

（深谷　潤）

第6章

道徳教育の内容と内容項目

　　　本章では，第1節で道徳教育の内容について説明する。具体的に，内容に含まれる道徳的価値の意味，さらに，学習指導要領で示されている4つの視点をその思想的背景と共に説明する。4つの視点は，自分自身について，他の人とのかかわり，自然や崇高なものとのかかわり，集団や社会とのかかわりによって構成されている。これらは，さらに小学校（低・中・高学年）と中学校の4つに区分されて，それぞれ細かく項目が分かれている。第2節では，内容項目やその取扱い方を中心に説明し，それらの項目の構成や関連性などについて触れる。
　　　最後に，各視点の道徳的価値とその発展的段階を，学習指導要領に沿って具体的に明示する。

1　道徳教育の内容

(1) 道徳的価値

　前章では，学校における道徳教育が，人格の完成を目指し，その基礎である道徳性を養うことを目標とし，すべての教育活動において行われ，特に，道徳の時間を中心に道徳的実践力の育成が目指されていることを指摘した。道徳性の内容は，道徳的心情や道徳的判断力，道徳的実践意欲と態度などで表現されているが，さらに具体的な中身は，多様な形式で表現される道徳的諸価値であると言える。それらは，個人や社会，自然や世界全体に及び，身近な自分自身の問題から，世界や生命全体に至るまで幅広い領域にわたる。
　学習指導要領における道徳の内容は，その道徳的諸価値を単なる徳目の羅列ではなく，短い文章の形で示されている。たとえば，「勤勉」という道徳的価値は，「自分がやらなければならない勉強や仕事は，しっかりと行う」（小学校低学年1—(2)）と平易な一文で表現される。また，複数の価値が一つの文章の中に盛り込まれる場合もある。「法やきまりの意義を理解し，遵守するとと

もに，自他の権利を重んじ義務を確実に果たして，社会の秩序と規律を高めるように努める」（中学校4—（1））は，規則の尊重と権利と義務の重要性の2つの道徳的価値が含まれている。

　このように道徳の内容は，到達すべき目標の客観的な水準を表すものというよりは，むしろ，今後，児童生徒らがさらに道徳性を発展させていく方向性を示す形式をとっている。『学習指導要領解説　道徳編　2008年版』（以下，「解説」）では，「窓口」と表現している。また，その「窓口」は，単に外枠だけで構成されるものではなく，それ自体「自分のものとして身につけ，発展させていく必要がある道徳的な価値を含むもの」でもある。道徳的価値の内容は，1989年の改訂以降，その価値の発展性と子どもの発達段階を考慮した連続性を明確にする観点から，以下に説明する小・中学校共通の4つの視点でまとめられた。

（2）4つの視点

　学習指導要領によれば，道徳の内容は，児童生徒の道徳性を多様な視点からとらえられる。その視点は，内容項目として分類整理され，それら相互の関連性と発展性が明確にされている。その視点を考える上で，中心となる概念は，「かかわり」である。つまり，人間は，自己や他者，世界などとのかかわりにおいて存在する。そして，その人格的な成長は，そのかかわりを通して実現されることを前提としている。それらのかかわりを一般的に大きくとらえるならば，人間（自分，他人，社会）とそれ以外（世界，自然など）の2つに分類できるが，学習指導要領では，次の4つの視点から分類される。

1　主として自分自身に関すること。
2　主として他の人とのかかわりに関すること。
3　主として自然や崇高なものとのかかわりに関すること。
4　主として集団や社会とのかかわりに関すること。

　これらの視点は，道徳の内容そのものというよりは，内容を視る立場を表し

ている。つまり、ある一つの内容が仮に同じ道徳的行為であっても、様々な見え方があることを意味する。たとえば、集団の中の規律を守ることは、単に集団や社会とのかかわりだけではなく、他人に迷惑をかけない（他の人とのかかわり）、や自分の欲求を抑える（自分自身）ことと密接に関連している。このように道徳の内容は、個別的にその項目をとらえるのではなく、視点や他の項目との関連や系統性、発展性まで考慮されるべきである。次に、各視点の内容とその思想的背景について説明する。

【視点1】
　主として自分自身に関することは、「解説」の説明では、「自己の在り方を自分自身とのかかわりにおいてとらえ、望ましい自己の形成を図ることに関するもの」とされている。
　ここで目指されている自己形成は、ソクラテス（Sōkratēs B.C. 470/469 - B.C. 399）の「魂の気遣い」という考え方によく示されている。魂（プシュケー）は、自己、精神、生命とも訳される。ソクラテスは、人間が動植物と同様に、単に生命体として生きるだけではなく、「よく生きる」存在であることを主張した。よく生きるとは、魂が善い状態であり続けることであり、善い状態とは、善悪の区別ができ、知的な活動が活発であることを示している。この知る働きは、徳（アレテー）と同義である。つまり、自己形成は、魂の気遣いによってよりよく生きる自己となることであり、それは、知る働きとしての徳を身につけることである。
　また、「自分自身とのかかわり」とは、現実の自分と望ましい理想的な自分との間をつなぐ努力と考えられる。理想に近づくためには、良くなろうという意欲や意志が必要である。その意志は、善を自ら主体的に実現しようとする気持ちであり、何ものにも束縛されない、自律した自由な意志（カントの「善意志」）である。しかし、その自由な意志が道徳的な原理となるには、自分の行為が、誰に対しても、誰の自由も侵害しないようなものでなければならない。（カントの「定言命法」）

【視点2】

　主として他の人とのかかわりに関することは，「解説」によると，「自己を他の人とのかかわりの中でとらえ，望ましい人間関係の育成を図ることに関するもの」である。また，「自己を他の人とのかかわりの中でとらえる」ことは，人間が人間である特徴を最もよく示していると言える。人間は，動物と異なり，言葉（ロゴス）と理性をもっている（アリストテレス Aristotelēs B.C. 384 - B.C. 322）。これらは，人間が決して地上で，一人で生きているのではなく，他の人とのコミュニケーションを通じて，人間関係の中に存在することを同時に意味している。

　さて，ここで言う「他の人とのかかわり」は，世の中と他人の大きく2つの意味がある。世の中は，4つ目の視点（集団や社会）と重なるため，ここでは特に他人の意味が中心となる。しかし，視点2は，視点3ならびに4を育む基礎的な内容を含んでいる点に注意したい。人間は，自分一人や他の人だけでも，人が集まった社会や世の中だけでもなく，倫理学者，和辻哲郎（1889 - 1960）が指摘するように，人と社会の両方が統一されたものである。言い換えると，自分一人が存在するためには，他の人とのかかわりが前もって存在しなければならないのである。つまり，自分が他人とのかかわりを否定し，一人であろうとしても，まず否定する相手がいなければ，否定すらもできない。その意味で，他の人とのかかわりは，自分が否定しようがしまいが，人間として生きていく以上，不可避な条件である。この条件をより良いものとすることが，「望ましい人間関係の育成」である。

【視点3】

　主として自然や崇高なものとのかかわりに関することは，「解説」によれば，「自己を自然や美しいもの，崇高なものとのかかわりにおいてとらえ，人間としての自覚を深めることに関するもの」である。

　自然の美しさに感動し，動植物の生命を大切にする心を養うことを通して，地球上に存在し，他の生き物と共に生きる人間として自覚することが，目指されている。この自覚の根底には，生命とそれを超えたものに対する「畏敬の

念」がある。つまり,「自然や崇高なもの」は厳密には並列的に置かれないものであり,むしろ,垂直的に発展すべき意識である。なぜなら,視点3において,自然を愛する,大切にする気持ちが出発点となり,それを超えた崇高なもの,すなわち人間や自然を超越した存在に対する畏れ,敬う気持ちの育成が最終的な内容となるからである。あるものを崇高なものと感じるには,感性の尺度を超えた心の機能がなければならない(カント)。また,生命が畏れられ,敬われる対象となるためには,超越者からの意味付けが必要である。畏敬(awe)とは,神秘感と威厳感の複合体である。別の表現では,ヌミノーゼ(Numinöse)感情とも言われる(オットー Rudolf Otto 1869 - 1937)。それは,魂が根底から揺さぶられるような情緒的体験を伴った感情である。

さて,崇高なものとのかかわりにおいて,「畏敬の念」に踏み込んで教えることは,超越的存在を公教育が半ば公認することを意味する。今後,道徳教育がますます推進される傾向にある。超越的存在を公教育で教えることに関して,政教分離の立場から,充分な議論が必要とされるであろう。

【視点4】

主として集団や社会とのかかわりに関することは,「解説」によれば,「自己を様々な社会集団や郷土,国家,国際社会とのかかわりの中でとらえ,国際社会に生きる日本人としての自覚に立ち,平和的で文化的な社会及び国家の成員として必要な道徳性の育成を図ることに関するもの」である。

この視点で扱う範囲は,家族,学校,地域社会,さらに郷土,国家,国際社会にいたるまできわめて広いものである。プラトン(Platōn B.C. 427 - B.C. 347)の『国家』にもあるように,古代から,正義の徳は,勇気,知恵,節制と並び人間社会にとって不可欠な道徳である。正義は,一つの国の中だけで主張される正義ではなく,全世界の人々が安心して平和に生きる権利を実現するための正義でなければならない。日本国憲法の前文には,「われらは,全世界の国民が,ひとしく恐怖と欠乏から免かれ,平和のうちに生存する権利を有することを確認する」とある。さらに,「われらは,いずれの国家も,自国のことのみに専念して他国を無視してはならない」とも謳われている。すなわち,正義は,

他国と共存し、共に理想の実現に尽くす関係を構築する道徳的原理である。これは、国連創設のヴィジョンとなったカントの「永遠の平和」の理念と共通するものと言えよう。

さて、新教育基本法では、教育の目的の箇所に、「我が国と郷土を愛する」一文が加えられた。「郷土、国家とのかかわり」は、具体的に、郷土愛、愛国心などの道徳的価値によって表現されうる。しかし、国を愛することと、郷土を愛することには大きな意識の差があり、必ずしも両者は連続していない。たとえば、郷土（ふるさと）に対して、出生地と出身地の違いをもつ人も少なくないであろうし、在日外国人や民族的な違いをもった人たちも多く日本国内で生活している。社会集団や国家を考える際、日本においても多様な文化、民族、言語、宗教をもった人たちが存在することを踏まえておくことは、当然のことである。その観点から、「日本人としての自覚」が意味する内容も多様であり、「日本人とは何か」は常に問われなければならない。「愛国心」は、かつてこのような問いかけを許さず、強制的に教え込まれた歴史がある。国旗・国歌の扱いも含め、公教育において、国を愛することが「教えられる」よりも、愛するに値する国づくりを促す姿勢を育てることの方が、むしろ、より道徳的な課題である。

2　内容項目とその取扱い

(1) 内容項目の意味と構成

学習指導要領に挙げられている4つの視点は、小学校では、6学年分を2年ごと（低・中・高学年）の3区分にまとめられ、中学校では3年間を一括した上で設定されている。さらに、4つの視点に対して、それぞれ細かく道徳的価値を表現した項目が設けられている。この内容項目は、教育活動全体で行われる道徳教育や道徳の授業を指導する際の基本である。また、それは、学校生活だけでなく、社会における様々な状況や場面において、望ましい考え方や感じ方、生き方を提示し、適切な道徳的行為を導き出す指針でもある。

2008年の学習指導要領改訂で、内容項目の数が次の表のように、小・中学校

表 6-1　道徳の内容項目の数

	視点1	視点2	視点3	視点4	計
小・低学年	4	4	3	5	16
小・中学年	5	4	3	6	18
小・高学年	6	5	3	8	22
中学校	5	6	3	10	24
計	20	19	12	29	80

の合計で80となり，前回（1998年改訂時）と比較して2項目増やされた（小学校低学年の視点4，中学校の視点2が各1つ増加）。

これら多くの内容項目は，個別に存在しているものではない。また，独立した「徳目」として教えられるものでもない。次に説明するように，視点同士の関係や，内容項目同士の関連性，発展性を把握し，重点的な指導や配慮が必要とされる。

（2）関連性・発展性・重点化

たとえば，視点1の小学校低学年の4つの内容項目の（1）には，「健康や安全に気を付け，物や金銭を大切にし，身の回りを整え，わがままをしないで，規則正しい生活をする」がある。これは，基本的な生活習慣や，節度ある生活を育てる指針である。その指針は，小学校低学年から，中学年の1—(1)「自分でできることは自分でやり，よく考えて行動し，節度のある生活をする。」（生活面における自立を重視），及び高学年の1—(1)「生活習慣の大切さを知り，自分の生活を見直し，節度を守り節制に心掛ける」（望ましい生活習慣の積極的な構築）と深くかかわっている。さらに，中学校になると，1—(1)は，「望ましい生活習慣を身に付け，心身の健康の増進を図り，節度を守り節制に心掛け調和のある生活をする」に発展する。つまり，生活習慣だけではなく，心身の調和のある生活の実現を目指すのである。

このように，9年間の児童生徒の成長・発達の段階を踏まえ，内容項目の順序や関連性を考慮して，適切に指導しなければならない。

内容項目は，原則として各学年にあるすべてのものを取り扱うべきである。

しかし，実際に発達段階や児童生徒の状況などを考慮し，内容項目の精選を行う必要がある。学校生活の中での子どもの実態を把握し，将来のヴィジョンと現在抱えている課題の両者を明確にして，重点的に扱うべき道徳的価値に関する内容を選択することが大切である。

（3）各視点の道徳的価値とその発展的段階の概要

次に各視点の道徳的価値とその発展的段階を取り上げる。そこにおいて，道徳的価値の何が具体的に想定され，また学年が進むにつれてどのように，それらの内容が発展していくのか，その概要を示すよう試みた。基本的には，「解説」の「道徳の内容の学年段階・学校段階の一覧表」をもとに作成している。道徳の授業におけるねらいの設定や，道徳的価値の段階的な発展性を理解する一つの参考となるであろう。

なお，この概要では，内容項目の系統性ならびに関連性を重視したため，学習指導要領の内容を若干，簡略化している点を断っておく。また，文頭の数字は，内容項目の番号を示している。

視点1　自分自身

〈節　制〉
小学校低学年（1）規則正しい生活をする
　　　中学年（1）自分のことは自分でする
　　　高学年（1）節度を守り節制する
中学校　　　（1）節度を守り節制する
　　　　　　　　調和のある生活をする
〈勤　勉〉
小学校低学年（2）勉強・仕事をしっかりする
　　　中学年（2）決めたことは粘り強くやる
　　　高学年（2）希望・勇気をもってくじけず努力する
中学校　　　（2）希望・勇気をもって着実にやりぬく強い意志をもつ
〈自　律〉
小学校低学年（3）よいことを進んでやる

　　　　　中学年　(3)　正しいことは勇気をもってする
　　　　　高学年　(3)　自由を大切に，自律的で責任ある行動をする
　　中学校　　　（3）　自律を重視，自主的に考え，誠実に実行
　　　　　　　　　　　結果に責任もつ
〈真理愛〉
小学校低学年　(4)　うそをつかない
　　　　　中学年　(4)　正直に明るい心で元気よく生活する
　　　　　高学年　(4)　誠実に，明るい心で楽しく生活する
　　　　　　　　（5）　真理を大切に，新しいものを求め，工夫して生活する
　　中学校　　　（4）　真理を愛する，理想の実現を目指す
　　　　　　　　　　　自己の人生を切り拓く
〈個性尊重〉
小学校中学年　(5)　自分のよい所をのばす
　　　　　高学年　(6)　悪い所を改め，よい所を積極的にのばす
　　中学校　　　（5）　自己の向上図る
　　　　　　　　　　　個性を伸ばす，充実した生き方を追求する

視点2　他の人とのかかわり

〈礼　儀〉
小学校低学年　(1)　気持ちのよいあいさつをする
　　　　　中学年　(1)　礼儀の大切さを知る
　　　　　　　　　　　真心をもって接する
　　　　　高学年　(1)　時と場をわきまえる
　　　　　　　　　　　礼儀正しく真心をもって接する
　　中学校　　　（1）　礼儀の大切さを理解する
　　　　　　　　　　　時と場に合った適切な言動をとる
〈思いやり〉
小学校低学年　(2)　身近な人に温かい心で接する
　　　　　　　　　　　親切にする
　　　　　中学年　(2)　相手を思いやる
　　　　　　　　　　　進んで親切にする
　　　　　高学年　(2)　誰にでも思いやりの心をもつ

中学校　　　　（2）人間愛の精神を深める
　　　　　　　　　他の人々に思いやりの心をもつ
〈友　情〉
小学校低学年（3）友達と仲良く，助け合う
　　中学年（3）友達と互いに理解，信頼し，助け合う
　　高学年（3）互いに信頼し，学び合って友情を深める
　　　　　　　　　男女仲良く協力し助け合う
中学校　　　　（3）心から信頼できる友達をもつ
　　　　　　　　　互いに励まし合い，高め合う
　　　　　　（4）異性について正しい理解を深める
　　　　　　　　　相手の人格を尊重する
〈寛　容〉
小学校高学年（4）謙虚な心をもつ
　　　　　　　　　異なる意見や立場を大切にする
中学校　　　　（5）多様な個性・立場を尊重する
　　　　　　　　　寛容の心をもち謙虚に他に学ぶ
〈感　謝〉
小学校低学年（4）世話になっている人々に感謝する
　　中学年（4）生活を支えている人々・高齢者を尊敬し，感謝の気持ちをもって接する
　　高学年（5）生活が他の人々の支え合い，助け合いで成立していることに感謝する
　　　　　　　　　感謝に答える
中学校　　　　（6）人々の善意や支えで自分が存在することに感謝する。
　　　　　　　　　感謝に答える

視点3　自然や崇高なものとのかかわり

〈生命尊重〉
小学校低学年（1）生きることを喜ぶ
　　　　　　　　　生命を大切にする心をもつ
　　中学年（1）生命の尊さを感じ取る

```
                        生命あるものを大切にする
            高学年（1）生命のかけがえのなさを知る
                        自他の生命を尊重する
中学校          （1）生命の尊さを理解する
                        かけがえのない自他の生命を尊重する
〈畏敬の念〉
小学校低学年（2）身近な自然に親しむ
                        動植物に優しい心で接する
                    （3）美しいものに触れる
                        すがすがしい心をもつ
            中学年（2）自然のすばらしさに感動する
                        自然や動植物を大切にする
                    （3）美しいもの・気高いものに感動する心をもつ
            高学年（2）自然の偉大さを知る
                        自然環境を大切にする
                    （3）美しいものに感動する心をもつ
                        人間の力を超えたものに畏敬の念をもつ
中学校          （2）自然を愛護する
                        美しいものに感動する豊かな心をもつ
                        人間の力を超えたものに畏敬の念を深める
〈人間愛〉
中学校          （3）人間の強さ・気高さを信じる
                        人間として生きる喜びを見出す努力をする
```

視点4　集団や社会とのかかわり

〈法の遵守〉
小学校低学年（1）約束やきまりを守る
　　　　　　　　　　みんなの物を大切にする
　　　中学年（1）約束や社会のきまりを守る
　　　　　　　　　　公徳心をもつ
　　　高学年（1）公徳心をもって法やきまりを守る
　　　　　　　　　　自他の権利を大切にする

　　　　　　　　　進んで義務を果たす
中学校　　　（1）法やきまりの意義を理解し，遵守する
　　　　　　　　　自他の権利を重んじ，義務を確実に果たす
　　　　　　　　　社会の秩序と規律を高めるように努める
　　　　　　（2）公徳心及び社会連帯の自覚を高める
　　　　　　　　　よりよい社会の実現に努める
〈正　義〉
小学校高学年（2）誰に対しても差別・偏見をもたず，公正，公平にする
　　　　　　　　　正義の実現に努める
中学校　　　（3）正義を重んじる
　　　　　　　　　誰に対しても公正，公平にする
　　　　　　　　　差別や偏見のない社会の実現に努める
〈責　任〉
小学校高学年（3）身近な集団に進んで参加する
　　　　　　　　　自分の役割を自覚し，主体的に責任を果たす
中学校　　　（4）集団の意義について理解を深める
　　　　　　　　　役割と責任を自覚し，集団生活の向上に努める
〈勤　労〉
小学校低学年（2）働くことのよさを感じる
　　　　　　　　　みんなのために働く
　　　中学年（2）働くことの大切さを知る
　　　　　　　　　進んでみんなのために働く
　　　高学年（4）働くことの意義を理解する
　　　　　　　　　社会に奉仕することの喜びを知る
　　　　　　　　　公共のために役立つことをする
中学校　　　（5）勤労の尊さや意義を理解する
　　　　　　　　　奉仕の精神をもつ
　　　　　　　　　公共の福祉と社会の発展に努める
〈家族愛〉
小学校低学年（3）父母，祖父母を敬愛する
　　　　　　　　　進んで家の手伝いをし，家族の役に立つ喜びを知る
　　　中学年（3）父母，祖父母を敬愛する
　　　　　　　　　家族みんなで協力し合い，楽しい家庭をつくる
　　　高学年（5）父母，祖父母を敬愛する
　　　　　　　　　家族の幸せを求め，進んで役立つことをする

中学校　　　　（6）父母，祖父母に敬愛の念を深める
　　　　　　　　　家族の一員の自覚をもつ
　　　　　　　　　充実した家庭生活を築く
〈愛校心〉
小学校低学年（4）先生を敬愛し，学校の人々に親しむ
　　　　　　　　　学級や学校生活を楽しくする
　　中学年（4）先生や学校の人々を敬愛する
　　　　　　　　　みんなで協力し合い，楽しい学級をつくる
　　高学年（6）先生や学校の人々への敬愛を深める
　　　　　　　　　みんなで協力し合いよりよい校風をつくる
中学校　　　　（7）学級や学校の一員としての自覚をもつ
　　　　　　　　　教師や学校の人々に敬愛の念を深める
　　　　　　　　　協力してよりよい校風を樹立する
〈愛国心〉
小学校低学年（5）郷土の文化や生活に親しみ，愛着をもつ
　　中学年（5）郷土の伝統と文化を大切にする
　　　　　　　　　郷土を愛する心をもつ
　　　　　　（6）我が国の伝統と文化に親しむ
　　　　　　　　　国を愛する心をもつ
　　　　　　　　　外国の人々や文化に関心をもつ
　　高学年（7）郷土や我が国の伝統と文化を大切にする
　　　　　　　　　先人の努力を知る
　　　　　　　　　郷土や国を愛する心をもつ
中学校　　　　（8）地域社会の一員としての自覚をもつ
　　　　　　　　　郷土を愛する
　　　　　　　　　先人や高齢者に尊敬と感謝の念を深める
　　　　　　　　　郷土の発展に努める
　　　　　　（9）日本人としての自覚をもって国を愛する
　　　　　　　　　国家の発展に努める
　　　　　　　　　優れた伝統の継承と新しい文化の創造に貢献する
〈世界平和〉
小学校中学年（6）我が国の伝統と文化に親しむ
　　　　　　　　　国を愛する心をもつ
　　　　　　　　　外国の人々や文化に関心をもつ
　　高学年（8）外国の人々や文化を大切にする心をもつ

中学校	(10)	日本人としての自覚をもつ 世界の人々と親善に努める 世界の中の日本人としての自覚をもつ 国際的視野に立つ 世界の平和と人類の幸福に貢献する

参考文献

新井郁男他（2005）『道徳教育論』放送大学教育振興会．
出隆（1999）『アリストテレス哲学入門』岩波書店．
押谷由夫・宮川八岐編（2008）『道徳・特別活動　重要用語300の基礎知識』明治図書．
オットー，山谷省吾訳（1968）『聖なるもの』岩波書店．
加藤西郷（1991）「宗教と道徳と教育―宗教的情操教育をめぐって―」龍谷大学仏教
　　文化研究所　紀要30号，pp. 78 - 90 所収．
カント，波多野精一・宮本和吉訳（1974）『実践理性批判』岩波書店．
カント，篠田英雄訳（1987）『道徳形而上学原論』岩波書店．
カント，篠田英雄訳（1992）『判断力批判（上）（下）』岩波書店．
カント，中山元訳（2006）『永遠の平和のために／啓蒙とは何か』光文社．
佐藤俊夫（1963）「生命に対する畏敬と超越者に対する畏敬―宗教的情操と敬虔―」
　　『道徳教育』（77号1967年5月）明治図書，pp. 21 - 28 所収．
佐野安仁・荒木紀幸編著（2000）『道徳教育の視点（改訂版）』晃洋書房．
中村清（2001）『道徳教育論』東洋館出版社．
沼田裕之編著（2002）『〈問い〉としての道徳教育』福村出版．
村田昇編著（2003）『道徳の指導法』玉川大学出版部．
バルト，鈴木正久編（1955）『キリスト教倫理Ⅲ』新教出版社．
プラトン，藤沢令夫訳（2004）『国家（上）（下）』岩波書店．
プラトン，久保勉訳（1980）『ソクラテスの弁明・クリトン』岩波書店．
諸富祥彦（2003）『道徳授業の革新』明治図書．
文部科学省（2008）『小学校学習指導要領』東京書籍．
文部科学省（2008）『中学校学習指導要領』東山書房．
文部科学省（2008）『小学校学習指導要領解説　道徳編』東洋館出版社．
文部科学省（2008）『中学校学習指導要領解説　道徳編』日本文教出版．
和辻哲郎（1991）『人間の学としての倫理学』岩波書店．
和辻哲郎（2007）『倫理学（一）』岩波書店．

（深谷　潤）

第7章

道徳教育の全体計画と年間指導計画

　　　　本章では，小・中学校の道徳教育の全体計画および年間指導計画の意義・内容・留意点等について考察する。主として，小学校・中学校の『学習指導要領解説　道徳編』に沿いつつ説明を展開してゆくが，この章のもう一つの特徴として，全体計画および年間指導計画の意義・内容・留意点等について，道徳教育研究の第一人者である横山利弘の独自性溢れる見解や良質の具体例も踏まえて紹介してみたい。

1　全体計画の作成

（1）**全体計画の意義**

　小学校・中学校の道徳教育の全体計画は，学校の教育活動全体を通して，道徳教育の目標を達成するための方策を総合的に示した教育計画である。学校における道徳教育において，その中軸となるのは学校の設定する道徳教育の基本方針である。全体計画は，その基本方針を具体化する上で，学校として特に工夫し，留意すべきことは何か，各教育活動がどのような役割を分担するのか，家庭や地域社会との連携をどう図っていくのかなどについて総合的に示すものでなければならない。このような全体計画は，特に以下の点において重要な意義をもつ。紙幅の関係上，任意に重要なもののみを選択して示すことにする。

　（1）豊かな人格形成の場として，各学校の特色や実態及び課題に即した道徳
　　　教育が展開できる。
　（2）道徳教育の「要」として，道徳の時間の位置付けや役割が明確になる。
　（3）全教師による一貫性のある道徳教育が組織的に展開できる。

（2）**全教育活動における道徳教育の内容と指導の時期の明確化**

　2008（平成20）年度の学習指導要領改訂によって，各学校で大きな変更をし

第7章　道徳教育の全体計画と年間指導計画

なければならないのが「全体計画」である。これまで各学校で作成されていた全体計画は，計画というよりも全体構造をB4判1枚程度の分量で説明する内容の乏しいものが多かった。したがって教師が，道徳教育の全体的な構造を理解するうえでは役立つものの，実際の子どもの道徳教育の指導に具体的に耐えうるようなものではなかった。

しかし今回，たとえば改訂された中学校新学習指導要領では「第3章　道徳」の「第3　指導計画の作成と内容の取扱い」(1)において全体計画の作成について次のように述べられている。

> 　道徳教育の全体計画の作成に当たっては，学校における全教育活動との関連の下に生徒，学校及び地域の実態を考慮して，学校の道徳教育の重点目標を設定するとともに，<u>第2に示す道徳の内容との関連を踏まえた各教科，総合的な学習の時間及び特別活動における指導の内容及び時期並びに家庭や地域社会との連携の方法を示す必要があること</u>。
>
> （下線は筆者）

＊　なお小学校学習指導要領の全体計画については，本書の資料編202頁に掲載されているので参照のこと。

今回の改訂では「第2に示す……」以下の文章が改訂されている。全体計画の内容の具体的計画事項に関して，主だった箇所のみを以下に列挙しておく。

　ア　学校の教育目標，道徳教育の重点目標等。各学年の道徳教育の重点目標。
　イ　各教科，総合的な学習の時間及び特別活動などにおける道徳教育の指導の方針，内容及び時期。
　ウ　特色ある教育活動や豊かな体験活動における指導との関連。

この新しい「全体計画」については，道徳教育を熱心に実践されている淡路市立津名中学校が作成されたものを以下に紹介しておく（資料7-1，淡路市立津名中学校の先生方には転載許可をいただき，この場をお借りして感謝申し上げます）。

さらに詳細に道徳教育の計画を展開するならば，各教科等における道徳教育にかかわる指導の内容及び時期を整理したもの（第1章6～7頁の資料1-1を参

第Ⅱ部　道徳教育の実際

資料7-1

平成21年度道徳教育全体計画（案）

淡路市立津名中学校

- ・日本国憲法
- ・教育基本法
- ・学校教育法
- ・学習指導要領
- ・県・市指導の重点

学校教育目標

人間尊重の精神を基盤に、自ら考え行動する確かな学力をはぐくみ、心豊かにたくましく生きる生徒を育てる。

- ・生徒の実態
- ・保護者、地域の願い
- ・学校の実態
- ・地域の実態

教育の具体的目標

めざす生徒像	めざす学校像	めざす教師像
1 自ら学び、考え、行動する生徒 2 自分を大切にし、他を大切にする生徒 3 心身ともに健康で元気な生徒	1 21世紀に飛躍する活力と魅力に満ちた学校 2 心のふれあいを大切にし、一人ひとりの人格と個性を尊重する学校 3 ゆとりのある、こころやすらぐ美しい学校 4 学校・家庭・地域が手を携えて進む開かれた学校	1 教育的愛情を持って、生徒と共に歩む教師 2 自己に厳しく、使命感と責任を持って進む教師 3 教育者としての専門性の向上と人間性の涵養に努める教師

教育の基本方針

1. 基礎・基本の確実な定着と個性や創造性を伸ばす教育の推進
2. 多様な体験的学習による「生きる力」の育成
3. 国際化、情報化社会に対応した教育の推進
4. 人間尊重の精神に基づく心の教育の充実
5. 社会の中の一員として生きる「人間性・社会性」の育成
6. 「学び合い、高め合う」こころやすらぐ教育環境の創造
7. 学校・家庭・地域社会の連携による総合的な教育力の向上

具体的目標　（学校文化を築く）

あいさつ	そうじ	時間厳守

道徳教育の重点事項

1. 道徳の授業等で、心に響く道徳教育を推進する。
2. 学校におけるすべての教育活動を通じ、生きた道徳性を培う。
3. 家庭や地域社会と連携し、道徳的実践力の充実、向上を図る。
4. 「心のノート」の計画的な活用を図る。

道徳教育の学年目標

1　年	2　年	3　年
1 中学生としての自覚を持ち、規律ある生活を送るための基本的態度を養う。 2 集団活動の中で、仲間づくりや他に対する思いやり、相互に尊重し合う心を育てる。 3 自分の行動に責任を持ち、目標に向かって主体的に取り組む姿勢を育てる。	1 自己を見つめ、集団の中で自身の役割や責任の自覚を通し、よりよく自己を向上させる態度を育てる。 2 友情を尊び、相互を理解し、よりよい人間関係を築いていく姿勢を育む。 3 社会体験や地域との交流を通し、勤労の尊さや意義を理解し、積極的に社会にかかわっていく姿勢を培う。	1 より高い志を持ち、自分の人生を切り拓いていく姿勢を育てる。 2 生命の尊さを理解し、男女や仲間相互の人格、個性を尊重し、多様なものの見方、立場について謙虚に学ぶ姿勢を育てる。 3 社会について理解を深めるとともに、家族や周囲の人々に敬愛と感謝の気持ちを持って生きる姿勢を培う。

第7章　道徳教育の全体計画と年間指導計画

各教科		特別活動	
国語	国語を適切に表現し、正確に理解する能力を育成し、目的や場面に応じて他者と円滑に意思疎通する力を身につけると共に、豊かな想像力や思考力を育む中で、多様なものの見方や考え方を養う。	学級活動	学級集団の一員として自覚し、望ましい集団生活や人間関係を築くための力を養う。また、個人や社会の一員としてのあり方を求め、将来の生き方や進路を適切に選択できる力を養う。
社会	日本や世界の地理・歴史の学習を通して、広い視野に立って、現代の社会的事象を多面的・多角的に考察し、公正に判断するとともに適切に表現する能力や態度を育てる。	生徒会活動	全校生徒の代表として、自分たちで考え、行動し、先頭に立って動き、指示できる力を養う。また、募金活動・ボランティア活動などで社会との関わり、奉仕の気持ちを育てる。
数学	数学的な見方や考え方のよさを知り、問題を解決することで原理・原則をもとめ、それらを尊重する判断力と態度を育てる。	学校行事	津名中学生として行事を通して、連帯感・達成感を育て学校生活の充実に努める態度を養う。
理科	生物相互の関係や、環境問題、生命の誕生と維持するしくみなど、様々な側面から自然への理解を深め、科学的認識に基づいた自然愛護の精神を養う。	進路指導	・将来を見据え、自己の個性、適性にあった進路を切り拓く意欲・態度・能力の育成。 ・差別や偏見のない、正しい学校観・職業観を育てる。
音楽	音楽を愛好する心情を育てるとともに音楽に対する完成を豊かにし、豊かな情操を養うことにより、精神の落ち着きを得る。また、我が国の伝統音楽に触れることにより、そのよさを体感する。	生徒指導	・善悪の判断がしっかりできる生徒を育成する。 ・思いやりの心を育て、協力し合う態度を養う。
美術	美術の制作を通じ、想像力や遂行力を高め、自己表現力を培うと共に鑑賞を通して美しいものに感動する清らかな心情を耕す。また、身近な美術に触れることで鑑賞する喜びを体感する。	情報メディア読書指導	・情報モラルの活用を通して、情報モラルを高める。 ・読書活動を通して、自己を高める心・探求する心・他者を理解する心を養う。
保体	運動における競争や協同の経験を通して公正に取り組み、互いに協力する自己の役割を果たすなどの意欲を育てる。	総合的な学習の時間	学び方やものの考え方を身に付け、問題解決や探究活動を通し、自己の生き方や道徳的実践力を持って考えることができる人間を育成する。
技・家	技術と社会や環境との関わり、また、家庭の機能について理解を深め、技術を適切に活用する能力や生活をよりよくしようとする態度を育てる。		
英語	外国や我が国の生活についての理解を深めるとともに、言語や文化に対する関心を高めこれを尊重する態度を育てる。		

家庭・地域連携	・道徳的実践力の充実、向上を図るため、学校・家庭・地域社会が連携して取り組む校内組織を確立する。 ・道徳の時間の実践を、定期的に保護者に伝えるとともに、保護者の感想や意見を授業の工夫・改善の資料とする。 ・保護者フォーラムや地域フォーラムを実施し、家庭や地域の総合的な教育力の向上を目指す。

照のこと）等がわかるものを別様にして加えるなどが考えられる。

（3）全体計画作成上の創意工夫と留意点

全体計画の作成に当たっては，理念だけに終わることなく，各学校の具体的な教育実践に十分に耐えうる計画になるよう体制を整え，全教師で創意工夫をし，小学校・中学校では特に以下の点に留意しながら取り組むことが必要である。

(1) 校長の方針の下に道徳教育推進教師を中心として全教師の協力・指導体制を整える。
(2) 各学校の特色を生かして重点的な道徳教育が展開できるようにする。
(3) 学校の教育活動全体を通じた道徳教育の相互の関連性を明確にする。

2 道徳の時間の年間指導計画の作成

（1）年間指導計画の意義

年間指導計画（ここでは中学校の事例を考える）とは，道徳の時間の指導が，道徳教育の全体計画に基づき，生徒の発達の段階に即して計画的，発展的に行われるように組織された全学年にわたる年間の指導計画である。具体的には，道徳の時間に指導しようとする内容について，生徒の実態や多様な指導方法等を考慮しつつ，各学年ごとに主題を構成し，それを，年間を見通して適切に位置付け，配列し，展開の大要等を示したものである。

このような年間指導計画は，次のような意義をもっている。
(1) 3年間を見通した計画的，発展的な指導を可能にする。
(2) 個々の学級において，道徳の時間の学習指導案を立案するよりどころとなる。
(3) 学級相互，学年相互の教師間の研修などの手掛かりとなる。

（2）年間指導計画の内容

中学校学習指導要領「第3章　道徳」の「第3　指導計画の作成と内容の取

扱い」の1の(2)において道徳の時間の年間指導計画について以下のように記されている。また今回改正されたのは下線部である。

> 　道徳の時間の年間指導計画の作成に当たっては，道徳教育の全体計画に基づき，各教科，総合的な学習の時間及び特別活動との関連を考慮しながら，計画的，発展的に授業がなされるよう工夫すること。その際，第2に示す各内容項目の指導の充実を図る中で，生徒や学校の実態に応じ，3学年間を見通した重点的な指導や内容項目間の関連を密にした指導を行うよう工夫すること。<u>ただし，第2に示す内容項目はいずれの学年においてもすべて取り上げること</u>。　　　　（下線は筆者）

＊　なお，小学校学習指導要領の年間指導計画については，本書資料編190頁を参照のこと。

　ある中学校では，道徳の時間の年間指導計画に，学習指導要領「第3章　道徳」とは異なる他の教育活動が入っていたり，内容項目のすべてが取り上げられていない事例もある。また本来の道徳の時間が，他の教育活動にすり替わっているような場合も散見される。今回の改訂において，道徳の時間は道徳教育の「要」の時間であることが明示されたことを重く受けとめ，そうしたあり方は早急に改善されねばならない。

　道徳の時間が宗教科などによって代替される一部の私立学校を除けば，学習指導要領に示された道徳教育の教育内容は，すべての子どもに学習の機会を保障しなければならないものであって，教師や学校の恣意によって取捨選択されてよいものではない。また今回の改訂で訂正された下線部分は，道徳の時間の指導では，学習指導要領第3章第2に示されているすべての内容がすべての学年において取り上げられなければならないことを明確に物語っている。

　実践に耐えうる年間指導計画にするには，『中学校学習指導要領解説　道徳編』に示されている以下のような内容をすべて明記しておくことが望まれる。

第Ⅱ部　道徳教育の実際

年間指導計画の内容

(1) 各学年の基本方針：全体計画に基づいた，道徳の時間における各学年ごとの基本方針。
(2) 各学年の年間にわたる指導の概要。
　ア　指導の時期：学年又は学級ごとの実施予定の時期を記載する。
　イ　主題名：ねらいと資料で構成した主題を端的に表したものを記述する。
　ウ　ねらい：ねらいとする生徒に身に付けさせたい道徳性の内容や観点を端的に表したものを記述する。
　エ　資料：指導で用いる中心的な資料の題名と出典，補助資料や予備資料等を記述する。
　オ　主題構成の理由：ねらいに対してこの資料を選定した理由を簡略に示す。
　カ　展開の大要及び指導の方法：ねらいを踏まえて，資料をどのように活用し，どのような手順で学習を進めるのかについて簡潔に示す。
　キ　他の教育活動等における道徳教育との関連：関連する教育活動や体験活動，学級経営の取組等を示す。
　ク　その他：例えば，校長や教頭などの参加及び教師の協力的な指導の計画，保護者や地域の人々の参加・協力の計画，複数の時間取り上げる内容項目の場合は，その全体の構想等を示すことが考えられる。

　これとの関連で資料として淡路市立津名中学校の年間指導計画を以下に紹介する（資料7‐2，7‐3）。

（3）年間指導計画作成上の創意工夫と留意点

　年間指導計画を活用しやすいものとし，指導の効果を高めるためには，作成に当たって，道徳教育推進教師をはじめ全教師が以下のことについて創意工夫し，留意する必要がある。小学校・中学校について，特に重要な箇所を以下に任意に紹介しておくことにする。
　(1) 年間授業時間数を確保できるようにする。道徳の時間の意義を十分に理解し，内容項目をいずれの学年においてもすべて取り上げるとともに，年間にわたって標準授業時間数が確保されるよう，学校行事や祝祭日等で計

第7章　道徳教育の全体計画と年間指導計画

資料7-2　津名中学校の年間指導計画（部分）（平成21年度　第2学年道徳年間計画）

平成21年度　第 2 学 年 道 徳 年 間 計 画 （案）　　　　淡路市立津名中学校

道徳学年基本方針	1．自己を見つめ、集団の中で自身の役割や責任の自覚を通し、よりよく自己を向上させる態度を育てる。 2．友情を尊び、相互を理解し、よりよい人間関係を築いていく姿勢を育む。 3．社会体験や地域との交流を通し、勤労の貴さや意義を理解し、積極的に社会にかかわっていく姿勢を培う。

期	月	時	主題名 （内容項目）	資料 （出典）	指導のねらい	関連する資料 （心のノート）	学校行事
1学期	4月	1	自分を変える 1-(1)	自分を変えてみませんか （あすを生きる）	今までの生活を変えるとともに、新しい習慣を獲得し、充実した生活を送っていこうとする態度を育てる。	14〜17	入学式 PTA総会
		2	自分を生かし輝く集団 4-(1)	明かりの下の燭台 （自分を考える）	集団の中で自分の個性を生かし、一員としての役割と責任を果たそうとする実践意欲を培う。		
		3	良心に恥じない生き方 3-(3)	足袋の季節 （あすを生きる）	ありのままの人間が持つ心の弱さを克服し、自分に負けない生き方を目指そうとする態度を育成する。		家庭訪問 トライやる
	5月	4	理想の実現 1-(4)	打ち込むだけの条件 （道しるべ）	筆者と原稿用紙との付き合いがなぜ始まったのかを考えさせ、充実した人生を切り開くためには、理想に燃えて打ち込む姿勢が重要であることを理解させる。	26〜27	
		5	社会への奉仕 4-(5)	加山さんの願い （自分を考える）	勤労は個人のためだけではなく社会を支えていることを理解し、公共福祉と社会の発展に尽くす実践意欲を培う。		
		6	善意に感謝する心 2-(6)	夜のくだもの屋 （あすを生きる）	他の人の善意や支えによって、今の自分があることに気づき、素直に感謝する態度を養う。		
	6月	7	温かい心 2-(2)	ある車中のこと （あすを生きる）	他の人とのかかわりの中で、自分の中の温かい気持ちに気づかせ高めるとともに、温かい人間愛に強く賛同し、行動する心を育てる。	44〜45	中間テスト PTA支部 教育相談
		8	集団生活の向上 4-(1)	私の存在 （道しるべ）	吹奏楽部でホルンを担当する洋子の、部活動生活の様子や、心情の変化を通して集団の一員としての自覚を持ち、協力していくことの大切さを理解させる。	82,83	
		9	強い意志 1-(2)	どうしたらいいんですか （きらめき）	温かい人間愛の精神を深め、他の人々に対し思いやりの心をもつ。		
		10	心を形に 2-(1)	あいさつと言葉のスキンシップ（あすを生きる）	時と場合に応じ、礼儀の心を形に表すことができる。	38〜41	
	7月	11	自然への畏敬 3-(2)	樹齢七千年の杉 （あすを生きる）	自然のもつ気高さや神秘性に気づき、人間の力を超えたものに対する畏敬の念を深め、豊かな心を育てる。	60〜65	期末テスト
		12	男女の人格尊重 2-(4)	文通 （道しるべ）	友達の代理で文通を申し込んだ相手の男生徒から、自分との文通を申し込まれた生徒との通しを通して、異性との正しい関係について考える。		
2学期	9月	13	自然愛護・畏敬の念 3-(1)	語りかける目 （明日に生きる）	生命の尊さを理解し、かけがえのない自他の生命を尊重する。		体育大会
		14	国を愛する心 4-(9)	国 （自分を考える）	排他的な自国賛美ではなく、国際社会の一員としての自覚と責任をもって国を愛する心情を育てる。	114〜117	
		15	磨き合う学級 4-(4)	できることできないことそして接し方 （あすを生きる）	集団の一員として、自分の役割や責任を自覚し、互いに協力しあって、集団生活の向上に努める。	82〜85	
	10月	16	命をいつくしむ 3-(1)	最後のパートナー （あすを生きる）	命がかけがいのないものであることを理解し、自他の命を尊重する心を育て、それを態度で表すことができるようにする。	66〜69	中間テスト
		17	向上心・個性の伸長 1-(5)	父の汗 （きらめき）	自己を見つめ、自己の向上を図るとともに、個性を伸ばして充実した生き方を追及する。		
		18	人間愛 2-(2)	人の温かさ （明日に生きる）	温かい人間愛の精神を深め、他の人々に対し思いやりの心をもつ。		
		19	社会の秩序 4-(1)	規則があなたを守る （あすを生きる）	法やきまりの意義を理解するとともに、自他の権利を重んじ、社会の秩序を高めていこうとする態度を養う。	86〜89	
	11月	20	育みあう友情 2-(3)	律子と敏子 （自分を考える）	心を許しあえる友を持つことのすばらしさを感じ、互いに励まし高めあえる関係を築こうとする態度を育成する。	46〜49	文化発表会 教育相談 校外学習
		21	人間のすばらしさ 3-(3)	ネパールのビール （自分を考える）	人間の持つ強さや気高さを信じ、人間として誇りある生き方を見出そうとする心情を育てる。		
		22	他を思いやる心 2-(2)	「先生にビールやってくれ」（自分を考える）	人の温かさを知り、他の人に対して感謝と思いやりの心をもって接しようとする態度を育成する。		
		23	家族の深い愛 4-(6)	美しい母の顔	家族の深い愛情によって育てられたことに感謝し、より充実した家庭生活を築こうとする態度を育成する。		
	12月	24	日本人としての自覚 （道しるべ）	ものの命を大切に	宮大工の第一人者である西岡氏の仕事に対する情熱を考えさせ、日本古来の文化、伝統に誇りを持ち、守る気持ちを育てる。	117	期末テスト 三者懇談
		25	よりよい社会の実現 4-(3)	地下鉄で （自分を考える）	よりよい社会の実現は一人ひとりの行動によって成り立つことを知り、積極的にかかわろうとする実践意欲を培う。		
		26	ふるさとを守る 4-(8)	わがふるさとを守る生徒会 （あすを生きる）	地域社会の一員として郷土を愛し、自分たちでできる取り組みから、郷土を守り大切にしようとする心情を育てる。	110〜113	
		27	基本的生活習慣	僕のたびだち	自らの生活を振り返り、望ましい生活習慣を身につけ問うとする態	16	

97

第Ⅱ部 道徳教育の実際

資料7-3 「加山さんの願い」の指導案

第2学年道徳指導略案　　　　　　　　　　　　　5月 第5週

主題名(内容項目)	4-(5) 社会への奉仕	資料形態	読みもの
資料名	加山さんの願い	出典	自分を考える(暁)
ねらい	勤労は個人のためだけではなく社会を支えていることを理解し、公共福祉と社会の発展につくす実践意欲を培う			

展開の大要	導入	ボランティアをしてみたいですか？
	展開	①雨の中で傘をもったまま、加山さんが教え続けたことは何だろう。
	終末	「ちょっと行ってくるよ」と出かける加山さんの言葉には、加山さんのどんな気持ちがうかがえるか？

体験との関連	トライやる・ウィーク活動
他との関連	外国語(体験活動)・総合的な学習の時間(トライやる新聞作り)

　　画通り授業ができなかった場合の対応も含めて道徳の時間の年間指導計画を作成する。
(2) 主題の設定と配列を工夫する。主題（ねらいと資料）の設定においては，特に児童・生徒の実態と予想される心の成長，興味や関心などを考慮する。
(3) 計画的，発展的指導ができるように工夫する。
　　中学校：道徳の内容は，内容の全体構成及び相互の関連性と発展性を踏まえて4つの視点によって分類され，構成されている。したがって，年間指導計画の作成に当たっては，これらの趣旨を十分理解し，内容項目相互の関連を密にした指導や3年間を見通した計画的，発展的な指導が行えるように工夫する。
　　小学校：内容相互の関連性や，学年段階ごとの発展性を考慮して，6年間を見通した計画的，発展的な指導が行えるよう心掛ける。また，児童が進学する中学校における道徳の時間との関連を図るよう工夫することも望まれる。
(4) 内容の重点的な指導ができるように工夫する。

(5) 生徒が自ら道徳性をはぐくむことができるように工夫する。

3 学級における指導計画

(1) 学級における指導計画の意義

　学校において作成される全体計画は，全教師の参加と協力の下に，創意工夫して作成されるが，その具体化が図られる基盤となる場は個々の学級にある。学校における道徳教育を効果的に行い，児童・生徒のよりよく生きようとする力を育てるには，学年共通の方針を踏まえながら，学級における指導を充実させることが不可欠である。

　小学校・中学校学習指導要領には，学級における道徳の時間の指導計画の作成については記述していないために，全体計画や年間指導計画のような作成義務はない。しかし，全体計画の具体化が図られる基盤となる場は，実際には個々の学級である。学校における道徳教育を効果的に行い，児童・生徒のよりよく生きようとする力を育てるには，学年共通の方針を踏まえつつも，学級における指導を充実させることが不可欠である。

(2) 学級における指導計画作成や活用上の創意工夫と留意点

　学級における道徳の時間の指導計画を作成するためには，学級における道徳教育の基本方針を立てたうえで，児童・生徒の願いや保護者の願いを把握しておくことが大切である。学級における指導計画作成には特に次の事項に留意工夫して作成することが望まれる。小学校・中学校の指導計画の主だった項目を任意に紹介しておく。

　(1) 学級担任の教師の個性を重視し，生き生きとした学級経営を行う基盤となるよう心掛ける。
　(2) 道徳教育の成果は，学級における日常生活の中に反映されるという認識に立ち，道徳の目標や内容に示される道徳性の具現化に努める。
　(3) 他の学級や学年，保護者や地域との交流を積極的に図る。
　(4) 網羅的になることを避け，精選した内容にする。

(5) 他の教師や保護者などの意見を取り入れ，改善したり付け加えたりする。
(6) 学級における指導計画の基本的な内容を図式化するなど分かりやすくし，学級や家庭で日常的に活用できるように工夫する。

4 全体計画・年間指導計画等の留意点
　　——横山利弘の見解を中心に

(1) 全体計画の現状と課題

　1989（平成元）年の学習指導要領の改訂から「学校においては道徳教育の全体計画と道徳の時間の年間指導計画を作成するものとする」と明記されるようになり，この2つの計画の作成が義務づけられるようになった。横山利弘によれば，2004（平成16）年度発表の道徳教育推進状況調査によると，ほぼすべての小・中学校で道徳の時間の年間指導計画は作成されているとのことである。全体計画とは，保護者から大切な子どもを預かる学校として，いかにして子どもの道徳性の育成を図るかに関する計画書である。

　道徳教育の全体計画には，道徳教育の重点目標，他の教育活動との関連，ならびに家庭や地域社会との連携の方法が包含されていなければならない。また横山によれば，子どもの実態についても安易に道徳性診断テスト等に頼るのではなくて，教師自身の眼を大切にするべきだという。日々の生活の中で，接している子どもの様子を道徳の内容の一つひとつに照らしながら見つめつつ理解し，そして教師たちが互いに語りあうところから，全体計画は作成されるべきだと主張する。

　ところで我が国において，教科指導面は高いレベルにあるといわれているものの，他方で道徳教育の指導面は必要とされる教育レベルにまで達していないのが現状であろう。なぜなら，教科指導の内容と比較して，道徳指導の内容について教師側の理解がまだまだ不十分であるためである。その意味でも道徳教育全体の活性化が焦眉の課題であり，それぞれの教師自身が道徳の内容に明確な理解をもつことがさらに求められる。

（2）道徳の時間の年間指導計画の組み立て方

　道徳教育の「全体計画」とは「学校がどのような子どもの育成を目指し，各領域で何を目指すか」を示したものであり，これは教育活動全体で行う道徳教育の計画を示すものであると横山はとらえている。また「年間指導計画」は，この「全体計画」に基づいて「道徳の時間」の指導順を示したものである。道徳の時間は，学校の教育活動全体において行われる道徳教育を補充，深化，統合するものであり，その実践のための計画が道徳の時間の「年間指導計画」である。もしこの計画が「各学年の年間にわたる指導の概要」程度，つまり，主題名，ねらい，資料名の一覧程度でしかなければ，真の計画とは言えないだろう。その意味でも，道徳の時間がしっかりと有効に機能するためには，「年間指導計画」の組み立て方が重要な要素となる。

　道徳の時間の「年間指導計画」は，道徳の時間の指導が子どもたちの発達に即して，計画的・発展的に行われるようにあらかじめ立案された一年間にわたる計画である。それゆえ，それぞれの学級において，道徳の時間に具体的に指導する際に作成する指導案のよりどころとなるものだからである。これだけの要件を満たすためには「年間指導計画」（本章96頁の「年間指導計画」の内容を参照のこと）にあげた事項のすべてが必要となるのである。

（3）「年間指導計画」の作成入門編

　横山は，大学の自らの講義で，道徳の内容を学生に理解させるとき，「年間指導計画」を作成させるという。学生に中学校の教員になったつもりで，道徳の「年間指導計画」を作成しなさいと課題を与える。すると，「道徳の時間は何曜日でもいいのですか？」と質問する学生に「ああ，何曜日でもいいよ」と故意に返答するという。そこで学生たちは4月の何日ぐらいから始めるかと考え始めるようになる。書き方としては「4月の第＊週」ではなく，「4月＊日」と具体的に日にちを入れるべきことを横山は学生たちに指示する。仮に「4月15日」を第1回目の道徳の授業としてカレンダーを眺めると，「先生，35時間以上できますよ」となる。そこで横山が「あなたの学校は中間試験や期末試験はないのですか？」と切り返しの質問をして，そのとき初めて，学生はその事

実に気づいて，他の学校行事等のことも思い出しつつ，試験日や行事以外の月曜日に当てはめて作業を進めてゆく。すると今度は「先生，時間が足りません。」ということになる。そこで横山は，「足りなければ，他の曜日で都合のつく日をきめて埋めておかなければいけない。ただし年間35時間は標準だからちょうどでなくてもよい。しかしいくらなんでも28時間はだめだ。32あるいは33時間がぎりぎりの下限だ。」と説明する。こうして学生たちは「月曜日はやめておこう」となる。どうしてかというと，定期試験等は土・日曜日をはさんで月曜日までという学校も多くあり，さらに日曜日に行事が入れば，月曜日が振り替え休日になることが多いということに気づき，学生はこうした試行錯誤を繰り返しながらも，道徳の時間の曜日を具体的に絞り込んでゆくことになる。

(4) 学級における「道徳の時間の指導計画」作成入門編

次に，学生たちは自分の学級の道徳の時間をどの内容で始めようかと考える。4月当初だから「望ましい生活習慣」から始めようと考える学生もいれば，あるいは「集団の一員の自覚」から始めるべきだと主張する学生もいる。興味深いことに，温かいクラスを築きたいから「思いやり・感謝」から始めるという意見は概して女子学生の傾向として多いという。いずれにしても，『学習指導要領解説　道徳編』をしっかりと読み込んでいなければ，自分の思いをうまく計画に反映できないことがこの作業を通じて理解できるのである。

横山にとって，内容の配置で印象に残っているのは「異性理解」だったという。つまり，この内容をいつ扱うかという問題である。ある男子学生は，したり顔で「そりゃ，夏休み前でしょ」と言ったとき，別のある女子学生が「そういうときにやるのは嫌だな。私だったらバレンタインデーの前にやりたいな」と発言したという。このとき横山は「あっ」と感心したという。なぜならそのような発想は長年，道徳教育の指導に携わってきた横山自身にもまったく存在しなかったからで，すかさず「あなたはしなやかな先生になるね」とその女子学生に励ましの言葉をかけている。

(5) 学級担任が作成するべき「年間指導計画」

　学習指導要領に示されている「道徳の時間の年間指導計画」（本書資料，小学校は189頁，中学校は201頁参照のこと）には，どの単位で誰が作成するかについては触れられていない。すなわち，学年の基本方針を明確にすることは必要であるが，学年で作成するべきとは表記されていない。学校現場では一般的にこれを学年で作成する傾向が多いと横山は分析している。その理由として，かつて道徳の時間を他のものにすり替えてしまう学級担任がいたので学年で縛りをかけておくという考えがあったと推測する。

　しかし横山によれば，道徳教育を本気で実践しようとするのであれば，「道徳の時間の年間指導計画」を学年で作成するのではなく，学級ごとにクラス担任が責任をもって作成するべきだし，むしろそれが自然ではないかと提案している。なぜなら，「道徳の時間の年間指導計画」では，学級経営の取組を示す必要があるからである。

　学年で作成した年間指導計画は，学年で同じ時間に同じ内容の道徳の時間を展開するというシステムであるが，クラスによって当然，重点の置き方は違ってくるのは当たり前である。あるクラスでは「集団生活の向上」が，また別のクラスでは「思いやり」を重視してもよいわけで，どこまでも学級単位での「道徳の時間の年間指導計画」が必要となる。

　「道徳の時間の年間指導計画」は，担任教師の学級づくりへの思いを反映させる形で作成されるべきだし，その計画の理由を保護者や地域の人々にも説明できることが本来のあり方であろうと横山は指摘する。なぜなら，自分の学級づくりと道徳の時間の年間指導計画が深く関連していることは当然のことだからである。そこで自分の学級の子どもたちをどのように育てようかという構想も湧いてくるのであり，そこで初めて，担任が構想している道徳教育の拠り所を，自信をもって指導することも可能となる。もちろん，作成計画は学校の研究主任，あるいは道徳教育推進教師に説明し，判断を仰ぐという配慮は当然，必要であり，さらには保護者に対しても説明責任は果たされるべきであろう。しかしいずれにせよ，学級ごとに担任が「道徳の時間の年間指導計画」を立てれば，道徳教育の質的向上だけでなく，担任としてのやりがいも生じてくるだ

ろう。

参考文献

文部科学省(2008)『中学校学習指導要領』東山書房.
文部科学省(2008)『小学校学習指導要領』東京書籍.
文部科学省(2008)『小学校学習指導要領解説　道徳編』東洋館出版社.
文部科学省(2008)『中学校学習指導要領解説　道徳編』日本文教出版.
横山利弘著(2007)『道徳教育,画餅からの脱却』暁教育図書.
横山利弘編著(2008)『中学校教育課程講座　道徳』ぎょうせい.
『平成20年度　文部科学省指定「道徳教育実践研究事業」中間発表』兵庫県淡路市立津名中学校.

(広岡　義之)

第8章

道徳の時間の特性と指導方法，道徳教育の評価

　新学習指導要領の中心的な改訂事項のひとつとして「道徳教育の充実」がおかれているように，現在，学校教育として行われる道徳教育には実効的な改善が求められている。それでは，改善すべきとされる道徳教育の問題点はどこにあるのだろうか。中央教育審議会答申（2008年1月17日，以下「08答申」と略記）によると，小中学校の道徳の時間の指導が形式化している，学年が上がるにつれ子どもたちが肯定的な受け止め方をしていない，といった点が問題視されている。これらの指摘からは，道徳教育の充実を図るためには，なによりもまず道徳の時間における指導方法の見直しと工夫が重要な課題であると考えられよう。そこで本章では，「道徳の時間」の特性を確認したうえで，道徳の時間で注意されるべき点と実施される指導の方法およびそれぞれの方法に関する留意点，また学校教育で道徳教育を実施する以上避けることのできない道徳教育の評価について，近年の改正教育基本法等や学習指導要領改訂の動向を踏まえつつ解説する。

1　道徳の時間の特性

（1）特設主義の道徳教育

　道徳の時間の具体的な指導方法について考察する前に，まずは道徳の時間がどのような特性を備えた教育活動であるのかを明らかにしたい。日本では現在，義務教育段階である小中学校の教育課程の中で道徳教育を行う「道徳の時間」がおかれているが，このように専門領域として授業時間を設定し，道徳教育を実施する方法を特設主義の道徳教育という。これに対して各国の学校教育を確認すると，公教育のカリキュラムの中にかならず道徳教育の時間が特設されているというわけではない。たとえばイギリスやドイツのように，道徳教育に代わるものとして宗教教育が設けられてきた国も多い。またフランスのように，道徳教育という名称は用いないが，実質的には市民道徳の教育をその内容とする公民教育が行われてきた国もある。これらの国々では宗教や市民革命の理念

第Ⅱ部　道徳教育の実際

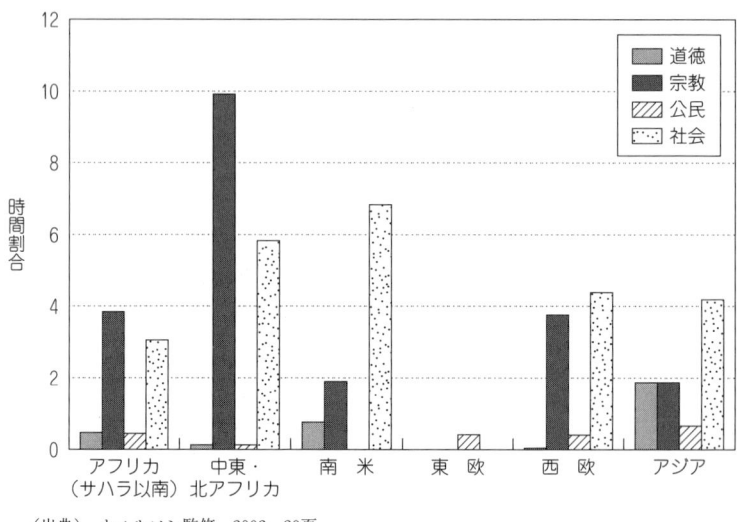

図 8-1　地域別に見た価値教育関係教科の授業時間割合

(出典)　ウィルソン監修, 2002, 20頁。

といった，伝統に裏づけられた信仰・信条の学習が道徳教育の役割を果たし，授業時間を特設してそれぞれの教育にあてている。なお宗教教育に関しては，日本においても私立の小中学校では教育課程に宗教を加えることが可能であり，道徳に代えて宗教を行うことができる，と学校教育法施行規則第50条2項に規定されている。

(2) 特設主義の特徴と全面主義

一方で道徳教育には，カリキュラムの中に時間を特設する「特設主義」とは異なり，学校教育全体での道徳教育の実施を志向する，全面主義という方法がある。全面主義は特設主義のように特定の授業時間を定めて道徳教育を行うのではなく，自然な機会をとらえて学校教育全体の中で道徳教育をするというあり方である。たとえばアメリカのように，宗教教育を公教育から排すると同時に道徳教育も排除され，それ以来全面主義の道徳教育が採用されてきたという国もある。

全面主義の長所には，児童生徒の実際の行動などをきっかけとして，適切な

表8-1 道徳の授業時間の国際比較

	道徳の授業時間数 (A)	総授業時間数 (B)	道徳の授業時間数の割合 (A/B)
小学校（第1―第6学年）	道徳の授業時間数と割合		
ドイツ（バーデン・ヴュルテンベルク州）	324	4,239	7.6%
イギリス	252	4,020	6.3%
フィンランド	228	3,876	5.9%
シンガポール	219	4,184	5.2%
韓　国	177	3,678	4.8%
日　本	**168**	**3,872**	**4.0%**
中　国	138	3,445	4.0%
フランス	89	5,094	1.7%
ドイツ（ベルリン市）	0	4,076	0.0%
イタリア	0	5,780	0.0%
インド	0	5,760	0.0%
台　湾	0	3,842	0.0%
ハンガリー	0	3,818	0.0%
カナダ（ケベック州）	0	5,076	0.0%
アメリカ（ワシントン）	0	4,966	0.0%
香　港	0	4,752	0.0%
中学校（第7―第9学年）	道徳の授業時間数と割合		
イギリス	216	2,322	9.3%
中　国	150	2,326	6.4%
カナダ（ケベック州）	160	2,700	5.6%
ドイツ（バーデン・ヴュルテンベルク州）	135	2,484	5.4%
韓　国	128	2,466	5.2%
日　本	**87**	**2,381**	**3.7%**
フィンランド	87	2,608	3.5%
ハンガリー	42	2,403	1.7%
フランス	18	2,736	0.7%
ドイツ（ベルリン市）	0	2,509	0.0%
台　湾	0	2,580	0.0%
香　港	0	2,754	0.0%

（出典）　加藤・草原，2009，139頁。

機会をとらえて行うことであったり，子どもの生活経験や具体的な例示によって行われることで，道徳の実践が重視されるという性格が挙げられる。現実に道徳的な問題に直面した状況を子どもたち自身に気づかせ，身をもって考えさせることができるため，深い理解や議論が可能となる。その半面，系統だった道徳教育を行うことは難しく，また偶発的なために機会が与えられない，ある

いは道徳的な問題に対する機会を目にしながらも即座に対応できないと時機を逸してしまう、また見過ごしてしまうとかえって逆効果になり得るといった難点もある。対する特設主義の長所は、各教科と同じように一定の授業時間を用いることができ、かつ準備した教育内容を指導できるため、年齢段階や目標に応じた計画的な道徳教育を設定することが可能、という点が挙げられる。短所としては、自然な機会をとらえての教育ではなく、準備された読み物などの資料や役割演技等を通じた教育のため、時機をとらえた教育となりにくいこと、自分自身の問題としてとらえられず他人事となってしまいがちであること、教師の人格と教育内容の間に隔たりが感じられると道徳観の形成に逆効果を与える可能性があることなどが指摘される。

　それぞれ一長一短のある道徳教育の特設主義、全面主義であるが、全面主義に比べて特設主義の方が指導面での明確な方向性を打ち出しやすいために、社会的矛盾や学齢期の青少年の非行・荒れなどが問題となり、道徳教育の強化が要望されると、その対応策として特設主義の導入が検討される場合が多い。また、すでに特設主義を導入している国家でも特設道徳のさらなる充実が図られる傾向にある。たとえばアメリカでは、青少年の麻薬汚染や銃犯罪などの問題の深刻化を受けて、1990年代からキャラクター・エデュケーション（character education, 人格教育）と呼ばれる道徳教育の実施を求める声が強くなり、実際にカリキュラムにキャラクター・エデュケーションを特設した学校も少なくない。さらに宗教教育が道徳教育を兼ねた国々でも、近年では移民の増加や信教へのかかわり方の多様化などから宗教教育が宗派を限定しないものに変えられたり、宗教教育の時間には退出を認めるといった変容がある。それに加えて、青少年の問題行動の顕在化を背景として、宗教教育を倫理科、公民教育などに変更しながら、道徳教育を推進する動きも見られる。

（3）道徳教育と道徳の時間の関係

　かつて日本の旧制学校では、特設の道徳科目「修身」が存在し、すべての教科の筆頭に定められていた。この修身科をはじめとして、学校教育の中で「徳育」の名の下に行われた道徳教育が、天皇中心主義や軍国主義の思想を子ども

第8章　道徳の時間の特性と指導方法，道徳教育の評価

図8-2　木口小平の戦死（『尋常小学修身書』）

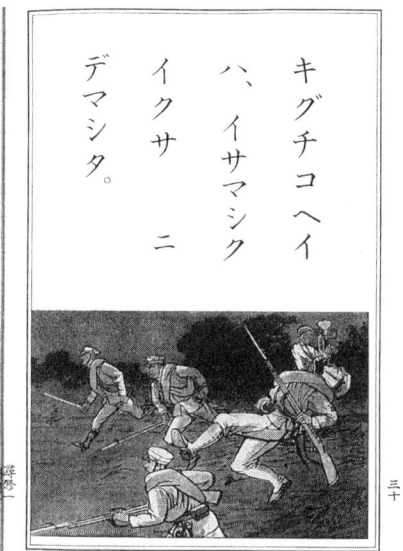

キグチコヘイ ハ、イサマシク イクサ ニ デマシタ。

テキ ノ タマ ニ アタリマシタ ガ、シンデ モ、ラッパ ヲ クチ カラ ハナシマセン デシタ。

（出典）文部省，1937，30-31頁。

に刷り込む役割を果たしたことへの反省を踏まえて，戦後しばらくの間は特設主義の道徳教育は避けられ，全面主義が採られた。

　しかし，青少年の非行や規律の乱れに対して全面主義では実効性が薄いとして道徳教育の強化が要請された結果，戦後わずか13年にしてふたたび道徳教育に特設主義が採用される。そして1958（昭和33）年に特設道徳として道徳の時間が設けられてから現在にいたるまで，日本では特設主義の道徳教育が継続されているが，青少年の問題行動が社会的に注目を集めるたびに，道徳教育を推進するうえでの道徳の時間の重要性が強調されてきた。とはいえ注意を要するのは，道徳の時間が設置された1958年以降も，一貫して学校における道徳教育は「学校の教育活動全体を通じて」行うという原則のもとにある点で，この大原則は度重なる学習指導要領の改訂によってもまったく変更されていない。それゆえ，各教科，総合的な学習の時間，特別活動といった授業時間を使用する活動のみならず，児童生徒とかかわりあう教育活動のすべてが道徳教育に関係しており，その意味では，特設主義の道徳教育を導入しているとはいえ日本の

道徳教育は，全面主義の道徳教育を基調としながら特設主義の道徳の時間を進展していると言えよう。すなわち，特設主義と全面主義は必ずしも対立的な存在，別次元の立場ではなく，道徳教育の基調として全面主義が置かれ，その中で全面主義だけでは網羅しきれない内容を計画的な指導によって補充・深化・統合するはたらきをするのが，特設主義にもとづく道徳の時間なのである。また，2008（平成20）年告示の学習指導要領では，道徳教育は「道徳の時間を要（かなめ）として学校の教育活動全体を通じて行う」という表現が新出し，道徳の時間の果たす役割の重要性がさらに強調された。

2　道徳の時間の注意点

（1）道徳の時間と教え込みの問題点

　前節では道徳の時間の性格を確認したが，ここでは特設主義という道徳の時間の特性に由来する指導上の注意点として，教え込みの問題について考察する。道徳の時間が実施されるにあたっては，学校での道徳教育の実施全体に反対という意見や，道徳教育の意義は認めるが特設主義の道徳に対しては反対，という意見が存在した。このような反対が起きた理由のひとつには，文部省が在野の意見を聞き容れず，十分に議論がされないまま上意下達式に導入が決定されたという手順の問題があった。だがもっとも強固な批判は，日本が過去に行っていた特設主義の道徳，すなわち修身科に対する反感を核としており，修身科教育の二の舞いを危惧するものであった。近年でも教育再生会議の報告などで特設道徳の教科化が提案され，今回の学習指導要領の改訂に際してその検討がなされた一方で，根強い反論があるために教科化が見送られているという現状も，道徳教育の特設主義の推進に対する反対意見の存在を浮き彫りにしている。

　道徳教育それ自体ではなく特設主義の道徳の時間への批判は，道徳教育の内容に対する批判ではなく，それ以前に特設主義の道徳教育では指導方法上に問題があるという考えから発せられている。既述のとおり修身科は大戦中の日本で児童生徒の思想を統制するはたらきを果たしており，皇国思想，軍国主義思想の浸透を目的とした教育内容の問題はいうまでもないが，それに加えて指導

方法上にも問題点があった。それは徳目主義と言われる，道徳項目の教え込み（indoctrination；教化）の問題である。

　それでは教え込みの何が問題なのか。理由としては，道徳性がもつべき自律性の無視，教授される徳目に対して批判を許さないこと，生活経験から乖離した教育内容の抽象性，被教育者を受動的におくこと，現実に道徳が問われる際に発生する葛藤状況の無視など様々に挙げられるが，ここでは本論から外れるので問題の指摘にとどめる。そのかわりに徳目主義が目指すものへの鋭い批評として，教育学者・村井実が提起した「道徳的」であることへの批判を紹介したい。村井は次のように言う。

　人々がある人を道徳的であるという場合，多くはその人の行為が，いわゆる道徳的な徳目の規準にかなっていることを意味する。人々は自らが道徳的であろうと考える場合も他の人を道徳的にしようと欲する場合も，公に認められる正直とか勤勉とか親孝行とかいった，徳目の規準に合わせることを考える。しかし，もしも道徳がそういうもので，道徳的人間がこうしたプロセスで出来上がるだけのものならば，道徳的であるということはいかに貧しく，単純でたわいないものであろうか。たとえ相手が動物でも，私たちは同じ仕方である程度までは勤勉や正直や忠実であるように作り上げられるであろう（村井，1987）。

　現在の日本で修身科と同じような内容の教育が復活するとは考えがたいが，教え込みという指導方法上の問題は修身科に限らず，特設主義の道徳教育に共通して起こりうる。とりわけ，道徳教育を強化する目的で道徳の時間が推進されると，青少年の問題行動の減少や規律が守られるといった，わかりやすい「教育の成果」が求められがちである。そこで目に見える結果を出すためには，様々な視点の提示や葛藤状況の疑似体験，議論の深化によって道徳の抱える多様性や複雑さを学ぶよりも，教え込みをする方が手っ取り早いというような，村井が言うところのたわいない「道徳的人間」の陶冶を第一とする，短絡的な道徳教育も生じかねない。

　幸い，現時点において道徳の時間に，徳目主義を前面に押し出すような記述は答申や学習指導要領およびその「解説」に認められない。しかし，今次の学習指導要領における改訂事項のひとつとして，小学校の低・中・高学年および

中学校のそれぞれに配当された道徳の指導内容の項目を，各学年で年間に一度はかならず扱うこと，また指導内容の重点の明確化が求められていることのように，指導内容のねらいや項目に対する締めつけが強くなると，道徳の時間が教え込みへと転化する可能性は増してくる。そして道徳教育のための補助教材として2002年より全国の小中学生に配布されている『心のノート』に対しては，道徳項目を体系的に教えるための徹底したマニュアルである（三宅，2003）とか，徳目主義的な道徳の授業やスローガン的な生活指導の系譜につながる（岩川・船橋，2004）といった批判も出ている。これらの指導指針や教材は教え込みを直接に示唆するものではないが，教師の指導によっては教え込みに堕してしまう誘因となる可能性は否めない。最終的には教師の指導方法によるところであるから，道徳の時間の指導が単純な教え込みに陥らないよう，不断に注意をはらうことが肝要である。

（2）「型の教育」の可能性

　前段では教え込みの問題性を指摘したが，教え込みのすべてが否定し去られるわけではない。いわゆる「躾」のような，本来は家庭教育に多くを依拠する基本的な生活習慣や行動様式の育成が，学校教育での道徳教育の一環として期待されている現況もみられるように，本来は「モラル（moral，道徳）」というよりも「マナー（manners，行儀作法）」の領域に属するこれらの習慣・行動様式や基本的な社会規範等を道徳教育で扱うのであれば，少なくとも何らかの形で教え込みが必要である。フランスの思想家 J.-J. ルソーは『エミール』において，こんにち人々が子どもに対して行っている道徳教育では，子どもと議論することが流行しているが，それは間違っているように思える，優れた教育は理性的な人間をつくり上げるが，理性によって子どもを教育しようとするのは終わりにあるものから始めることだ（ルソー，1962），と述べているが，ルソーが指摘するのは議論による道徳教育の否定や，まして教え込みによる権威的な道徳教育の単純な称揚ではなく，成長段階に応じた道徳教育の必要性である。この見解は現在の道徳教育にも通用するものではないか。すなわち，年少の児童にあっては自ら理性的に考えること，十分に理路をつけることができず，そ

れにもかかわらず完全な理性的存在として扱うと無理が生じかねない。そのために教え込みが道徳教育において有効かつ必要な場合もある，という見解である。

それでは，どのような教え込みが導入されるべきか。一例として考えられるのは「型の教育」である。教育学者の貝塚茂樹は，戦後教育は「型の教育」に対してまったく関心をはらわず，経験知により築き上げられた「型」という生き方の形式を単純な個性礼賛主義が排除してきたといい，安直な精神主義とは異なる修養としての行や静座といった，型の教育の意義を問い直している（貝塚，2003）が，抽象的な議論に拘泥しやすいという道徳教育の欠点を補う意味でも，身体的な活動をともなう「型の教育」などは肯定的な教え込みのモデルとして道徳教育の実践に一助を与えるだろう。

とはいえ，社会規範や経験知を教え込まれることで身につけるにしても，それらに合理的な説明は可能であろうし，また説明のつくものでなければ教え込みが容認されるべきではない。そして，もしも教え込まれる内容に子どもたちが疑義をはさむ機会があるならば，自己に密接にかかわる問題として受け止められたその時こそが，道徳について真剣に考えていく自然な機会として，道徳教育に生かされるべきである。

3　道徳の時間の指導方法

道徳教育，そして道徳の時間の指導には，副読本を読んだり映像資料を見てその内容をもとに児童生徒が話し合いをした後に，感想文を書いたり教師がまとめの説話をする，といった手法が一般的なイメージとして定着しているが，実際には多様な方法を用いることが可能である。しかし多様な方法といっても他の教科等と大きく異なる固有の指導方法があるわけではなく，基本的には教科教育でも用いられている指導法である。ここでは様々な指導方法のうち，『学習指導要領解説　道徳編　2008年度版』（以下「解説」と略）で取り上げられている方法を中心に解説し，適切な方法と指導の工夫を見てゆく。

(1) 読み物資料・視聴覚機器の利用

　学習指導要領では，道徳の時間で指導にあたり配慮すべき事項として「先人の伝記，自然，伝統と文化，スポーツなどを題材とし，生徒（小学校では児童）が感動を覚えるような魅力的な教材の開発や活用を通して，生徒（児童）の発達の段階や特性等を考慮した創意工夫ある指導を行うこと」（中学校第3章道徳第3の3 (3)）が挙げられ，教材の工夫が求められている。教材の提示方法としては，読み物資料の利用や視聴覚機器の利用が主となる。

　道徳の時間の教材としては，民間の教材会社の開発・刊行する副読本が多く用いられる。2003年に文部科学省の実施した「道徳教育推進状況調査」によると，小学校の81.5％，中学校の70.8％で民間の副読本が使用されている。同調査によるともっとも多く使用される教材は，文部科学省の作成した『心のノート』で，小学校の97.1％，中学校の90.4％で使用されているが，全国の学校に無償で配布されたため使えるところだけを使ってみた，という消極的な側面もあると考えられる。そのほかには都道府県や市町村教育委員会が開発・刊行した資料や映像コンテンツ（テレビ放送など）の使用が多い。

　民間の副読本は随筆や小説，詩，民話，新聞記事など，道徳をねらいとして書かれたものではない文章を多く含む構成となっているため，内容に客観性が保たれているという面で優れている。しかし，時事性や各学校レベルの地域性，児童生徒の各個人にかかわる教材といった特殊性・個別性のある題材は扱うことができないため，副読本を主要な教材として利用するにしてもそれだけに終始せず，欠けた内容を補う資料を活用する工夫が求められる。

　時事的な資料としては新聞記事等があるが，最近では即座に情報を入手できるインターネットなどの情報通信ネットワークにもとづく資料も役立てられる。ネット利用は時事的な教育内容のひとつである情報リテラシーに対応した指導方法であり，画像や音声によって具体的な形をとるために児童生徒の関心を引き，感性に訴える資料を提供し得るという，視聴覚資料の特質を柔軟に活用できるために特に重要性が増してきている。

　一方でインターネットによる資料は質の均質性や情報の確実性などの点で問題が見られる傾向があり，有効な指導方法も確立されていないため，工夫の余

資料8-1 読み物資料の例（『にんげん』）

沖縄戦──話し伝えたいこと──

戦争。それは、私にとっては、映画のなかの出来事でも、アニメの世界での話でもありません。激しい砲撃と爆撃が地形を変え、町や村が焼かれ、軍人だけでなく、婦女子をふくむ多くの民間人の死体が島じまをおおったなかで、私は、まさに九死に一生をえたのです。この沖縄での悲惨な戦争体験を忘れることはできません。

　私は、沖縄島からまだずっと遠い、小さな津堅島に生まれました。昔から、交通が不便な島の人びとにとっては、那覇や首里ははるかかなたにあるあこがれの地で、たいていの人は、そこを訪れる機会もないまま、貧しいこの島で一生を終えるのでした。わたしは十二歳でこの島を出て、首里高等女学校に入学しました。そのときのうれしさは、たとえようもないほどでしたが、それも長くは続きませんでした。

　一九四四年（昭和十九年）十月、那覇が空襲をうけました。はじめ、那覇の方に向かって、首里の上空を飛んでいく何十機もの飛行機を見たときには、てっきり日本の飛行機だと思って、人びとは、さかんに手をふりました。敵の飛行機が、この沖縄の地にまで爆撃に来るほどに、戦況が悪くなっているとは夢にも思わなかったのです。

　そして、同月、首里も空襲にあいました。何十機もの敵機が、低空から爆弾を投下してくるなかを、一目散に学校の防空壕に向かって走りました。やっとたどり着いた壕の前に先生が立っていて、「ここには、御真影がまつられている。入ってはいけません」と言って、壕のなかに入れてくれません。逃げ場を失った私たちは、上空の飛行機に見つからないようにしながら、下宿にもどりました。

　このような空襲が何度かくり返されるうちに、とうとう艦砲射撃を受けるようになり、とても首里にとどまることはできなくなりました。そこで、下宿の人たちといっしょに、本土に近い沖縄の北部に向かって逃げましたが、たどり着いたときには、手足がはれあがっていました。

（出典）　解放教育研究所編『にんげん　中学生』明治図書出版，1996，82頁。

地が残されている。新たに情報モラルに関する指導も道徳の時間で扱われる内容の一つに盛り込まれているので、その点にも配慮したうえで活用することが望ましい。他の視聴覚資料としてはテレビやVTR，DVD，ラジオや録音テープ，映画，OHPシート，写真，紙芝居，標本，模型などがある。

　地域性を反映した教材としては、学校のある地域の文化やできごとに取材し

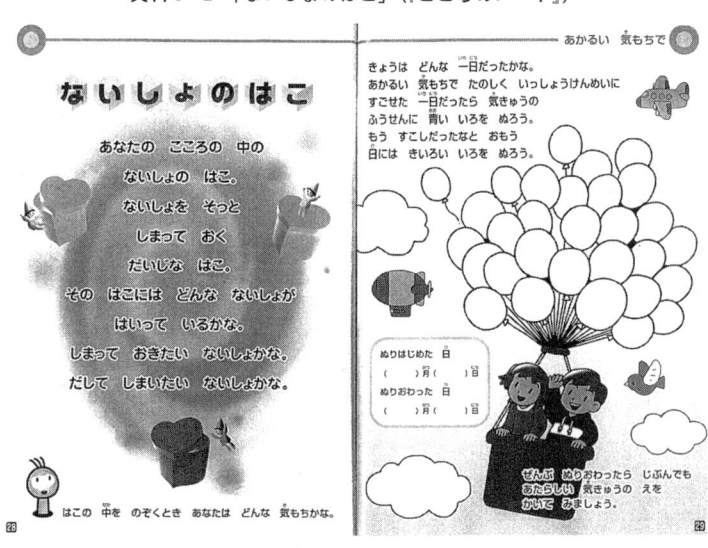

資料8-2 「ないしょのはこ」(『こころのノート』)

ないしょのはこ

あなたの こころの 中の
ないしょの はこ。
ないしょを そっと
しまって おく
だいじな はこ。
その はこには どんな ないしょが
はいって いるかな。
しまって おきたい ないしょかな。
だして しまいたい ないしょかな。

はこの 中を のぞくとき あなたは どんな 気もちかな。

あかるい 気もちで

きょうは どんな 一日だったかな。
あかるい 気もちで たのしく いっしょうけんめいに
すごせた 一日だったら 気きゅうの
ふうせんに 青い いろを ぬろう。
もう すこしだったなと おもう
日には きいろい いろを ぬろう。

ぬりはじめた 日
（　）月（　）日
ぬりおわった 日
（　）月（　）日

ぜんぶ ぬりおわったら じぶんでも
あたらしい 気きゅうの えを
かいて みましょう。

（出典）文部科学省『こころのノート　小学校1・2年』28-29頁。

た郷土資料を用いたり，地域の人々を招いて「生きた教材」としてその話を聞く，地域の人からの資料提供を生かすといった方法がある。それらにより各学校で特色ある道徳教育の展開がなされると期待される。

　児童生徒の各個人にかかわる教材としては，出産や子の成長の過程を眺める中で親として感じたこと，苦労や期待，思い出に残るエピソードなどを保護者から，それぞれの子どもに宛てて記した手紙などが用いられる。

　なお「解説」では，道徳の時間に用いられる教材を選択するにあたって，以下の点を満たしていることが要件として示されている。

・人間尊重の精神にかなうもの
・ねらいを達成するのにふさわしいもの
・児童生徒の興味や関心，発達の段階に応じたもの
・多様な価値観が引き出され深く考えることができるもの
・特定の価値観に偏しない中立的なもの

　これらの点を踏まえて教材を選定するが，優れた教材を提示することがすべてではなく，教師自身が教材を十分に研究準備し，その資料を効果的に利用で

きることがなによりも重要である。

　読み物資料や視聴覚資料は授業内容の基調となる話題を提供したり，議論をする上での題材として扱われるため，授業の導入に用いられることが多い。また学校や日常の経験における具体的な出来事をもとに話合いをすすめていく際に，より議論を深める新たな視点を提供するため，授業の展開時に用いることもある。一般に道徳の時間では一単位時間にひとつの教材を用い，主題を完結する形式をとることが多いが，複数時間にわたって主題を深めたり，他の教育活動や教科と共通した教材・主題を用いて，別の視点から学習を深めるといった方法も可能である。資料の特質に応じて用い方を考え，教材の形態や提示の手順などに変化を加えることでマンネリ化を避ける工夫が大切である。

（2）話合い

　読み物資料を読む，映像資料を見るなどした後で行う話合いは，道徳の時間の指導でもっとも広く用いられている方法である。話合いには学級全体での自由な話合いのほかに，シンポジウム（数名が各自の立場で意見を発表し，質疑応答を行う），ディベート（肯定・否定の対立する立場に分かれて討論する），パネルディスカッション（代表者が聴衆の前で議論し，その後全員で討議を行う），バズ・セッション（少人数のグループに分かれて討議する），問答法（教師と児童生徒あるいは児童生徒同士の間で，普通一対一で質問と応答をする）などの形態がある。

　話合いの特質としては，学習に積極的に参加する状況が作られる，自分とは異なる感じ方・考え方に接して考えが深まる，お互いの存在を認めあうことで集団により良い関係が築かれる，といった点が指摘される。また自由な話合いには，学習課題について共通の理解が可能となる，学級の中で協力して学習をすすめる雰囲気を醸成するのに役立つといった利点もある。そしてシンポジウム，ディベート，バズ・セッションなどの討議法は，それぞれ集団の分割形態や代表者の抽出など手法の点で違いがあり，リーダーシップを担うことで責任をもって発言する，あるいは小集団の気安さでうちとけて発言するなど，方法論としては異なっているが，教師に従属して受動的に学習するのではなく，児童生徒が自発的に議論にかかわる状況が作られるという点では共通した意義が

ある。

　話合いの展開は，リーダーシップを発揮する児童生徒がいるかいないかで大きく異なる。また一部の生徒が発言を独占する，逆に活発な発言がない，といった状況が生まれることもあり，学級の雰囲気や成員の参加態度に左右されやすい。そのため，自由に発言できるような親密な雰囲気を形成することが，活発な話合いを実現するためのもっとも重要な前提である。討議の論題には児童生徒の年齢や関心，学習段階などに応じて，理解や判断はできるがわかりきった問題でもない，という適切な題材を選び，話合いの停滞や脱線が生じた際には教師が発問することで，議論の方向を修正し再び考えるきっかけを与えることが求められる。児童生徒の個性と，集団になることで生じる人間関係の力学を考慮しながら，複数の方法を用いてすべての子どもが活発にかかわり，それぞれの考えが深められる場を設けられるよう工夫することが必要である。

　新学習指導要領では教育活動全体での言語活動の充実が求められているが，08答申では言語の役割を，知的活動の基盤とコミュニケーションや感性・感情の基盤という2通りに分割し，それぞれの役割を学校教育の中で育てることが強調されている。道徳の時間では特に後者の，コミュニケーションや感性・感情の基盤を築くことに重点がおかれ，「討論・討議などにより意見の異なる人を説得したり，協同的に議論して集団としての意見をまとめたりする」(08答申)などの活動が例示される。このように，話合い活動は言語表現やコミュニケーションの取り方の実践的な訓練として，言語能力の充実という側面からも期待される指導方法である。

(3) 教師の説話

　教師があるまとまりをもった内容を，児童生徒に話して聞かせる指導方法が説話である。講義や講話なども説話の一種と考えられる。学習指導の過程で言えば授業の後段や終末で用いられることが多く，1時間のまとめをつけたり，学習の主題を理解しやすくしたりするうえで効果的に活用される。説話の特質としては，話題を広く多方面に求めることができる，短時間であっても豊富な内容を提示できる，教師自身の体験談や願い，感銘を受けた話などにもとづく

説話は児童生徒の心情に訴えかけ,深い印象を与えることができる,といった諸点が挙げられる。

　説話はその特質から大きな効果が期待できるが,問答や話合いのように応答を求めたり,お互いに対話するような自発性が求められる活動に比べると児童生徒を受動的な立場におくことになるため,あまり説話の時間を多くとると一方的な押しつけとなりやすい。そのため,説話をする時間は短く限るように心がけ,できるかぎり教訓的な結論は与えず,児童生徒が主体的に判断できるようにして「お説教」や徳目の教え込みにならないよう,注意が必要である。そして,説話には教師の人間性が強くにじみ出るものであるから,話術の巧拙以上に偽りのない心からの真情で語りかけることがなによりも重要である。また話題の選択にあっても,教師自身が共感し,感動を覚えた事がらを伝えるようにしたい。

(4) 動作化,役割演技等の表現活動

　道徳の時間で児童生徒によって行われる劇化,役割演技(role play,しばしばロールプレイングと称される),動作化といった体験的な表現活動は動作をともなう身体的な活動で,具体的に学習課題にかかわるため,創造的かつ積極的な指導方法である。

　劇化は脚本にしたがって演じる方法で,特に自らの演じる登場人物について深く理解することができる。そのため,配役を交代してそれぞれの人物の気持ちを理解できるように促されることもある。これに対して役割演技は脚本のない即興的な演技で,場面と役割といった状況設定のみがなされ,演者それぞれが役割を自由に演じ展開していく。

　役割演技には,資料で取り上げられた場面や身近な生活場面を再現し疑似体験する,社会的な問題や日常に遭遇する道徳的な問題を取り上げて演じる,個人的な問題を取り上げて自発的に演じる,といった方法がある。いずれの方法でも児童生徒が表現活動に参加することで,心理的な葛藤をもたらす場面に遭遇し,先入観や自己の立場から解放された新たな視点で問題を具体的に受け止め,自らを取り巻く状況を見直すきっかけとなることが期待される。

また，役割演技を導入するうえでの問題としては，小学校中学年くらいまでの児童は抵抗なくそれぞれの役割になりきって演じるが，高学年以上の年齢になると演技することを恥ずかしがり，積極的に表現することを嫌がる子どもが増えるという状況がある。そのため，面をつけて表情をかくす，全員に役割を割り当てて同時に参加させるなど，心理的抵抗をなるべく軽減するような工夫が求められる。

そして表現活動に限らず資料の読み込みにしても，主題となる道徳的な課題や葛藤状況を自分の身に引き寄せて考えなくては本質的な理解はできない。新学習指導要領では体験的な学習の推進が盛り込まれ，役割演技などの擬似的な体験活動もそのうちのひとつとされるが，たとえ体験的な学習であっても思考を差し挟まず「ひとごと」として演じているだけでは，読書をする際に内容を理解せずに文字を音声に変換する状態と似て，単に形式をなぞるだけで終わってしまう。それゆえ，教師はただ技術的に体験活動を行うだけでなく，その課題が児童生徒自身にとってどうかかわるかを冷静に思考し判断させる，そして切実な問いとして感受できるよう心情に訴える，という客観的判断と主観的感情の両面からのアプローチで問題に直面させることが望ましい。そのためには事前の周到な準備と，それぞれの方法を展開する中での適切な助言が必要である。

4　道徳教育における評価

（1）児童生徒の道徳性に関する評価

学習指導要領・総則では，「生徒（小学校では児童）のよい点や進歩の状況などを積極的に評価するとともに，指導の過程や成果を評価し，指導の改善を行い学習意欲の向上に生かすようにすること」（中学校第1章総則第4の2（12））と記され，学習評価の基準として肯定的な評価を中心にすえること，また指導の改善や学習意欲の向上に目的をおくことが示されている。

ここで示された評価基準とその目的はすべての教育活動・学習領域に共通するが，他の各教科等と道徳教育とで大きく異なる点は「道徳の時間に関して数

値などによる評価は行わない」(第3章道徳第3の5)ことである。つまり,各教科と同じように単位時間を利用して行う道徳の時間であっても,評価に関しては各教科の評価と異なり,指導要録や通信簿に記されるような数値化された学績評価は行わないということである。このような措置が採られる理由は,道徳の時間を要とする道徳教育を通じて成長が期待される「道徳性」が,人格の全体にかかわるものであり,不用意に数値などによる評価を行うことは適切でないという配慮による。とはいえ総則で示されたように,評価は指導を発展的に行うための資料として重要な役割を担っているわけであるから,確かな児童生徒理解を行い,指導の前後を通じて児童生徒の実態を把握するようつとめることが重要である。

　道徳教育における評価の方法としては,観察,面接,質問紙,作文やノートの利用,投影法,事例研究など,一般的な教科にも共通するものが多い。人格にかかわることであるから,それぞれの方法の特徴を生かし,複数の方法を併用して,特に慎重に評価する必要がある。評価の観点としては,「解説」によると,「道徳的心情,道徳的判断力,道徳的実践意欲と態度及び道徳的習慣について分析することが多い」とされる。このような項目別の要素に道徳性を分解することは,本来は全体的なものであるという人格理解と相容れないものであるが,指導上の便宜を考えて分類がなされている。

(2) 道徳の時間の指導に関する評価

　道徳教育におけるもうひとつの評価は,道徳の時間の指導に関しての評価であり,教師自身による反省的な自己評価である。意図的・計画的に組織した指導の計画(全体計画や年間指導計画)や方法(資料の選出,採用した指導方法,指導過程)が適切であったか,目標やねらいがどの程度達成できたか,指導の効果は十分にあったかなど,自らの行った学習指導を振り返って評価する。また自分自身で評価するだけでなく,学習をどう受け取ったか感想を聞くこと等により,児童生徒からの指導の評価も参考になる。そして道徳の時間に授業参観を行った際には保護者や地域の方から感想を聞くことも,違った視点からの評価として参考になる。また,他の教職員からの評価は同じ指導者の観点から指摘

を受けることであり，指導力の向上を図るうえで欠かせないものである。特に今次の学習指導要領改訂で新たに位置づけられた「道徳教育推進教師」や力量のあるベテラン教師などから評価を受け，指導の工夫や配慮すべき点などを学び取り，指導の改善に生かすことが望まれる。

参考文献

岩川直樹・船橋一男編著（2004）『「心のノート」の方へは行かない』子どもの未来社.
ウィルソン監修，押谷由夫・伴恒信編訳（2002）『世界の道徳教育』玉川大学出版部.
小笠原道雄編著（1985）『道徳教育の理論と実践』福村出版.
押谷由夫・小寺正一編著（2008）『小学校学習指導要領の解説と展開　道徳編』教育出版.
貝塚茂樹（2003）『戦後教育のなかの道徳・宗教』文化書房博文社.
加藤尚武・草原克豪編著（2009）『「徳」の教育論』芙蓉書房出版.
小寺正一・藤永芳純（2001）『新版　道徳教育を学ぶ人のために』世界思想社.
高階玲治編（2008）『中教審「学習指導要領の改善」答申』教育開発研究所.
徳永正直ほか編（2003）『道徳教育論　対話による対話への教育』ナカニシヤ出版.
三宅晶子（2003）『「心のノート」を考える』岩波ブックレット.
村井実（1987）『道徳は教えられるか・道徳教育の論理』小学館.
村田昇編著（2003）『道徳の指導法』玉川大学出版部.
文部科学省（2008）『小学校学習指導要領解説　道徳編』.
文部科学省（2008）『中学校学習指導要領解説　道徳編』.
文部省（1937）『尋常小学修身書　巻一』.
矢島羊吉ほか編（1991）『道徳教育の研究　改訂版』福村出版.
山﨑英則・西村正登編著（2001）『道徳と心の教育』ミネルヴァ書房.
ルソー，今野一雄訳（1962）『エミール（上）』岩波書店.

（塩見　剛一）

第9章

道徳の指導案の実際——小学校

　この章では，小学校における道徳の指導案の実際について考察する。
　小学校の児童は6年間の教育期間の中で心身ともに著しい成長発達を遂げる。その際，彼らを取り巻く現代社会の特徴や彼らの個性，能力，素質や心身の成長発達状況を的確に把握した上で，どのような道徳教育を，年間を通じて行ってゆくことが可能か，また，魅力的な道徳資料にはどのようなものが存在するかについて考察しなければならない。

1　道徳時間の進め方（小学校の場合）

（1）小学校道徳教育の実際

　児童を取り巻く環境は大きく変化しており，児童の道徳的発達を阻害し教育上懸念すべき問題点が数多く存在し，学校教育においても，道徳教育のみならず様々な対処が求められている。文部科学省によれば，学校教育における道徳教育では特に考慮すべき問題点として以下の4つの事柄が挙げられる。

　① 社会全体のモラルが低下。
　　・社会全体や他人のことを考えず，専ら個人の利害損得を優先させる。
　　・他者への責任転嫁など，責任感が欠如している。
　　・物や金銭等の物質的な価値や快楽が優先される。
　　・夢や目標に向けた努力，特に社会をよりよくしていこうとする真摯な努力が軽視される。
　　・じっくりと取り組むことなどゆとりの大切さを忘れ，目先の利便性や効率性を重視する。
　② 家庭や地域社会の教育能力が低下
　　・大人が自信をもって子どもに伝え教えることを躊躇する傾向が見られる。

・兄弟姉妹間の切磋琢磨の機会減少
・親による過保護の傾向や過度な子どもへの期待
・子どもの基本的な生活習慣が確立できていない
・自制心や規範意識が醸成できていない
・生活の自立や社会的自立が確立されていない
・共同体意識の弱体化
③ 社会体験，自然体験の不足
・自然体験や社会体験，地域社会の人や異年齢の子との交流の機会の不足
④ 社会の変化に伴う様々な課題
・少子高齢化，情報化，国際化，環境問題，産業構造の変化，雇用環境の変化など
・インターネットや携帯電話等のコミュニケーション技術が進展する中で，課題的側面も指摘

　ここではすでに各学校における道徳の指導方針が明確化され，道徳の年間指導計画が作成され，学級における指導計画や道徳教育の推進体制が確立されたものと仮定して話を進める。
　まず，上記の子どもを取り巻く環境の特徴，家庭や学校，地域社会での問題点を把握・考慮した上で，取り上げる内容項目の必然的理由，ねらいの焦点化を図る。同じく学習指導要領の内容項目について理解を深め，どの内容項目を取り上げるかを決定する。その際，手だては多様に考えられるが，資料を活用する場合，取り上げる内容は，学習指導要領における道徳の内容項目にふさわしい資料を探すことから始めることが前提である。
　続いて，内容項目にふさわしい授業計画を立案し道徳資料の選定に入る。多様な道徳資料の中からどの道徳資料を選択し，どのような手だてによってその内容が児童にとって一番効果的に理解され，また理路整然と展開していくか，また授業内容に矛盾がないかを検討する。
　以下では低学年，中学年，高学年の発達段階の違いに応じて，具体的な道徳

資料を掲載し，実際どのような道徳の授業が可能かを検討する。道徳資料の種類としては別章においてすでに説明されているため，具体的には述べない。また市販の道徳資料集や創作の資料などがインターネット等においても閲覧可能であるが，細部について課題を含むものも見られるため，慎重に検討し，どのような内容にふさわしい資料であるのかを検討する必要がある。また内容がふさわしい資料であっても，子どもたちに考えさせるのに適応しない資料も見られるため，慎重に選択し授業に備え，子どもたちに訴えかけるような豊かな授業を創造してゆく必要がある。

（2）学習指導案の内容とその作成について

　学習指導案は，「主題のねらいを達成するために，児童がどのように学んでいくのかを十分に考慮し，何を，どのような順序，方法で指導し，評価し，さらに指導に生かすのかなど，学習指導の構想を一定の形式に表現したもの」である。学習指導案には一般に以下の項目が踏まえられる。

① 主題名	年間指導計画における主題名を記述
② ねらいと資料	上記を踏まえてねらいを記述し，資料名を記述
③ 主題設定の理由	(1) ねらいや指導内容についての教師の考え方 (2) それと関連する児童の実態と教師の願い (3) 使用する資料の特質や取り上げた意図及び児童の実態とかかわらせた指導の方策
④ 学習指導過程	道徳的価値について，教師の指導と学習者の予想される手順，導入，展開，終末の各段階に区分 教師の活動，児童の活動，主な発問と予想される児童の発言，心の動き，指導上の留意点や配慮事項，支援の観点，指導の方法，評価の観点などを時系列に記述
⑤ 他の教育活動などとの関連	関連ある教育活動や体験活動，日常生活との関連に言及，事前事後の各指導の工夫
⑥ その他	評価の観点，資料分析，板書，場の設営，個別指導との関連，家庭や地域社会との連携，校長や教頭などの参加，他の教師との協力的な指導，保護者や地域の人々の参加や協力，本時案の全体計画内での位置など

資料9-1 学習指導案様式の例

学 習 指 導 案

| 平成　年　月　日（　）曜日　　（　）時間目　＿＿＿＿教室 | 指導教諭 | |
| | 模擬授業者 | |

テーマ		児童・生徒観	
要　旨			
本時案	内容項目：第　-第　学年（　-　）		

指導過程	学習内容	時間	学習活動　児童・生徒の学習活動	教師の指導　指導上の留意点	備　考
導　入					
展　開					
まとめと次時の予告					
評価の観点					

（3）指導上の工夫，配慮事項について

　道徳の時間に生かす指導方法上の工夫については，文部科学省編の『小学校学習指導要領解説　道徳編　平成20年8月』(文部科学省，2008年) に詳しい。その中で指導に際して，教師自らが多様な指導方法を理解し，身につけておくとともに，指導に際して，児童による学習がより効果的に生み出されるよう，児童の発達段階を踏まえ，指導方法を生かしていくことが重要であると述べられている。

　指導方法の工夫として上記解説においては7つの工夫が提示されている。

① 資料を提示する工夫

　　読み聞かせ，紙芝居，影絵，人形やペープサート，ビデオ

② 発問の工夫

　　流れに沿った発問，考える必然性や切実感のある発問，自由な思考を促す発問，中心的発問，前後の発問，問題提起

③ 話合いの工夫

　　まとめる・比較する話し合いの活動，討論形式，グループやペアーによる話合い，座席の移動による話合い

④ 書く活動の工夫

　　思考を深化させたり整理させるための書く活動，一冊のノートなどの活用

⑤ 表現活動の工夫

　　演技させること，真似による表現，追体験，実験，観察，調査

⑥ 板書を生かす工夫

　　内容，順序，構造の提示・補足・補強，順接的板書，対比的，構造的に示す工夫，創造的板書

⑦ 説話の工夫

　　教師の体験や願い，日常の生活問題，新聞，雑誌，テレビなどの問題

　以上の工夫すべき観点を生かし，以下では代表的な道徳資料を通してどのような道徳の時間が展開できるかを検討する。

　今回取り上げる道徳資料は，教師児童のいずれにもなじみのある資料である。

2 道徳資料の検討

(1) 低学年(第1学年及び第2学年)の場合

道徳資料「まどガラスとさかな」
内容項目1—(3)「よいことと悪いことの区別をし,よいと思うことを進んで行う。」
同1—(4)「うそをついたりごまかしをしたりしないで,素直に伸び伸びと生活する。」

ここでは「まどガラスとさかな」を用いて,検討してみる。
あらすじは以下の通りである。

　主人公の千一郎は友人の文助と住宅街でキャッチボールをしていた。しかし千一郎の投げたボールが文助の頭上を越えて,とある家の窓ガラスに当たりわれてしまう。このとき文助は「にげろ」と叫び千一郎も(にげちゃいけない。あやまらなきゃいけない。)と思いつつも,逃げてしまった。
　次の日の朝,学校にいく途中,遠回りをしてその家の前を通ってみるとそのガラスはわれていた。千一郎はためらいます。次の日もやはり気になり,遠回りをしてその家の前を通ります。今度は紙に「ガラスをわったのはだれだ?」と書いていました。「ぼくです」と心中で思いながらやはり駆けだしてしまいます。
　その日の夕方のことです。千一郎は自宅で宿題をしていました。その時,お母さんが台所で「あら　どこかのねこがおさかなをさらっていったわ」と叫びました。夕飯をすませると,近所のおねえさんが訪ねて来,「あのう,おたくで,もしやねこにさかなをとられませんでしたか」と言うではありませんか。お母さんは「ええ」と答えます。おねえさんは,一軒一軒聞いて回っていたのでした。おねえさんは丁寧にお詫びをして,大きなあじのひものを二枚差し出しました。そのとき,千一郎は,あじの大きな目で見つめられたように思って,はっとします。
　次の日は休日でした。千一郎は朝起きると,真っ先に,先日よその家の窓ガラスをわったことをお母さんに話しました。そしてお母さんと一緒におわびにいくことになります。窓にはもう新しいガラスがはまっていました。お母さんはガラスのお金を差し出しましたが,その家のおじさんはお金を受け取らず,「いや,ガラス代なんかはいりませんよ。わたしは,しょうじきな子どもの来るのを楽しみに待って

いました。」と言って，千一郎にボールを返すのでした。

　本資料（本来は3年生を対象とする資料である）をどのように小学生（この場合，低学年）に展開して道徳の授業を進めてゆくかを以下では検討してみよう。この資料は，内容の展開によって，起承転結，事件の当日→次の日→翌々日→翌々日の夕方→4日目の朝という具合に時系列でまとめてゆくことができる。
　進行の形式は，①朗読による理解（教師による朗読，児童の輪読による朗読など），話の筋道や主人公，周りを取り巻く人々の心情や行動を②板書によって理解させる，合理的にしかも興味深く話を展開し，確認するために③掲示物の利用による理解も可能である（画用紙に概要を示したり，指導上重要な発言内容を示したマグネット付きの掲示物などを活用）。内容が複雑であれば発問によって内容を確認したり，場合によっては意外な意見を出させるため多様な発問を試みると教室の雰囲気が変わって柔軟な発想に満ちた展開も可能である。さらにはOHPやパワーポイントなどの情報機器の活用などが考えられる。
　「まどガラスとさかな」の構図
　（1）事件の当日：起の部分（問題の発生，千一郎がキャッチボール中にガラスをわる。だが彼はにげる），道徳的葛藤のはじまり
　（2）翌日：承の部分　回り道をする中で，良心と現実との葛藤が深化してゆく
　（3）翌々日：さらに葛藤が強化される
　（4）翌々日の夕方：転の部分　ねこの事件の発生，回心のきっかけ
　（5）3日目：結の部分　ガラスをわったことを母親に話す，行動として謝罪するために被害者宅へ出かける
　この資料において，主人公の千一郎の心情と行動に着目した場合，どのような心情の変化と行動のあり方があるのかをまずは見ておかねばならない。注意すべき点として以下の点が挙げられる。この資料は児童が千一郎と同様の状況におかれた場合，どのような心情となるのか，あるいはどのような行動を取るべきなのかを主題としているため，たとえばおじさんの言動や行動，おかあさんの行動などの心情や行動を授業の主題として取り上げることは控えたい。ま

た千一郎が母親に訴えるのが遅く，改善すべき点も見られる（内的葛藤の期間が長すぎ，改める時機を失しているとも読める）。

　横山利弘（2007a）は，道徳の授業は「『山』で学ぶ」とし，「アポリア」の道徳上の意義を認めて，登場人物の道徳的変化という「山」がある代表的資料として，この「まどガラスとさかな」を挙げている。そして千一郎が道徳的に変化した箇所として「はっとした」という上記の（4）と上記の（5）の間においてであると指摘している。さらになにゆえのジレンマであるのかを考えさせずして，この資料は生きてこない（アポリアはない）と指摘している。また横山は，動作を修飾する「副詞」に注目させ，心情を読みとるコツを指摘している。

第 9 章　道徳の指導案の実際──小学校

資料 9-2　道徳学習指導案の例（「まどガラスとさかな」）

道徳学習指導案

指導者：○○　○○

1. **日時・場所**　平成○年12月1日（月）11：30—12：15　場所　2—1
2. **学級**　第2学年　1組　（34名）
   児童観：集団生活に慣れ，多くの児童が学校生活を楽しんでいる。
3. **要旨**　道徳資料「まどガラスとさかな」（本来は3年を対象とする資料である）を活用して，①自分の為した過ちについてはごまかすことなく正直に謝り，のびのびと生活することの意味を理解させる。
4. **本時案**　1時間で完結。
5. **主題名**　1-2年内容項目1—(3)「よいことと悪いことの区別をし，よいと思うことを進んで行う。」
   1-2年内容項目1—(4)「うそをついたりごまかしたりしないで，素直に伸び伸びと生活をする。」
6. **ねらい**　子どもは学校や家庭，地域社会での各活動の中において様々な事柄を経験する。小学校1-2年では学校や社会での生活の機会が増加し，自己主張の機会が多くなる中で，他方では正直な（よい）対応が求められる機会が多くなる。また本音と建て前の使い分けも可能となりはじめる。そのような段階の中，自らに非がある場合や相手に迷惑をかけた場合など過ちのある場合には自らの非を認めた（区別した）上で改め，相手に正直に自分の行ったことを勇気をもって謝罪することが必要である（これは3-4年の内容項目とも関連する接続した内容でもある）。この資料を通じて，以上の点を考察させ，実際の問題場面に直面した場合の参考とさせたい。
7. **資料**　奈街三郎「まどガラスとさかな」（出典：横山利弘，『道徳教育，画餅からの脱却』，暁教育図書より）
8. **主題設定の理由**
   ○よいことと悪いことの区別をしっかりし，よいと思うことを素直に認め，行動として謝罪という態度を取るところに意義があるため。
   ○悪いことを改めることや謝罪することは困難を伴うが，社会生活を営む上で必要であり，謝罪することの勇気を持つこととそれの難しさが人間には存在するため。

第Ⅱ部　道徳教育の実際

9　指導過程

過程／(時間)	学習内容	教師の指導内容	児童の学習活動	備考
導入（10分）	既知の経験を想起させる。 資料の解釈に入る。	①「今まで，誤ったことをしたけれども正直になれなかったこと」を各自想起させてみる。 ② 資料の読みに入る。 ③ 読んだ後，場面の数を児童とともに考察してゆく。 ④ この資料は，起承転結の形を取っているため，その起承転結をまず考察させる。	混乱を招く恐れがあるため，あえて指名はしない。 2つから3つの具体例を紹介して考えさせる。「兄弟げんかで弟のおやつを多くとってしまって誤らずそのままだった」「好きな遊びで友達の順番を守らず，自分の順番として楽しんだ」など。	・起承転結の意味を具体的に説きながら，資料の構造化を時系列的に試みる。 ・資料中の感情と行動の相違に注意する。
展開（25分）		⑤ 主人公千一郎の行動を追う。 ① 初日：事実「ガラスを割った」行動「逃げた」心情「逃げてはいけない」 ② 2日目朝：行動「目をそらした」心情「ポカンと穴が開いたような気持ち」 ③ 3日目朝：行動「かけ出した」心情「ボクです。」 ④ 3日目夕方：行動「お姉さんを見た」心情「はっとした」 ⑤ 4日目朝：行動「お母さんに話した。お詫びに行った」心情：「○○」	子どもたちになじみのある出来事（遊び）からの問題の発生→どのような場合においても自分の過失はありうることを簡単に理解させる。 2日目朝 →正直に謝罪することの困難さ，またそれを乗り越えられない千一郎の弱さに気づかさせる。（→人の弱い部分） 類似した事例から学ぶことの意味（→年長者や親しい人の行動や態度から学ぶことができることに気づかさせる） 行動にでる勇気，正しいことを行う勇	資料内の「動詞」に注意し，特に「副詞」にも注意しながら，展開する。 補助発問「なぜ目をそらしたのですか」 補助発問「なぜかけ出したのですか」 中心発問「千一郎は，なぜ「はっとした」のですか」

			気をもつことの大切さを理解させる。	
まとめ（10分）	日常生活において過ちを経験することは決して珍しくない。だが，そこでどのような次の行動を取ることができるかが問題である。	行動のパターン ① 人々の理想・手本となる行動 ② 誤った行動，改めるべき行動，場合によっては謝罪すべき行動 ③ 特に問題とならない行動	本時では②を問題とすることを簡単に図式で説明する。千一郎の場合，他のお宅のガラスを割ってしまったという，他に迷惑をかけた，素直に謝罪すべき点であったことを再度確認する。 だが，正直な自分を表現することは難しいことも確認する。 しかし，「過ちは素直に改め」ることを再確認する。	各自に問いかけるように展開する。個別の事例など取り上げてもよいが，個人が特定される場合や集団のまえで展開することや授業内容として好ましくない場合も考えられるため，配慮しながら展開する。

10 評　　価

以下の観点を評価の対象とする。

ここでの中心問題は「よいことと悪いこと」の区別をし，「よいと思うことを進んで行う」ことが主題である。この場合，主人公が過ち（悪さ）に気づくという前提と，それを認め迷惑をかけた相手に素直に謝る（行動する）ことの二つの課題から成り立つ。千一郎の場合，過ちには即座に気づいているが改める行動がしばらく伴わなかった。行動となって謝罪にまで至る点を自覚させることが重要である。資料からジレンマを抱く心情の推移と最終的な行動に至るまでのあり方を理解できているかが評価のポイントとなる。

① 子どもは元気な存在である。しかし何でも気ままな仕方で自由になしてよいことを意味はしない。逆にこの資料からあまりにも子どもの心を縛ることのないよう配慮もしなければならない。人間としてのよいことと悪いことを区別し，よいと思うことを進んで行うことができるか，特に千一郎の場合，どの点が弱い（課題的）部分で，また評価すべき（よい）点であるかを，それぞれ理解できるかが評価の対象とする。

② 時系列の流れの中で千一郎は，問題の発生から解決に至るまで心の中の葛藤を抱いている。その葛藤は人であれば誰もが抱くものである。その心の葛藤の大まかな枠組みを理解できているか。

第Ⅱ部　道徳教育の実際

（2）中学年（第3学年及び第4学年）の場合

道徳資料『蜘蛛の糸』
内容項目　2―(2)「相手のことを思いやり，進んで親切にする」

　この作品は芥川龍之介の代表作の一つであり，我々になじみ深い作品である。しかし『蜘蛛の糸』では何が道徳的テーマとなりどの点が考察の対象となるのかをめぐっては多くの議論が存在する。それだけに，小学校中学年の児童にとってこの資料は，様々な解釈可能性を提示しうる資料となると思われる。
　芥川龍之介『蜘蛛の糸』のあらすじは，以下の通り。

　　ある日のこと。お釈迦様は極楽の蓮池の周辺をお歩きになっていました。
　　水面の蓮の葉の間をふとご覧になりました。ちょうど極楽の蓮池の下は地獄の底に当たります。
　　すると，カンダタという男が，ほかの罪人と一緒にうごめいている姿をお認めになりました。このカンダタは，人を殺したり家に火を付けたりいろいろ悪事を働いたことのある大泥棒でしたが，たった一つ善い事をしたことがありました。かつて道端を這う小さな蜘蛛を踏み殺そうとしましたが，「いや，いや，これも小さいながら，命あるものに違いない。その命を無闇にとるという事は，いくらなんでも可哀想だ」と思いとどまり，助けてやったことがあったのでした。
　　お釈迦様はカンダタが蜘蛛を助けたことがあるのを思い出しました。善い事をした報いにはこの男を地獄から救い出してやろうと考えました。ちょうど，側を見ますと蓮の葉の上に極楽の蜘蛛が一匹，糸をかけています。お釈迦様はその蜘蛛を手にとって，蓮の間から遙かかなたの地獄の底へとおろしました。
　　地獄の底の血の池では，真っ暗でぼんやり針の山などが見受けられる中に，他の罪人とともに浮いたり沈んだりしているカンダタがいます。非常に心細く，かすかな嘆息のみが聞こえます。もはやこの地にまで落ちる者はこれまでの様々な責苦に疲れ果てて鳴き声を出す力もなくなった者ばかりです。
　　ところがある時のことです。カンダタが何気なく上を見上げてみますと，かすかに銀色の蜘蛛の糸が一筋するすると自分の上に垂れて来るではありませんか。これを見るとカンダタは思わず手を拍って喜びました。この糸にすがりついて行けば，きっと地獄から抜け出せるに違いありません。
　　こう思って早速カンダタは，一生懸命上へと登り始めました。
　　しかし，地獄と極楽との間は，何万里とありますから，しばらく登る内に疲れは

じめ，もはや一たぐりも登ることができなくなりました。そこでふと下方を見下ろしました。

　すると，今まで登ってきた甲斐もあって，血の池は遙か下方に遠ざかり，闇に隠れています。この調子で登っていけば上手く地獄から抜け出すことができるかもしれません。カンダタはこれまでに出したことのない声で「しめた，しめた」と笑いました。ところがふと気がつきますと，今まで自分が登ってきた蜘蛛の糸に無数の罪人がよじ登ってくるではありませんか。これを見るとカンダタはただ莫迦のように大きな口を開いたまま目ばかり動かしていました。すぐに何とかしなければ，糸は断たれ落ちてしまうに違いありません。

　そこでカンダタは「こら，罪人ども。この蜘蛛の糸は己のものだぞ。お前たちは一体誰に聞いて，登ってきた。下りろ，下りろ。」と大きな声でわめきました。

　その途端に今まで何ともなかった糸がぷつりと切れました。そのためカンダタも独楽のようにくるくる舞いながら，真っ逆さまに落ちてしまいました。

　後にはただ蜘蛛の糸が短く垂れているだけです。

　お釈迦様は一部始終をじっと見ていましたが，カンダタが血の池に沈んでしまいますと，悲しそうな顔をしながら，またぶらぶら歩き始めました。カンダタの無慈悲な心と，相応の罰を受け地獄へ落ちたことがお釈迦様にとって浅ましく思われたのでしょう。

　しかし極楽の蓮池の蓮は，少しもそんなことには頓着しません。極楽ももう午に近くなったのでしょう。

　この資料の起承転結については以下の通りと思われる。

起の部分――第1段落から第3段落まで

承の部分――第4段落から第5段落まで

転の部分――第6段落から第12段落まで

結の部分――第13段落から第14段落まで

　この資料の道徳的特徴は，因果応報という形で道徳的教説が完成しているにとどまらず，他にも多くの内容が見いだされる。

　たとえば，問題点としては，お釈迦様の慈悲の中身とは何だったのか，カンダタのかつてのやさしさと今回の自己中心性との関係について，カンダタの利己に固執する様，話全体の因果応報といった考え方，お釈迦様がカンダタを操り人形のように見ていて，お釈迦様が上から下を見，カンダタにとっては下か

ら上しか見上げられず受容的であること等，決定論的な文脈になっているとする解釈が挙げられよう。こうした問題については小学生には難しい部分があるかもしれない。

　道徳資料が価値の自覚を目指し，「道徳的価値が人間らしさを表す」（『小学校学習指導要領解説　道徳編』30頁）のだとするならば，カンダタのとった行動は，自己を守ろうとし，自己保全するための行動として，「カンダタの考えは人間らしいと思うし，いざとなった時に自分も同じこと（自己中心的になること）をしていると思う」（教職希望学生コメント）と言う見解が数多く出されることだろう。その意味でこの資料は非常に示唆的である。そしてカンダタに改善可能性があるとすれば，どの点にあるかを考えれば自ずとこの資料の特異性に気づくことになろう。

　他の罪人たちがゾロゾロと蜘蛛の糸を登ってくることに対して，カンダタの取った行動は確かにエゴイズムであった。しかしそれは生きている者すべてにとって誰もが抱く素朴な感情である。また同様に他の罪人どもも，一心不乱で蜘蛛の糸にすがりつく思いで登ってきていることを勘案すれば，もはや「ここは俺が先に極楽に上がってみんなを引き上げてやる」とか，「一人ずつ登ってくれ」などと他の罪人を説得するような公平で，話し合いを基本とする理性的なやり方は不可能に近いとも思われる。

　さらにお釈迦様の為した行為は，ある意味試行的で「カンダタを試してみる」趣旨のニュアンスは拭いきれない。というのも，蜘蛛を助けたというカンダタの一時的な善行に対して，蜘蛛の糸をさしのべることは相応の正しさかもしれないが，地獄に蜘蛛の糸を差し出してそれをカンダタの目の前に曝し，後から他の罪人が登ってくることを予想できながら，あえてそのような救いの方法（厳密には「試み」）を為したお釈迦様の行為は非常に厳しい試練に近い業をカンダタに与えたと言っていいだろう。

　筆者は，教職科目の「道徳教育の研究」において本資料を取り上げ，この資料を用いて道徳の模擬授業を行うように指導したことがあった。教職希望学生の中には，「たぶん地獄は想像もつかないくらい苦しいところなので誰でも（カンダタのように）そうなると思う。…中略…ひとまず自分が登り終わってか

ら合図を出して順番に一人ずつ登ってくるように言うのがよい」などと意見を寄せたが、このように良心的にこの物語を理解して、多様な可能性を生み出すことができるとすれば、この資料も児童の考察の幅を広げ、あらゆる善処すべき方策を考察しうる道徳資料としての価値をもつものと思われる。さらに「カンダタのみをお釈迦様は助けて、なぜ他の罪人を助けないのか」や「お釈迦様は贔屓(ひいき)をしているのでしょうか」、「人を思いやる気持ちは大切である」などのコメントがあり、公平性や正しさとはなにかを考察させるきっかけともなり、それぞれ道徳資料の表面的理解以外のところでの他の解釈可能性を読み取ることも可能だと言える。

　また一般的にこの資料のねらいは、「人に優しく、自分のことだけを考えない」といった自己中心性を諫める仏教的説話に多い教訓物語として理解され、そのように理解されることに馴染みが深いだけに、先に掲げた多様な解釈をもってこの道徳資料を検討することも意義のあることだと思われる。事実、この資料は内容項目のねらいに収れんしきれない深い構造を有した資料である。

　以上のように、この非常に馴染みのある「蜘蛛の糸」は多様な考え、解釈可能性を秘めた資料としても位置づけられよう。究極の行為の選択を負ったカンダタは、確かに罪人であり、その点地獄に堕ちるべき人間なのかもしれない。しかし、そこに登場するお釈迦様の登場の意義や、カンダタの行為は、結果としてこの物語以外のシナリオは考えられないのではなかろうか。

　人間の行為がどのような動機として現れているか、読み解くことが可能か。この資料は完全な人間ではないカンダタを通して多様な選択肢を提供しうる資料だと言える。

資料9-3　道徳学習指導案の例（「蜘蛛の糸」）

道徳学習指導案

指導者：○○　○○

1　**日時・場所**　平成○年6月1日（月）11：30—12：15　場所　4—1
2　**学級**　第4学年　1組　（34名）
　　児童観：元気のいいクラスである。スポーツを好む集団と文化活動を愛好する児童の集団に大きく分かれている。場合によっては落ち着きのないところも見られる。
3　**要旨**　道徳資料「蜘蛛の糸」を活用して，カンダタの行動について考察させ，利己（自己）とは何か，またその対局にある利他（自分のことよりも相手を思いやる気持ち）とはどのようなものかを考察させる。
4　**本時案**　本時案は1時間である。最初に教員が朗読する。
5　**主題名**　3-4年内容項目2—(2)「相手のことを思いやり，進んで親切にする。」
6　**ねらい**　人間の行動は欲求に基づくと言われるが，何でも思い通りに事は運ばない。小学校中学年に当たる4年生にとってこの資料を通じて，自己と他者の関係を相対化させ，改めて他者へのかかわりを考察させるきっかけとなることがねらいである。
7　**資料**　芥川龍之介「蜘蛛の糸」（出典：『赤い鳥名作集』）
8　**主題設定の理由**
　　○学校生活や社会生活において自己と他者の関係が重要である。
　　○人間には自分がかわいいと思う自己中心的側面が存在し，このことは重要であるが，他方その点に固執し続けることは場合によっては困難を来すことがある。自己を相対化できると他者へのまなざしも変わってくる。この点に道徳としての意義が認められる。
　　○他人のことをどこまで思い，そのために自分でなにがどこまでできるか。これは人間社会の課題である。本資料はお釈迦様の登場や蜘蛛の糸の登場など非常に限定的な文脈（本資料）ではあるが，上記のねらいを把握させ達成させるための手がかりとして本資料の活用効果は大きい。

9　指導過程

過程／（時間）	学習内容	教師の指導内容	児童の学習活動	備考
導入（10分）	内容の把握	教師が児童を指名し本文を朗読させる。	4-5人の児童が指名され，資料を読み上げる。	補助発問「自分を思いやる気持ちと他人を思いやる気持とは，時によって対立することがあります。その点をこの資料から考えてみよう」
展開（30分）	登場人物の中で「カンダタ」の動きに注目するように指示。	お釈迦様のうごきを説明。 カンダタの簡単な背景 カンダタの転機 カンダタの問われる態度 カンダタの末路 極楽の様子	～中略～ カンダタは助かると思い喜んだが，その喜びもつかの間，下からぞろぞろと他の罪人が挙がってくることをみた時のカンダタの心情は？	地獄，極楽という宗教的概念には深く立ち入らない。 中心発問 「カンダタのとった行動について，みんなで考えてみよう」 ジレンマの構造について図式で説明する。
まとめ（5分）			この資料によって利他の精神とはどのようなことかを各自簡単な作文として児童に書かせる。	

10　評　価

以下の観点を評価の対象とする。

① 日頃，物や人に対してやさしさを実践できているか。

② 自己中心的な行動や態度は自信を持って行動したり活動したりすることにおいて大切であるが，しかし自己に固執し続けることは場合によっては困難を来すことがある。この自己中心（egoism）の問題を理解できているか。

③ 利他の精神（altruism）の問題について理解できているか。

（3）高学年（第5学年及び第6学年）の場合

道徳資料「走れメロス」
内容項目　2—(3)「互いに信頼し，学び合って友情を深め，男女仲よく協力し助け合う」
内容項目　1—(2)「より高い目標を立て，希望と勇気をもってくじけないで努力する」

　この作品は，太宰治の短編作でありなじみのある作品である。元々ドイツの民話（シラー作と記している）に範を取って太宰が書き記したとも言われている。『走れメロス』は抑揚に富み，動的であって，アリストテレスの言う「運命の激転」（ペリペテイア）を話の構成としており，読み手を引き込むものをもっている。

　資料の概略は以下の通りである。

　主人公メロスは村の牧人である。メロスは妹の結婚に必要な物の準備のため未明に村を出発し，シラクスの市にやってくる。この市には竹馬の友セリヌンティウスがいて，彼に会うのを楽しみにしていた。ところが市に入ってから様子が変である。街の様子を怪しく思ったメロスは若い衆をつかまえ，理由を問うたが何も答えず去ってゆくのであった。しばらくして老爺に出会い同様に理由を強引に問うたところ，老爺はあたりを憚るようにして「王様は，人を殺します」と答えるのであった。ゆくゆく問いただしてみると，王様は人を信ずることができないため皇后，子，妹，臣下などを殺したということであった。メロスはこれを聞いて激怒し，王城に行くのであった。
　「市を暴君の手から救うのだ」と囚われの身となったメロスは，暴君ディオニスに直訴する。ディオニスは嘲り笑い，「口ではどんな清らかな事でも言える。わしには，人のはらわたの奥底が見え透いてならぬ。おまえだって，いまに，磔になってから，泣いてわびたって聞かぬぞ」とメロスに語るのであった。メロスは「ちゃんと死ぬる覚悟でいるのに。命ごいなど決してしない。ただ，……」と言って妹の結婚式のため3日間の日限を与えてくれるようディオニスに懇願する。そしてもし3日目の日暮れまでにここに帰ってこなかったら，友人（セリヌンティウス）を絞め殺しても良いという願い出をする。ディオニスは，「はは，いのちがだいじだったら，おくれて来い」と疑いの言葉でもってそれに応えるのであった。セリヌンティウスには事情を話し，身代わりとなることを承諾してもらう。

第9章　道徳の指導案の実際——小学校

　こうしてディオニスとメロスとの約束，それは友人セリヌンティウスとの約束，また妹との約束を果たすための3日間が始まったのであった（話全体は4日間）。
　メロスはその夜，一睡もせず道を急ぎ，村に到着したのはあくる日の午前であった。妹の結婚の準備に東奔西走し，夜遅くまで結婚相手を説得してようやく2日目（話全体では3日目）の昼に結婚式は執り行われた。妹に対してメロスは「おまえの兄の，いちばんきらいなものは，人を疑うことと，嘘をつくことである」と述べ，花嫁と花婿も照れていた。
　3日目の朝（話全体では4日目），メロスは飛び起き，あの王に人の信条の存するところを見せてやると言って，雨の中を飛び出すのであった。
　のんきに王城に進むうち，小歌などを歌いながら全里程の半ばに到達した真昼ごろに，第1の災難が降って現れた。昨日の雨で川が増水し橋桁が木っ端みじんとなっているではないか。メロスは男泣きに泣きゼウスに哀願した。もし王城に行くことができなかったらあの佳い友達がわたしのために死ぬのだ，と。
すでに時は一刻一刻と過ぎてゆく。「濁流にも負けぬ愛と誠の偉大な力」を発揮して，この濁流を見事泳ぎ渡るのであった。
　すぐに先を急ぎ峠を登り切って，ほっとしたとき，再び第2の災難がメロスの身に降りかかる。山賊が現れたのだ。メロスは正義のためだ，仕方がないと言って，山賊を打ち破って峠を急いで駆け下りるのであった。
　今度はさすがにメロスも疲労困憊し，午後からの灼熱の太陽のせいもあって，もはや立ち上がることができなくなってしまった。メロスは芋虫ほどにも前進できず，疲れ切って動けない。元はと言えば自分自身精一杯努めてきた，動けなくなるまで走ってきたのであった。できるなら王にこの心臓を見せてやりたい。そのような気持ちが高ぶるが，しかし，精も根も尽き果てた。許してくれセリヌンティウスよ。これが私の定まった運命かもしれない，君を欺くつもりはなかったし，濁流を越え，山賊を遣り込めたではないか。自分は負けたのだ。私は醜い裏切り者だ，との思いにまで至る。ふと耳元に水の流れる音が聞こえ，一口飲むと，夢から覚めるような気持ちとなり，歩ける，行こうというわずかながら希望が生まれるのであった。

　この後メロスは無事に日暮れ間近になって王城にたどり着くことができるのである。この話の主人公メロスは純粋で非常に友人思いの青年の範型を示しているところがある。また完全人ではなく，疲労困憊し約束履行のための努力を一時諦め，自分の弱さを正当化もしている。しかし，その段階に留まらずメロスは最後の最後まで約束の履行のため，友人のために走り続け，太宰もこの約

束履行をぎりぎりのところで完結させることを見事に描写し、話に激転と緊迫感とを与えて話を彩っている。

　この資料の道徳的意義は、どこにあるのだろうか。一般には友情とはなにかを児童に考えさせることにあると言われ、中学校でもしばしば取り上げられ、劇化を中心に展開されたりもしている。だが、文字を現実としてとらえることは非常に努力の要ることである。友人のために命を賭して事を行うことは現代社会においてはほとんどありえず、現実的でないということが感想として聞かれるかもしれない。だが、ここに示されている言葉の力は非常に深い段階で考察に値する。

　言葉に表現される内容が実際どのような意味をもって私たちの現前に現れるか。これは人間共通の課題であろう。思いを言葉で表現することの難しさと同様に、逆に言葉で表現されることが実際の物事としてどれだけ想像力を働かせイメージできるか。その意味で齋藤孝も指摘しているように本資料は「言葉の力を実感するのに優れたテキスト」でもあるが、さらにメロスに込められた人間像は、今後児童が経験するであろう挫折や努力といったことが見事に調和的に理想的に描かれており、さらにメロスという主人公はもちろんのこと、この話の中に引きつける魅力がちりばめられている名作でもある。

資料9-4　道徳学習指導案の例（「走れメロス」）

道徳学習指導案

指導者：○○　○○

1. **日時・場所**　平成21年6月1日（月）11：30—12：15　場所　6—1
2. **学級**　第6学年　1組　（34名）
   児童観：元気のよいクラスで，数グループに分かれて定着している。学習態度もおおむね良好で，教科外活動の際などクラス全体としてまとまりが見られる。上級生としての態度や行動が現れている。
3. **要旨**　道徳資料「走れメロス」を活用して，①友情とは何か，②困難に直面した際どうすればよいか，③結果にとらわれることなく努力し続けることの尊さを考察させることをねらいとする。
4. **本時案**　全体2時間のうちの2時間目である。1時間目（前回）は話の内容を理解することをねらいとし，話の内容及び段落構成など理解させ確認させた。
5. **主題名**　5-6年内容項目1—(2)「より高い目標を立て，希望と勇気をもってくじけないで努力する」
   5-6年内容項目2—(3)「互いに信頼し，学び合って友情を深め，男女仲よく協力し助け合う」
6. **ねらい**　友情にも多様なタイプが見られる。一時的な友情，功利的な友情，趣味や価値観を同じくする友情，地域に由来する友情，真の友情など。この資料を通じて，真の友情とは何か，その友情を貫くため主人公はどのようなことをなすべきかを読み解き，友情の本質について，また真の友情を貫くことが自分にとってどのようなことなのか（人間には弱さや醜さを克服する力があること）を検討させ，考察のきっかけとする。
7. **資料**　太宰治「走れメロス」（出典：『富岳百景，走れメロス』，1968年，岩波文庫）
8. **主題設定の理由**
   ○学校生活における友情の意味を本資料を通じて改めて考察させる。
   ○理想と現実のギャップに戸惑い苦悩するメロスの人間的成長について考察させる。
   ○結果に拘ることなく，ある目標のために努力し続けることのすばらしさを認識させる。

第Ⅱ部　道徳教育の実際

9　指導過程

過程／(時間)	学習内容	教師の指導内容	児童の学習活動	備　考
導入（5分）	①　メロスの行動を再確認	①　約束履行のため，三つの困難に直面したこと	①　「三つの困難とは何であったか」を指名などして答えさせる。	①　以下では三つの困難を磁石付きプレートを用意し，展開毎に，黒板に大きく間隔をとりながら張り出してゆく。
展開（35分）	①　三つの困難のうち，どの困難が一番メロスをくじけさせたかを考察させる。 ②　フィロストラトスの言葉に対し，メロスの理解とはどのようなものであったかを考察させる。 ③　セリヌンティウスへの友情が自らの苦しみのために一度は途絶えかかったことをメロスは正直にセリヌンティウスに語り，またセリヌンティウスも同様のことをメロスに語ったが，ここからどのようなことが芽生えたかを考察させる。	①　一つ目の困難は，メロスにとってどのような「心情」か，また「行動」として現れたか。 ②　二つ目の困難に至ってどのような「心情」か，また「行動」として現れたか。 ③　三つ目の困難に至って，メロスはもはや動けなくなるが，その時の心のジレンマを図にして表現させてみる。 ④　フィロストラトスが語りかけた「もうだめでございます。むだでございます。走るのは，やめてください。」の言葉は，メロスにとってどのような心情となって受け止められたか。 ⑤　刑場に到着後，両者は人間としての一時的な弱さを吐露し，他方で真の友情を確認しあおうとした。この	①　心情と行動を表にしてそれぞれ視覚的にわかりやすくまとめさせ，理解させる。 ②　どのような「心情」か，また「行動」として現れたか。資料を活用しながら，書き出させ，考察させる。 ③　ジレンマとは何かを，簡単な事例を紹介しながら，説明する。またこの場合のジレンマ（友情を履行すること，自身が苦境に陥って，行動がもはや伴わないこと）について認識させる。 ④　結果を問わずただ目的のためにひたすら行動し努力することの意味を考察させる。 ⑤　世の中には多様な友情の形態が見られるが，この場合の友情とはどのようなものかを考察させる。	②　心情と行動を分けた表を用意して，内的な心情を視覚化してゆく。一つ目の困難，二つ目の困難は，時間の都合上，すみやかに移行してもよい。 中心発問 「メロスは，なぜ走り続けるのか」 補助発問 「メロスの友情と自分たちの友情を比べてみよう」 努力し続けることの尊さと困難さについても触れておく。

				ことを考察させる。		他人を信頼すること，友人を信頼することの難しさと大切さに触れておく。
まとめ（5分）					この資料によって何を感じたかを各自作文させる。	時間が不足する場合，授業後の課題とする。

10　評　価

以下の観点を評価の対象とする。

① 功利的理由や一時的理由，打算的理由による友情ではなく，道徳的価値としての友情の意味が理解できたか。

② 人間的弱さを超えて何か崇高な物事に対して努力し続ける魅力を感じ取ることができたか。

③ 結果に固執することなくむしろより高い目標に対して努力することの大切さを理解できたか。

④ この資料を通して人間としての成長のあり方を把握することができたか。

参考文献

芥川龍之介他（1988）『赤い鳥名作集』中央公論社.
荒木紀幸編（2005）『モラルジレンマ資料と授業展開　小学校編第2集』明治図書.
齋藤孝（2002）『理想の国語教科書』文藝春秋.
瀬戸真監修（1981）『教育例話事典』ぎょうせい.
太宰治（1968）『富岳百景，走れメロス』岩波文庫.
日本教材システム編集部（2008）『小学校学習指導要領　新旧比較対照表』教育出版.
文部科学省編（2008）『小学校学習指導要領平成20年3月告示』東京書籍.
文部科学省編（2008）『小学校学習指導要領解説　道徳編　平成20年8月』文部科学省.
文部科学省（2002）『心のノート　小学校5・6年』暁教育図書株式会社.
横山利弘（2007a）『道徳教育，画餅からの脱却』暁教育図書.
横山利弘（2007b）『道徳教育とは何だろうか』暁教育図書.

（津田　徹）

第 10 章

道徳の指導案の実際——中学校

　　本章では，主として横山利弘の道徳教育理論に基づきつつ，道徳の資料をいかに読み込むか，そして，指導案をいかに綿密に準備するかについて論じてみたい。道徳教育的にみれば，「心」とは，「知」（道徳的判断力）・「情」（道徳的実践心情）・「意」（道徳的実践意欲）で構成される。道徳教育は，人間的魅力を増すための教育であり，「粋な」ふるまいのできる人間を育成することでもある。ここでは，まず読みもの資料をもとに道徳の時間が深く展開され，子どもの「アポリア」（進行不可能性）をいかにして乗り越えさせるかを考える。その後，教師が「価値の自覚」の実現を目指す授業をいかに展開するかについて論じたい。そして，読みもの資料の徹底した読み込みと指導案の準備ができるための心得についても考察する。

1　道徳とは何か
　　——倫理と道徳の字義と語義からの確認

　道徳の指導案の実際に入る前に，再度，道徳とは何かについて，語義からの確認をしておきたい。尾田幸雄（2008）によれば，倫理の「倫」という文字は，人偏（にんべん）と「侖」（ろん）という旁（つくり）から構成されている。それとの関連で言えば，言偏（ごんべん）と「侖」（ろん）という旁からできている論理の「論」と同系の文字であると言えよう。

　尾田は，諸橋轍次（もろはしてつじ）の『大漢和辞典』（大修社）を援用しつつ，さらに以下のような興味深い内容を紹介する。昔の中国人は，紙の代わりに竹を細長く削って作られた札を編んで巻物にし，これに文字を書き，使用したという。この竹の札がいわゆる「竹簡（ちくかん）」と呼ばれ，そこからやがて書物の意味に使用されるようになる。

　ところで倫という文字は△（アツメル）＋冊の会意（漢字を結合し，それらの意味を合わせて書き表す方法のこと）であり，竹簡を順序立ててそろえるという意

味である。つまり秩序付けられるものが言葉であれば「論」となり、人であれば「倫」になる。これらの文字に、元来、筋目を表す「理」という文字が加わると、「論理」あるいは「倫理」という語句が成立する。いずれにせよ、人間は倫理なしで生活することができない。倫理は、人と人との間柄の正しい筋道としての人倫の理法であり、それを踏み外せば、人間は人でなしになりさがるのである。

他方で、道徳の「道」は、『論語』の里仁（りじん）編において「子曰（し のたまわ）く、朝に道を聞かば、夕べに死するとも可なり。」といわれる人間の行くべき道であり、人間の本来の在り方としての道理であり、倫理である。また「徳」とは「行為するに当たってのまっすぐな心」（藤堂明保著『漢字語源辞典』学燈社）を意味する。そこから、道徳とは、人間の個人内面によって受け止められた倫理であると言えよう。逆に言えば、倫理に基づかない道徳は真の道徳たりえず、また道徳によって実践されない倫理もまた本来の意味の倫理ではない。

2　横山利弘の「タマゴッチ理論」による道徳教育

（1）生徒指導と道徳

以下の2節3節においては、主として2008年から2009年の「横山利弘先生を囲む道徳教育研究会」での配布資料および横山利弘の講演内容メモにしたがいつつ論を展開してゆくことにする。さて、ここで教育実践ということと関連して、教育現場では道徳教育と生徒指導の関連性についてしばしば議論がされるところである。生徒指導は果たして道徳教育の一部あるいは道徳の実践と言いうるのだろうか。

横山は茶髪の子どもが黒髪に戻ったり、腰パンの子どもが普通の制服に戻ったりする生徒指導を例に挙げて、それぞれが正常に戻ることの大切さを生徒指導上の観点から述べたうえで、それではそのことで併せて道徳教育もなしえたのかというと、それで終わりでなく、むしろそこから生徒の「心」の指導が必要となってくるという。教師はともすると生徒の外的な行動や言葉使いの指導に重点を置きがちになるが、それでは道徳教育にはならないという。内的な心

第Ⅱ部　道徳教育の実際

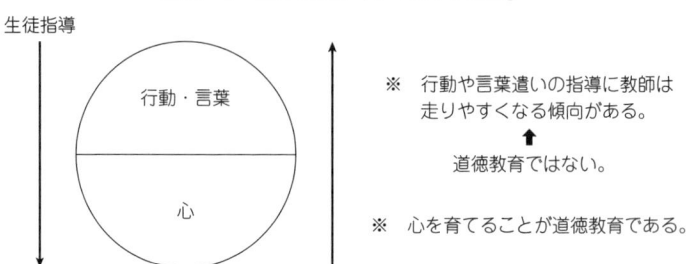

図10-1　横山利弘の「タマゴッチ理論」

```
          生徒指導
            ↑
        ┌───────┐
        │行動・言葉│        ※ 行動や言葉遣いの指導に教師は
        ├───────┤           走りやすくなる傾向がある。
        │  心   │                    ↑
        └───────┘           道徳教育ではない。
            ↓
          道徳教育           ※ 心を育てることが道徳教育である。
```

〈例〉　茶髪の生徒が黒髪に戻った。
　　　　腰パンの生徒が普通に戻ったらいいのか。──それで終わりではなく，心の指導が
　　　　　　　　　　　　　　　　　　　　　　　　　　　　　　　　　　　　　　　必要である。

（出典）「横山利弘先生を囲む道徳教育研究会」での配布資料。資料作成者は神戸市立御影中学校の白川友彦先生。平成20年10月4日の研究会の内容を要約されたものである。ここに使用するに際して，お礼と感謝を申しあげる。図については一部筆者による加筆訂正があることを断っておく。

を育てることが道徳教育なのであり，それとの関連で横山は，「タマゴッチ理論」（タマゴッチの形をしているので）と自ら命名している図でその理論を以下のように説明している。

　タマゴッチの形をしている上半分に「行動・言葉」を位置づけ，下半分に「心」を設定する。図に従えば，生徒指導は「行動・言葉」から「心」に向かうベクトルでなされる指導であるのに対して，道徳教育は，逆に「心」から出発して，最終的に「行動・言葉」に結実してゆく指導であると言えよう。道徳の指導は「心」に目線のいく指導でなければならない。

　教師が，道徳の内容項目を明確に理解せずに，「タマゴッチ」の上だけ，つまり「行動・言葉」だけの道徳の授業しかしていなければ，子どもたちは納得して教師についてくることはない。教師は，子どもの「行動・言葉」の裏側にある「心」を推察しなければ，子どもの「心」を本当の意味で把握することにはならない。別言すれば教師は，子どもの「行動・言葉」によって，子どもの「心」はある程度は見えてくるものであり，その意味で教師は子どもの「心」を，ある程度まで子どもの「行動・言葉」で推測しうるのである。しかし子どものすべての「心」が見えるわけではないので，見えない部分は教師が「信じ

る」しかない。教師が子どもの内側の「心」を育てることで、子どもの行動を変えようとする教育的営みが「道徳教育」なのである。挨拶をするとか、廊下を走らない等の指導は、タマゴッチの上半分の領域であり、道徳の本質はタマゴッチの下半分の「心」への訴えかけにある。

(2) 道徳的に子どもをいかに育てるのか？――「タマゴッチ理論」による

　現代の子ども観は、十分に子どもの本当の「心」を表現していないと考える横山は、「タマゴッチ理論」でさらに以下のように主張する。「心」は、直接見ることはできないが、工夫すれば「心」を見ることはできるようになるという。たとえば、教師が教室で子どもの手を、心をこめて握ってあげるならば、その子どもは教師の温かい「心」を感じることは可能である。

　道徳教育的にみれば、「心」とは、「知」（道徳的判断力）・「情」（道徳的実践心情）・「意」（道徳的実践意欲）で構成される。道徳教育は、人間的魅力を増すための教育であり、「粋な」ふるまいのできる人間を育成することでもある。道徳の時間では、子どもの「心」を開くことが大切である。しかしながら現代の子どもたちは、「心」から「行動・言葉」に移る壁が厚くなってしまい、その結果、「心」が「行動・言葉」に現れにくい状態に陥っていると横山は鋭く指摘するのである。つまり、現代の子どもたちは、行動と言葉がそのまま、心を表現していないことから、様々な道徳的問題が生じるのである。その意味で言えば、道徳教育とは、どこまでも子どもの「心」にこだわり、「心」から出発して「行動・言葉」に結実していく教育的営みでなければならないと言えよう。

3　子どもの心を開く資料を使用する心得
――横山利弘の道徳理論に従いつつ

(1) 指導案作成の原型
① 　資料のストーリーを読む。
② 　場面を分ける。起承転結を考える。たとえば、横山に従いつつ「まどガラスとさかな」（あらすじは前章参照）を例に考えれば、「起」では、事の起こり

があり，窓ガラスを割ったことがそれに相当する。そこで道徳的分岐点がでてきて道が2つに分かれる。千一郎があやまりに行けば解決するが，主人公は逃げてしまう。「承」は，千一郎が謝りにいくか葛藤している箇所である。「転」は朝おきると真っ先に千一郎がガラスを割ったことを母親に話した箇所である。しかし実際に道徳的に変化しているのは，ガラスを割った日の夜，ふとんの中で悩み，翌朝，母親に話そうと決心している箇所である。「結」では母親と千一郎がおじいさんの家に御詫びに行く箇所である。

③ 資料を読むに際しては，登場人物の心を把握する必要がある。そこで読むべき「心」とは，「知」(道徳的判断力)・「情」(道徳的実践心情)・「意」(道徳的実践意欲)等である。一般的には「気持ち」を発問するのであるが，「気持ち」という言葉は曖昧なために，可能なかぎり避けるべきであろう。

④ 登場人物の心を読み取るときには，資料の中の副詞や副詞句的な言葉に気をつけながら読み進めると，心を読み取りやすい。これは日常の子どもの心を理解するときにも役立つ。「まどガラスとさかな」では，母親に過失を報告する場面で，千一郎が「はっとした」という次の行に「真っ先に」という副詞が入っていることを見落とさなければ，主人公の道徳的変化の箇所に気づくことができるだろう。ここが中心発問の箇所になる。

⑤ 主として主人公の道徳的変化(道徳的意識や行為の変化，道徳的問題の所在)を読む。道徳的変化をもとにして，資料の構造をとらえることが大切である。

⑥ 資料における中心場面を設定する。授業に「山」をつける。資料における中心場面は，主人公の道徳的変化の起こる場面か，その直後の場面が中心場面となることが多い。その中心場面こそが，子どもに熟考させたい「山」であり，子どもからの様々な意見を教師は受け止めてやることが求められる。

⑦ 資料における中心発問を考える。問いとねらいを一致させることが重要である。

　・「知」についての発問：「主人公はどのように考えたでしょう？」→「道徳的判断力」(道徳上の良し悪し，道徳的知識のこと)

　・「情」についての発問：「主人公はどのような思いだったでしょう？」→「道徳的実践心情」

・「意」についての発問：「主人公はどのようにしようと思ったのでしょう？」→「道徳的実践意欲」

⑧　中心発問に対する「予想される子どもの答え」を考える。子どもからより多くの答えを出し尽くすことが大切な視点である。

⑨　主題名，内容項目，ねらいを確定すること。主題名は簡潔に表現するべきである。例として「生命の尊重」「勤労の大切さ」等。

内容項目は①—（２）のように表記する。

ねらいは，以下のように表記することが望ましい。

主人公の……を通じて，　……しようとする　　道徳的実践意欲を育てる。
（資料の活用を簡潔に表記）（内容項目から引き出す）　　（道徳性の要素を入れる）

⑩　②の箇所で不要な場面を削除することが50分で授業を完結するために大切な作業である。

⑪　中心場面以外の発問を考え，子どもの答えを予想する。資料に登場する主人公の型には２つのパターン，すなわち主人公が道徳的に変化する場合と変化しない場合がある。主人公が道徳的に変化する場合には，その変化する場面で山をつくればよい。しかしたとえば主人公は最初から最後まで良い子や善人であるという設定（たとえば「月明かりで見送った夜汽車」や「一番美しい言葉が残った」）の場合，主人公が最後まで道徳的に変化しない資料もある。そのようなときには，むしろストーリーの中で心打たれる場面を探すことで，「山」を作る必要がでてくる。

（２）道徳の授業実施におけるポイント

①　授業に「山」を作ることが重要である。それは本時のねらいを明確にすることでもある。山は高すぎても低すぎてもいけない。

②　資料の中に山がないときには，発問で山を作ることが必要となる。

③　子どもに道徳的に考えさせるためには，どのように発問を投げかけるかが大切である。発問の工夫が求められる。中心発問は，「なぜ～？」「どのように～？」「どうして～？」が基本となる。教師の工夫した発問に対して，せいいっぱい自分で考えて答えた子どもは，その内容を忘れないものである。

子どもは考えようとする衝動欲求を元来もっているのである。
④　それゆえに教師は，子どもの発言を受け止める力が必要となる。子どもの心の動きにこだわった道徳の授業を心がけたいものである。
⑤　資料は，原則的に教師が範読する。その際，教師はすべての子どもが資料の話の筋を理解できるように気を配ることが大切である。たとえば，声色にもこだわるぐらいの配慮が求められる。
⑥　授業の「導入」部分では，子どもの心をつかむ程度でよい。教師が子どもを「のせる」ことがむしろ大切になる。
⑦　板書の時間は，50分中，5～8分程度でよい。子どもの反応や発言をしっかりと教師は受け止める姿勢が大切である。教師は子どもの発言に対して，「あ〜ぁ，そうか！」とか「なるほど」等の反応を子どもに返すことが大切である。
⑧　しかし第一に道徳的実践意欲を育てる基本は，学級経営である。

4　子どもの心を開く資料を使用しての授業展開例
――横山利弘理論に従いつつ

(1) アポリアの体験を伴った道徳の授業
① 「アポリア」（行き詰まり・進行不可能性）の体験
　横山利弘（2007a）によれば，子どもは授業において新しいことを学ぶ際に「分からない」という体験をするという。これを「アポリア」（行き詰まり・進行不可能性）の体験という。私たちは，何か新しいことに気づく直前までは，そのことが〈分からない〉状態にいる。〈分かる〉ということは，直線的な進行ではなく，その前までとは異なる非連続的な飛躍が起こることを意味する。
② 子どもが心引かれ共感できる読みもの資料の提供の重要性
　道徳の時間は，架空ではあるが具体的な状況を子どもに提供する読みもの資料を手がかりとして進められる。そのために読みもの資料の中には，子どもが自分自身のこととして考えられるものが用意されていなければならない。こうして読みもの資料をもとに道徳の時間が展開されるのだが，道徳の時間の指導

でいえば，アポリア（行き詰まり）を乗り越えたときが，まさに価値の自覚のときなのである。

（2）道徳の授業と読みもの資料について
① 読みもの資料

　子どもがアポリアを乗り越えるためには，教師側もまた，読みもの資料の徹底した読み込みが欠かせない条件となると横山利弘（2007a）は言う。資料を「読む」とは，ストーリーを読み，その流れで登場人物の「心」を読むことであるが，それだけで道徳の授業を組み立てることはできないし，またしてはならない。なぜなら道徳の授業の各場面で，主人公や登場人物の「心理」を問うことに終始する道徳の授業になってしまうからである。

　「心理」を問われた子どもは，その人の気持ちを推測することはできても，そこから新たな学びは生じえない。つまり子どもにとって，アポリアの体験がないのであるから当然，そこには〈考える〉―〈分かる〉というプロセスも生じ得ない。そのような道徳の授業を受けても子どもは魂が深められることもなく，何の学びもないまま，道徳の授業を終えることになる。それでは「考える」道徳の授業をするにはどうしたらいいのだろうか。そのためには，子ども自身がアポリアの体験をすることこそ重要であり，それがうまく誘導されるためにも，教師が用意周到な「発問」を準備しておくことが必要不可欠な条件となる。

② 「教えること」と「考えさせること」

　横山（2007a）に従えば，〈考える〉―〈分かる〉というプロセスを，道徳の授業に取り入れるためには，「発問」がとりわけ重要な役割を演ずることになる。とくに中心発問は授業の「山」になる箇所であり，子どもにアポリアを体験させる場面でもある。その中心発問を軸とした，骨格のある道徳の授業を構成するためには，授業の準備段階で「何を教えるか」よりも「何を考えさせるか」ということに比重をおくことが大切であると横山は考えている。それゆえ，教師が道徳資料を「読む」場合でも，登場人物の「心」を推量するだけでなく，子どもたちに何を考えさせるかという姿勢で資料を読み込むことが大切になっ

てくる。

　子どもに「考えさせる」ためには，教師自身が道徳の教材の核心が何かを考えなければならないのは当然の道理であろう。資料を表面的に読むだけでは，道徳の授業は深まらないのである。子どもが〈考える〉—〈分かる〉というプロセスを踏むためには，資料の読み込みの段階で，指導者自身も同じ体験をしていなければならない。

5　道徳資料と授業案準備の心得

（1）授業の「山」をみいだす

　道徳の時間において，「山」をつくる授業を実現するためには，第1に教師が資料を読み込むことが求められる，と横山（2007a）は強調する。授業で「何を考えさせるのか」ということを念頭において事前にしっかりと読み込むことに尽きる。具体的には〈考える〉—〈分かる〉というプロセスを生じさせる「山」を教師がみいだすことで，道徳の授業は深まるのである。

　とはいえ，道徳の資料の内容は多岐にわたるのが現実である。登場人物が多く存在し，エピソードの種類も多様であり，扱うテーマも幅が広い。しかしどのような資料の場合でも教師自らが読み込んで，子どもに「考えさせる」山をみつけ出しておくという事前準備は必要不可欠な条件である。一般に授業の山のみつけ方には2種類のパターンがあると横山は考えている。第1は，資料中に山のある場合で，第2は資料中に山のない場合である。もし第2のように山がなければ教師の発問によって「山」をつくらなければならない。

　横山理論に即しつつ，実際の道徳資料に当たりながら説明を加えてゆきたい。

（2）資料中に「登場人物の道徳的変化」という「山」がある場合

　横山利弘（2007a）は，「銀色のシャープペンシル」という資料を紹介しつつ，この資料中に山がある場合，つまり主人公の道徳的変化がある場合の解説を以下のように展開している。この資料の「山」は，登場人物である主人公に道徳的変化が起こる場面にある。悪気なく拾ったシャープペンシルを主人公が教室

で使用していたら，実はそれは友人の所有物であったことに気づく。「取ったのか」と友人に疑われ，はずみで「自分のものだ」と嘘をついてしまったことから事件が起きる。

　本当は自分のほうが悪いにもかかわらず，その友人のロッカーにシャープペンシルを返して事態を収拾しようと主人公は試みる。その後，持ち主の友人から電話がかかってきたときでさえ主人公は嘘をとおそうとするが，逆にその友人が主人公を疑っていたことを謝罪されてしまう。このときの主人公のあわてぶりが「う，うん」といって直ぐに電話を切ってしまう様子にあらわれているという。ここで主人公ははじめて道徳的な問題に直面すると横山は鋭く指摘するのである。しかしここはまだ主人公の心理を読むだけの箇所である。

　友人に，本当のことを言ってしまおうか，黙ってそのまま嘘をとおしてしまおうかと葛藤が主人公の中で起こる。主人公の中の天使と悪魔がけんかを始める。「お前はずるいぞ」という良心の声が主人公の魂に聞こえたとき，主人公の生き方を決定するきっかけが生まれ，そこから主人公はゆっくりと道徳的に善の方向に向きをかえる。この場面で主人公は良心の声に促されて，自分のあやまちを友人に謝罪する決心ができる。横山によれば，真に深い反省は，自分の過去を振り返り，根本からこれまでの生き方を問う力をもっているという。

　この資料の中心は，人間の醜さと，それを克服する強さや気高さを，人間ならば誰もがもっていることを知るということであり，友情を裏切るとか裏切らないというレベルの話ではない。人間の弱さや醜さの世界で開き直ることなく，良心の声に従って生きることによって得られるアタラクシア（動揺されず混乱されない状態のこと，ヘレニズム時代の人生観で，幸福の必須条件とされた）の世界を子どもたちに実感させることが道徳の授業の中心となる。

　この資料を使用することの難しさは，自分の心を苛む道徳心，つまり良心の声というものをどのように子どもたちの内面に思い起させるかという点にある，と横山は言う。そのために発問する際，各場面を心理的に把握するのではなく「人間を」しっかりと把握しておくこと，つまりすべての人間の内に内在する「ずるさ」を授業の中で押えているかどうかが重要であるという。

　ここでもう一つの資料を紹介しておこう。「加山さんの願い」（藤永芳純作）

というボランティアを題材とした人気の高い資料である。詳細は，資料解説にゆずるとして，主人公の加山さんの「目線」で，ストーリーを読み込んでゆけば，どこに道徳的な「山」を設定すればよいかが明確になるだろう。

23　銀色のシャープペンシル　木下　一

　教室の机も並べ終えたし，あとは後ろにたまったごみをかたづけるだけだ。その時，ぼくは綿ぼこりや紙くずに混じって，銀色のシャープペンシルが落ちているのを見つけた。手に取ってほこりを払ってみると，まだ新しいし，芯も何本か入っているようだ。自分のシャープをなくしたところだったので，ちょうどいいやと思ってポケットにしまった。

　一週間ほどたった理科の時間。今日はグループに分かれ融点の測定を行う。グループには幼なじみの健二と，このクラスになって仲良くなった卓也がいる。健二は調子がよくてときどき腹の立つこともあるが，ぼくと同じバスケット部で，いつも冗談ばかり言っているゆかいなやつだ。その点，卓也はやさしくてぼくが困るといつも助けてくれる。対照的な二人だがなぜか気が合って，グループを作るといつも三人がいっしょになる。

　理科室に行くと，教科委員が実験器具を配っていた。ぼくは卓也が読み上げていく温度計の値を記録していく係だ。席に着くと記録用紙が配られ，ぼくは準備しようと筆入れからあの銀色のシャープペンシルを取り出した。その時だ。卓也がぼそっと，
「あれ，そのシャープ，ぼくのじゃ……。」
と言った。（えっ，これ卓也の。）と言おうとしたら，すかさず健二が，
「お前，卓也のシャープとったのか。」
と大きな声ではやしたてた。ぼくは「とった。」と言う言葉に一瞬血の気が引いていくのを感じた。

　ざわざわしていた教室が静まり返り，みんなが一斉にぼくの方を見た。ぼくはあわてて，
「何を言ってるんだ。これは前に自分で買ったんだぞ。健二，変なこと言うなよな。」
と言って，健二をにらんだ。健二はにやにやしているばかりだ。卓也の方を見ると，ぼくの口調に驚いたのか下を向いて黙ってしまった。しばらく教室全体にいやな空気が流れた。

　チャイムが鳴り，先生が入って来られ実験が始まった。ぼくは下を向いたまま卓也の読み上げる値を記録していった。卓也がぼくの右手に握られているシャープペンシルを見ているようで落ち着かなかった。早く授業が終わらないかと横目でちらちら時計を見た。でも，時間がぼくの周りだけわざとゆっくり流れているように感じた。本当のことを話そうと思った。でも，自分で買ったなんて言ってしまった手前，とても声には出せなかった。

　健二は相変わらずふざけて，班の女子を笑わせている。人の気も知らない健二にむし

ょうに腹が立ってきた。だいたい健二が悪いんだ。とったなんて大きな声で言うから返せなくなったんだ。みんなだって人のものを勝手に使っているくせに，こういうときだけ自分は関係ないなんて顔をしている。拾っただけのぼくがどうしてどろぼうのように言われなくっちゃならないんだ。それに，卓也も卓也だ。みんなの前で言わなくてもよかったんだ。大切なものならきちんとしまっておけばいい。シャープペンシルの一本ぐらいでいつまでもこだわっているなんて心が狭いんだよ。

「実験をやめて，黒板を見なさい。」

　先生の声がした。右手はじんわり汗をかいていた。ぼくはシャープペンをポケットにさっとしまうと，みんなにわからないように汗をズボンで拭った。授業が終わると，ぼくは二人の前を素通りし，一人で教室にもどった。だれともしゃべる気にはなれなかった。

　授業後，健二が部活に行こうと誘ってきたが，ぼくは新聞委員の仕事があるからと，一人で教室に残った。だれもいなくなったのを確認すると，シャープを卓也のロッカーに突っ込んだ。これでいい，ちゃんと返したんだから文句はないだろうと，部活動へ急いだ。

　夕食をすませるとすぐに部屋にかけ上がった。勉強をする気にもなれず，ベッドにあお向けになり今日のことを考えていた。

「卓也君から電話。」

　母が階段の下からぼくを呼んだ。とっさに卓也が文句を言うために電話をしてきたのだという考えが浮かんだ。ぼくは何を聞かれても知らないで通そうと，身構えて受話器を取った。

「今日のことだけど，実はシャープ，ぼくの勘違いだったんだ。部活動の練習が終わって教室に忘れ物を取りにもどったら，ロッカーの木工具の下にシャープがあって。それに，本当のこと言うと，少し君のこと疑ってたんだ。ごめん。」

　卓也は元気のない声で謝っている。ぼくの心臓はどきどき音を立てて鳴りだした。

「う，うん。」

と言うと，ぼくはすぐに電話を切った。まさか卓也が謝ってくるとは考えもしなかった。自分の顔が真っ赤になっているのを感じた。だれにも顔を見られたくなくて，黙って家を出た。

　外に出ると，ほてった顔に夜の冷たい空気が痛いほどだった。ぼくは行くあてもなく歩き出した。卓也はぼくのことを信じているのに，ぼくは卓也を裏切っている。このまま本当にいいのかと自分を責める気持ちが強くなりかける。すると，もう一人の自分が，卓也が勘違いだと言っているんだからこのまま黙っていればいいとささやいてくる。ぼくの心は揺れ動いていた。

　突然，「ずるいぞ。」という声が聞こえた。ぼくはどきっとして後ろを振り返ったがだ

れもいない。この言葉は前にも聞いたことがある。合唱コンクールの時のことだ。ぼくはテノールのパートリーダーだったが，みんなも練習したくなさそうだったし，用事があるからと言って早く帰って友達と遊んでいた。テノールはあまり練習ができないままコンクールの日を迎えてしまった。結果はやはり学年の最下位。ぼくはパートのみんながしっかり歌ってくれなかったからだと言いふらした。帰り道，指揮者の章雄といっしょになった。ぼくは章雄にも，「みんながやってくれなくて。」と言ったら，章雄は一言，「お前，ずるいぞ。」
と言い返して走っていった。

　あのときは，章雄だって塾があるからと帰ったことがあったのに，人に文句を言うなんて自分の方がずるいんだと腹をたてていた。今度もそうだ。自分の悪さをたなに上げ，人に文句を言ってきた。いつもそうして自分を正当化し続けてきたんだ。自分のずるさをごまかして。

　どれくらい時間がたっただろう。ふと顔を上げると，東の空にオリオン座が見えた。あの光は数百年前に星を出発し，今，地球に届いているという。いつもは何も感じないのに，今日はその光がまぶしいくらい輝き，何かとてつもなく大きいもののように思える。

　少しずつ目を上げていった。頭上には満天の星が輝いていた。すべての星が自分に向かって光を発しているように感じる。ぼくは思い切り深呼吸した。そして，ゆっくり向きを変えると，卓也の家に向かって歩き出した。

　（出典）『中学生の道徳1　自分をみつめる』廣済堂あかつき，2009年，104‐108頁。
　　　　以下に掲載の教師用指導手引：『中学生の道徳1　自分をみつめる』，同『教師用指導の手引き』廣済堂あかつき，2009年，142‐145頁（紙幅の都合で体裁を若干変更）。

第Ⅱ部　道徳教育の実際

23　銀色のシャープペンシル

| 主題名 | 良心のめざめ | 生徒用 P.104～108 |

ねらい　内なる良心の声を自覚し、自分を奮い立たせることで、目指す生き方に近づこうとする心情を育てる。

内容項目　3-(3)　人間には弱さや醜さを克服する強さや気高さがあることを信じて、人間として生きることに喜びを見いだすように努める。

主題設定の理由

指導内容
人間は完全なものではなく、弱さをもった生き物である。そのため、ときとして様々な誘惑に負けてしまうこともあるが、悩み、苦しみ、良心の責めと戦いながら、呵責に耐えきれない自分を深く意識するようになる。そして、人間の行為の美しさに気づいたとき、人間は強く、気高い存在になることができるのである。指導にあたっては、人間の弱さや醜さをいたずらに強調するのではなく、自分の内なる良心に目を向けさせることで自分を奮い立たせ、目指す生き方、誇りある生き方に近づこうとする心情を育むことが大切である。

生徒について
中学生の時期は自我に目覚め、自分を強く意識しはじめるころである。そのため、物事を自主的に考え行動できるようになるいっぽうで、ひとりよがりの考えに陥ったり、自己が否定されることを恐れ自分の非を認められずに言い逃れをするなど、自己の正当化に長じた言動も見られるようになる。生徒には、自身の中にある弱さや醜さから目をそらすのではなく、それを認めつつ同時に人間らしいよさをもっていることを自覚させ、内なる良心の声に耳を傾け弱さ醜さを克服することで、よりよい生き方に近づこうとする心情を育んでいきたい。

資料について
拾ったシャープペンシルを自分のものにして使っていたことに端を発し、自己を正当化するために次々とうそをつかざるを得なくなる主人公と、友人でありシャープペンシルの持ち主でもある卓也との心の対比を通してねらいに迫る。卓也からの電話をきっかけにした主人公の心の揺れに注目することで、だれもがもつ心の弱さと、それを乗り超えようとする心の気高さに気づくことができる。また、自分を奮い立たせ、自己の弱さに打ち勝つことでこそ、自分に恥じない生き方を実現できるということについて、考えを深めることができる資料である。

評価

生徒
- だれにも弱さ醜さがあるが、それを乗り超えようとする気高さもあることに気づく発言や記述がある。
- 主人公の内なる良心の声に触発され、自己を省みる様子が見られる。

授業
- 主人公の道徳性が変容する場面を確実におさえ、ねらいに迫る発問を工夫できたか。
- 主人公と卓也を対比的に捉えながら、人間の気高さに気づく授業展開ができたか。

関連事項
【教科】国語科（同類の内容の教材）
【特別活動】「自分の特徴」（学級活動）
【総合的な学習の時間】＊
【内容項目】1-(3)／1-(4)／1-(5)／2-(3)

ずるいことをしたりうそをつく者が、稀に「この子はそういう子だ」と烙印を押され放置されている場合がある。本時を契機に、良心と対話するよう教師が助言を与え、自分に恥じない生き方に導いていきたい。

第10章　道徳の指導案の実際——中学校

資料解説

出典	中学校読み物資料とその利用・3 文部省　刊
作者	木下　一（きのした・はじめ） 愛知県西尾市立西尾中学校教諭（当時）

解説　長年にわたり、学校現場ではよく活用されている資料である。生徒の日常生活におけるありがちな出来事を扱っており、理解しやすいものであるが、主人公の内面に注目して資料を読ませ、ねらいが 2-(3) にずれないよう注意したい。

資料研究

● 主人公と卓也の心を対比的に捉える

　主人公の「ぼく」は、自分の非を素直に認めることができず、何かと言い訳をしたりごまかしたりすることで自己を正当化しようとする心の弱さをもっている。成りゆきとはいえ、そんな弱さが、ついうそをつかせてしまうのだが、この時点でも「ぼく」はそれを人のせいにすることで納得している。

　しかし、そんな「ぼく」の心を大きく揺らすことになるのが、その夜の卓也からの電話である。卓也はロッカーに投げ込まれたシャープペンシルを見つけ、自分が悪かったと思い、すぐに詫びの電話をよこす。卓也のこの素直な美しい心に触れ、「ぼく」ははじめて、自分の心を見つめる機会を得る。これまでごまかすことによって目を反らしてきた、自分の心にある弱さ、醜さを認識することになるのである。

　これまでの「ぼく」は、自分のずるさに気づくことはなく、また気づこうともしていなかった。卓也の心が「ぼく」の中の良心を呼び覚ましたのである。謝るつもりのなかった「ぼく」が「ゆっくり向きを変えると、卓也の家に向かって歩き出した」。

　この方向転換が心の変容である。主人公の道徳性の変化である。主人公に「心の向き」を変えさせたこの瞬間が、授業の山場であり、捉えるべき場面なのである。

● 「生きる喜び」が現れるところ

　主人公が、顔を上げて星を見上げる場面がある。満点の星が、すべて自分に向かって光っているように感じたのは、「ぼく」が自分の弱さを克服し、人間として誇り高く生きることに喜びを見いだしたからにほかならない。「心のノート」81ページの少年と重ねてみるのもよいだろう。

第Ⅱ部　道徳教育の実際

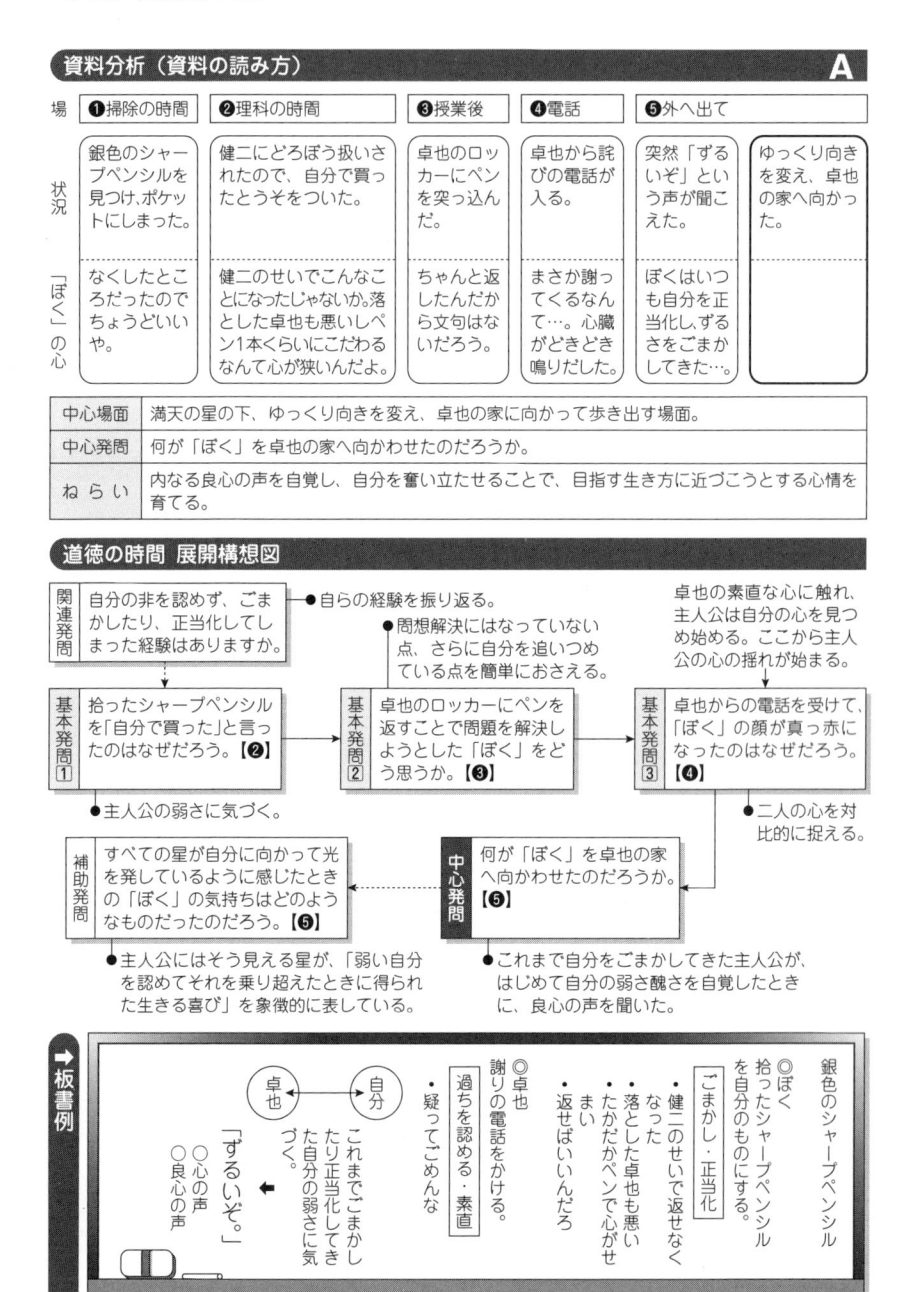

資料分析（資料の読み方）　A

場	❶掃除の時間	❷理科の時間	❸授業後	❹電話	❺外へ出て	
状況	銀色のシャープペンシルを見つけ、ポケットにしまった。	健二にどろぼう扱いされたので、自分で買ったとうそをついた。	卓也のロッカーにペンを突っ込んだ。	卓也から詫びの電話が入る。	突然「ずるいぞ」という声が聞こえた。	ゆっくり向きを変え、卓也の家へ向かった。
「ぼく」の心	なくしたところだったのでちょうどいいや。	健二のせいでこんなことになったじゃないか。落とした卓也も悪いしペン1本くらいにこだわるなんて心が狭いんだよ。	ちゃんと返したんだから文句はないだろう。	まさか謝ってくるなんて…。心臓がどきどき鳴りだした。	ぼくはいつも自分を正当化し、ずるさをごまかしてきた…。	

中心場面	満天の星の下、ゆっくり向きを変え、卓也の家に向かって歩き出す場面。
中心発問	何が「ぼく」を卓也の家へ向かわせたのだろうか。
ねらい	内なる良心の声を自覚し、自分を奮い立たせることで、目指す生き方に近づこうとする心情を育てる。

道徳の時間　展開構想図

関連発問：自分の非を認めず、ごまかしたり、正当化してしまった経験はありますか。
● 自らのの経験を振り返る。

基本発問①：拾ったシャープペンシルを「自分で買った」と言ったのはなぜだろう。【❷】
● 主人公の弱さに気づく。

基本発問②：卓也のロッカーにペンを返すことで問題を解決しようとした「ぼく」をどう思うか。【❸】
● 問題解決にはなっていない点、さらに自分を追いつめている点を簡単におさえる。

基本発問③：卓也からの電話を受けて、「ぼく」の顔が真っ赤になったのはなぜだろう。【❹】
● 卓也の素直な心に触れ、主人公は自分の心を見つめ始める。ここから主人公の心の揺れが始まる。
● 二人の心を対比的に捉える。

中心発問：何が「ぼく」を卓也の家へ向かわせたのだろうか。【❺】
● これまで自分をごまかしてきた主人公が、はじめて自分の弱さ醜さを自覚したときに、良心の声を聞いた。

補助発問：すべての星が自分に向かって光を発しているように感じたときの「ぼく」の気持ちはどのようなものだったのだろう。【❺】
● 主人公にはそう見える星が、「弱い自分を認めてそれを乗り超えたときに得られた生きる喜び」を象徴的に表している。

板書例

銀色のシャープペンシル

◎ぼく　拾ったシャープペンシルを自分のものにする。
・ごまかし・正当化
・健二のせいで返せなくなった
・落とした卓也も悪い
・たかだかペンで心がせまい
・返せばいいんだろ

◎卓也　謝りの電話をかける
・過ちを認める・素直
・疑ってごめん

卓也 ⇔ 自分
これまでごまかしたり正当化してきた自分の弱さに気づく

「ずるいぞ。」　←
○心の声
○良心の声

第10章　道徳の指導案の実際——中学校

道徳の時間 展開例　　　　　　「ぼく」と卓也を対比的に捉える展開 A

A 「ぼく」と卓也を対比的に捉えながらねらいに迫る展開

	学習活動	発問と予想される生徒の反応	留意点
導入	■自分の体験を振り返る。 ワークシート 道徳ノート	自分の非を認めず、ごまかしたり、正当化してしまった経験はありますか。	事前にワークシートに書かせておく。発表は強制せず、出なければ教師の体験を話す。
展開	資料を読む ■「ぼく」の心の弱さを考える。	拾ったシャープペンシルを「自分で買った」と言ったのはなぜだろう。 ◇盗んだと思われたくなかった。 ◇とっさにごまかそうとした。 ◇みんなが見ていたのでそう言うしかなかった。	その場の雰囲気や状況に流されやすい主人公の心の弱さに気づかせる。
		卓也のロッカーにペンを返すことで問題を解決しようとした「ぼく」をどう思うか。 ◇本当のことを話して返したほうがよい。 ◇自分のしたことをごまかしている。 ◇他に方法がなかった。仕方ない。	問題の解決にはなっていないことを確認し、主人公は自分の行動を正当化するために、ますます自分を追いつめていることに気づかせる。
	■卓也と「ぼく」の違いを捉える。	卓也からの電話を受けて、「ぼく」の顔が真っ赤になったのはなぜだろう。 ◇卓也に謝らせ、黙っている自分が恥ずかしくなって。 ◇卓也を裏切っている自分が卑怯に思えて。 ◇卓也に比べて自分がずるい人間に思えて。	卓也の心と主人公の心を対比的に捉えたい。 卓也の素直な心に触れたことが、「ぼく」が自分の内面を見つめ、心が揺れ動くきっかけになった点をおさえる。
	■「ぼく」の心の揺れに共感する。	何が「ぼく」を卓也の家へ向かわせたのだろうか。 ●仲直りをしたいと思った。 ●友情をこわしたくないと思った。 ○卓也を裏切っている自分が許せなくなった。 ○自分が卑怯に思えて、耐え切れなくなった。 ○弱い自分に気づき、変えたいと思い始めた。	**POINT** 心の揺れは、自分の中にある弱さと気高さの戦いであることに気づかせ、卓也の家へ向かわせたのは気高さが弱さを乗り超えたうえでの行動であることをおさえる。
	■「ぼく」の決意について考えを深める。 心のノートを読む 心のノート P.70～71	すべての星が自分に向かって光を発しているように感じたときの「ぼく」の気持ちはどのようなものだったのだろう。 ◇心のもやもやをふっ切れたすがすがしい気持ち。 ◇自分の弱さを克服した晴れ晴れした気持ち。 ◇自分をよりよく変えていこうという前向きな気持ち。	❗動機を友情に求めるような発言には、助言してねらいに近づける。 このときの主人公の気持ちは「心のノート」の71ページの少年がよく表していることを助言したい。
終末	■文章化 ワークシート 道徳ノート	感じたことや考えたことをまとめてみよう。	自分の内面を振り返って考えさせる。

163

25 加山さんの願い　藤永 芳純

　ある日,加山さんはいつものように散歩しながら,年老いて一人暮らしの佐藤さんの家の前まできて,新聞が三日分も新聞受けにたまっているのに気づいた。声をかけてみたが,返事はない。玄関から奥をのぞいた加山さんが見たのは,心臓発作で倒れ,死後三日たった佐藤さんの姿だった。
　加山さんは,だれにも知られずに一人で死んでいった佐藤さんのことを思っては,悔やんだ。

　そんなとき,市の広報に目が止まった。それは,市内の様々なボランティア・グループの活動紹介と,参加への勧誘の記事であった。加山さんは,その中の「訪問ボランティア」に興味を引かれた。市内の一人暮らしのお年寄りを訪問し,健康状態などを確認し,話し相手になって,必要ならできる範囲で身の回りの介護をするというものである。
　これなら私にもできそうだ。それに今の自分の思いにいちばんふさわしいと,思った。
　加山さんはさっそくボランティア・センターに連絡して,活動を始めた。
　老人の話し相手になるぐらい簡単なことだと,加山さんは思っていた。
　最初に訪れたのは中井さんだった。だが,
「何か売りつける気だろ!」と言って追い返そうとした。加山さんはさすがにムッとした。
「いえ,市のボランティア活動で,訪問に来ました。何かしてあげられることはありませんか。」
「そんなもの,たのんだ覚えはない。いらぬ世話はしないでくれ。」と,けんもほろろだ。
　中井さんはそっけなく背を向けた。後は何を言っても返事はなく,取りつく島もない。どうしてよいのかわからないまま,加山さんはすごすごと帰るしかなかった。
　せっかく訪ねてやったのに,何だあの態度は……。一人暮らしの老人はだれもさみしがっているのではないのか。訪ねていけば,うれしいはずではないのか……。
　加山さんは腹立たしいやら情けないやら,本当に疲れた思いで足が重かった。
　まあ,中井さんは例外だろう。あんな分からずやは,そういるものではない。次の田中さんは違うだろう。加山さんは,気を取り直した。
　田中さんは足が不自由で寝ていることが多く,掃除や買い物なども手伝うことになっていた。食料品の買い物などは少し恥ずかしい気もしたが,いかにも世話をしている実感があった。田中さんは,「慣れないことで,大変でしょう。すみませんね。」といかにも申し訳なさそうに礼を言ってくれる。加山さんとしても,悪い気はしない。

よいことをしていると感じた。ボランティアを始めてよかったと思った。

　中井さんの予想外の反応に落胆した加山さんだが，ボランティア・センターに登録して始めたことでもある。思い通りにならないからといって中井さんへの訪問を簡単にやめるわけにはいかなかった。田中さんへの訪問で元気を取り戻せるのが救いだった。
　だが，何回かの訪問を重ねても中井さんとはうまく交流ができなかった。「御元気ですか。何かしてほしいことはありませんか。」と声をかけても，「何もない。」という返事が返ってくるだけだった。それでも，「行かなくては」という義務感から加山さんは訪問を続けていた。

　凍りつくような冷たい雨の降る日だった。中井さんの家には，もう何回目の訪問だろうか。加山さんは歩きながら，なくなった父親のことを思い出していた。
「中井さん，こんにちは。あいにくのお天気ですね。いやなことを思い出しそうですよ。……私の父がなくなったのも，こんな雨の日でした。血圧が高くて心配していたんですけど。脳卒中でした。寒いのはいけません。何年たっても，つらいものです。」
　中井さんはギョロッと目を向けた。
「あなたのお父さんも血圧が高かったんか。わしもそうだ。いつお迎えが来るかわからん。」
「中井さん，そんなさみしいことを言わないでくださいよ。それより，血圧はどれくらいですか。私も高めで気になっているんですよ。塩分を控えるようにって医者に言われているんですけど，なかなかそうもいきませんでね。」
「加山さん，それは気をつけなきゃいけませんぞ。油断したらいけません。」
　中井さんは真面目な顔で，はっきり言った。加山さんは，思わず笑って答えた。
「そんな人ごとみたいな言い方，おかしいですよ。ご自分の心配のほうが先じゃないですか。」
「なるほど，それもそうだ。一本取られましたな。」
　中井さんもつられて笑った。初めて見た笑顔だった。加山さんは率直に聞いた。
「私をもう嫌ってはいませんか。」
「いや，あんたを嫌っていたわけじゃない。ただ，私は何かしてもらうというのが嫌なのに，『してあげる』と言われても返事する気にならなかっただけで……。それにしても，加山さんはよく続きますな。私もあんたが来るのが楽しみになりましたよ。」

　中井さんの家を出た加山さんは，満たされた気持ちでいっぱいだった。何の身構えもなく中井さんと話せた。年齢は少し離れてはいるが，友だちを訪ねた思いであった。不思議なことに，疲労感はなかった。からだが暖かくて，軽くなったようだ。冷たい雨は

降り続いていたが，寒くなかった。
　また，来よう。
　加山さんは，義務感からではなくて，すなおにそう思った。
　それにしても「何かしてもらうのが嫌だ」はこたえた。
　その時ふと，田中さんの顔が思い出された。つらそうに「いつもお世話になってすみません」という顔である。
　田中さんはどうしてあれほどつらそうにするのだろうか……。
　加山さんは，思わず立ち止まった。
田中さんはどうしてあれほどつらそうにするのだろう。雨の中で傘をもったまま考え続けた。
　加山さんは，田中さんに謝らなければならないと思った。

　それからは肩の力みが抜けて何をするにも楽になった。自分にできることをしていくことで，だれとでも自然に，人間として出会い支え合い，共に生きていけばいいのだと思うようになった。
　きょうも加山さんは，「ちょっと行ってくるよ」と出かけていく。

（出典）『中学生の道徳2　自分を考える』廣済堂あかつき，2009年，110‐113頁．
　　　　以下に掲載の教師用指導の手引：『中学生の道徳2　自分を考える』，同『教師用指導の手引き』廣済堂あかつき，2009年，160‐163頁（紙幅の都合で体裁を若干変更）．

第10章　道徳の指導案の実際──中学校

25　加山さんの願い

主題名	社会への奉仕	生徒用 P.110～113

ねらい　勤労は個人のためだけでなく社会を支えていることを理解し、公共の福祉と社会の発展に尽くす実践意欲を培う。

内容項目　4-(5)　勤労の尊さや意義を理解し、奉仕の精神をもって、公共の福祉と社会の発展に努める。

主題設定の理由

指導内容
勤労は個人の生活を維持し、自己の幸福を追求するためのものであると同時に、社会的分業によって社会そのものを支えているものでもある。しかし近年では、この勤労の重要な意義が十分に理解されておらず、「自分一人がその日一日を暮らせればあくせく働く必要はない」と考える者が増加してきた。指導にあたっては、勤労を通して社会に奉仕し貢献することが、充実した生き方、さらには一人ひとりの真の幸福につながっていくということを自覚させ、公共の福祉と社会の発展に尽くそうとする実践意欲を育てていくことが大切である。

生徒について
この時期の生徒はまだ「働く」ということへの関心が低く、ましてや無償の「奉仕」にいたってはこれを厭う傾向が強い。昔はそれぞれの家庭に家事の分担があり、子どもたちは手伝いをする中で「働く」ことを身近に体験しながらさまざまなことを学びとってきたものであるが、今日はそのような機会も少なくなってきた。生徒には、勤労の意義をしっかりと理解させ、個人の立場を超えた社会全体の利益を大切にする心をもち、公共の福祉と社会の発展に進んで貢献しようとする態度を育成したいものである。

資料について
独居老人の孤独死に心を痛めた主人公が、自分にもできそうな老人訪問のボランティアを始める。しかし、簡単だと思っていたこの仕事が、なかなか一筋縄ではいかないことを知る。訪問した二人の老人を通して主人公が自らの認識の誤りに気づいていく姿から、ねらいに迫ることができる。主人公の「してあげる」という目線が、「当たり前のことをする」という受け手と同じ立場の目線に変わったとき、世話をする側とされる側の互いの心が通じ合う。地域の住民との人間関係やボランティアの在り方について理解を深められる資料である。

評価

生徒
- 働くということは、個人のためばかりでなく社会を支えていることに気づく発言や記述がある。
- ボランティアのもつ真の奉仕の精神を理解しようとする様子が見られる。

授業
- 加山さんのボランティア活動を通して、奉仕の精神について考えられる発問を工夫できたか。
- 加山さんの気づきを通して、ボランティアの在り方を考えたり、話し合いを深める授業展開ができたか。

関連事項
【教科】社会科［公民］（私たちの生活と経済）
【特別活動】「ボランティア活動」（生徒会活動）
　　　　　　「将来の進路」（学級活動）
【総合的な学習の時間】地域との交流活動
【内容項目】2-(2)／2-(6)／4-(2)

生徒会活動でボランティア活動を計画する際に、本資料の加山さんの「目線」の位置を想起してみるよう指導するとよい。本当に相手の立場になって奉仕する計画になっているかどうかを考えてみるのである。

167

第Ⅱ部　道徳教育の実際

資料分析（資料の読み方）　A

場	❶ボランティアを始めて		❷ある雨の日		❸それから
状況	佐藤さんの孤独死を悔やんでいた加山さんは、お年寄りを訪問するボランティアへの参加勧誘の記事を見つけ、活動を始めた。	最初に訪れた中井さんには追い返されたが、次の田中さんは申し訳なさそうに礼を言ってくれた。	父親の話題をきっかけに、中井さんと初めて何の身構えもなく話せた。	ふと田中さんの顔が思い出された。加山さんは思わず立ち止まって考え続けた。	今日も加山さんは、「ちょっと行ってくるよ」と出かけていく。
加山さんの心	これなら私にもできそうだ。それに、今の自分の思いにいちばんふさわしい。	せっかく訪ねたのに中井さんの態度は何だ。田中さんにはよいことをしたと感じた。始めてよかった。	満たされた気持ちでいっぱいだった。からだが暖かくなったようだ。また、来よう。	どうしてあれほどつらそうにするのだろう…。謝らなければならないと思った。	自分にできることをしていくことで、だれとでも自然に、人間として出会い支え合い、共に生きていけばいいのだ。

中心場面	加山さんが雨の中で考え続ける場面。
中心発問	雨の中で傘をもったまま加山さんが考え続けたことは何だろう。
ねらい	勤労は個人のためだけでなく社会を支えていることを理解し、公共の福祉と社会の発展に尽くす実践意欲を培う。

道徳の時間　展開構想図

発問関連：ボランティアをしてみたいか。 → 本時の学習課題を意識する。

基本発問①：加山さんはどのような気持ちでボランティアを始めたのだろう。【❶】
- ボランティアを軽く考えていることに気づく。

基本発問②：中井さんから拒絶されながらも通い続けた加山さんはどんな気持ちだったのだろう。【❶】
- 義務感で続けている加山さんをおさえる。

補助発問：「ちょっと行ってくるよ」と出かける加山さんの言葉には、加山さんのどんな気持ちがうかがえるか。【❸】
- 社会奉仕の在り方、意義を考える。

基本発問③：「私も楽しみになりましたよ」と中井さんが加山さんに心を開くようになったのはなぜだろう。【❷】
- ボランティアを受ける側の人は、何を望んでいるのかを理解する。

中心発問：雨の中で傘をもったまま加山さんが考え続けたことは何だろう。【❷】
- 世話することもされることも、当たり前のことであることをふまえる。

板書例

加山さんの願い
・佐藤さんへの後悔
・役に立ちたい
・話相手ならできる
ボランティアをしたい

《中井さんの対応》
・腹が立つ
・ボランティアは簡単ではない
・行かなくては
義務感

父親の話から…
中井さんの態度が変化
◎田中さんに謝らねば
目線・義務感
してあげるという

当たり前の、自然なこと
ちょっと行ってくるよ

第10章　道徳の指導案の実際——中学校

道徳の時間 展開例　　　　　　　　　加山さんの学びを中心とした展開 A

A 加山さんが中井さんから学んだことを通してねらいに迫る展開

	学習活動	発問と予想される生徒の反応	留意点
導入	■ボランティアについて考える。	ボランティアをしてみたいか。 ◇興味があるのでしてみたい。◇してみたいがいろいろと難しそう。◇考えたことがない。わからない。	本時の学習課題を意識させる。体験時の感想などを簡単に発表させてもよい。
展開	資料を読む ■ボランティアをしたいと思った加山さんの気持ちを考える。	加山さんはどのような気持ちでボランティアを始めたのだろう。 ◇佐藤さんのようなお年寄りをもう出したくない。 ◇自分にできることがあれば役に立ちたい。 ◇お年寄りの話相手になるくらいなら自分にもできるだろうという気持ち。	佐藤さんの死をきっかけに考え始めたボランティアへの純粋な気持ちをおさえながら、同時にボランティアを軽く考えていることにも気づかせたい。
	■義務感で続けている加山さんの気持ちを捉える。	中井さんから拒絶されながらも通い続けた加山さんはどんな気持ちだったのだろう。 ◇なぜあんなことを言われなければならないんだ。 ◇ボランティアは思っていたほど簡単じゃないようだ。 ◇中井さんもいつかわかってくれるだろう。 ◇簡単にはやめられないからもう少し頑張ろう。 ◇それでも私は行かねばならない義務があるんだ。	「行かなくては」という義務感で続けている加山さんをおさえる。
	■加山さんに心を開いた中井さんの気持ちを考える。	「私も楽しみになりましたよ」と中井さんが加山さんに心を開くようになったのはなぜだろう。 ◇加山さんから「してあげる」という気持ちが見えなくなり自然になったから。 ◇加山さんが中井さんの気持ちに寄り添えてきたから。 ◇つっぱねても何度も何度も通ってくれたから。 ◇互いの心がやっと通い合ったから。	ボランティアを受ける側の人は、ボランティアをする人にどのようなことを望んでいるのかを深く理解させる。
	■加山さんが中井さんから学んだことを考える。	雨の中で傘をもったまま加山さんが考え続けたことは何だろう。 ●田中さんに謝らなければならない。 ○自分は世話をして「あげている」という傲慢な態度で田中さんに接していたのではないか。 ○上から施しを与えるような態度が田中さんを「世話になってすまない」という気持ちにさせていたのではないか。	相手の心を開くためにはまず自分の心を開き、自然に接することが大切であることに気づかせたい。 世話することもされることも、支え合う社会ではごく自然な当たり前のことであることをふまえる。
終末	■文章化 [ワークシート] [道徳ノート]	「ちょっと行ってくるよ」と出かける加山さんの言葉には、加山さんのどんな気持ちがうかがえるか。	社会奉仕の在り方、意義を考えさせる。

資料解説

出典：中学校「読み物資料とその利用・4」文部省 刊

作者：藤永芳純（ふじなが・ほうじゅん）　大阪教育大学教授

解説：前回改訂から掲載している資料である。ボランティアを題材とした、授業でもよく活用されている人気の高い資料であるが、今回の改訂にあたっては原著者了解のもと、一部掲載内容を割愛した。

(3)「資料中に「登場人物の道徳的変化」という「山」がない場合

　資料によっては,「山」が存在しない場合もでてくる。そのときには先述のやり方は通用しない。そのときにはどうすればいいのだろうか。横山利弘(2007a)によれば,「山」が資料の中にない場合には,教師の発問で「山」をつくることが必要になってくるという。「月明かりで見送った夜汽車」という資料では,以下の箇所で「山」をつくるべきだと横山は指摘する。夜汽車がそろそろ学校の近くを通過するときに,学校中の電気が消され,みんなが「どうしたのだ」と思っている真っ暗な校内に放送が流れる。このアナウンスに,暗闇から「オー」という声と拍手が沸き起こった。じつは,この拍手のシーンこそがこの資料の中心箇所であり,この拍手の正体を考えることで「山」をつくるのである。しかもここで発問のつくり方には一工夫が必要であると横山は言う。「なぜ,拍手したのでしょう」との発問では弱い。「何に対して,拍手したのでしょう」と発問することで,〈考える〉—〈分かる〉というプロセスをより明確に導きだすことができ,その結果,子どもたちはアポリア(行き詰まり)の体験ができるのである。そうすることによって,子どもたちは「何に,拍手したのか」という発問をてがかりに考えるようになる。子どもたちはたとえば,電気を消したことに対してか？　あるいはY先生のI先生に対する思いやりかな？　というふうに考えを進めてゆくというのである。

　横山によれば,この時点でこの2つの発想でとどまってはいけないという。元来「思いやり」は,相手が恩に着るような仕方でなされては,本当の思いやりにならない。なぜなら,しばしば親切が相手の心の負担になってしまうからである。相手が気づかないように発揮する思いやりの心が「粋(いき)」なのである。ここで拍手の正体は,Y先生の粋な振る舞いに対する賛美であり,そのことを子どもに気づかせることで,真の思いやりがはじめて〈分かる〉のである。真の道徳はこうした人間的魅力と深くかかわる。このように考えると道徳教育とは,人間的魅力を身につける教育とも言えよう。この資料は,それゆえ子どもに人間的魅力や本当の思いやりを考えさせることのできる深い内容をもった資料であると言えよう。

　実際の教育の営みの中で粋な振る舞いができず,灯りをつけたまま作業を続

けてしまうようなことがおうおうにしてある。この資料で言えば，このときとばかりに，学校中の電気を煌々とつけて「まだ終わってないよ」と見せつける類の発想が私たち大人や教師の中に潜んでいないだろうか。こうしたあり方を「いやみ」というが，道徳の時間の導入で，日ごろの子どもの生活の悪いところを「いやみ」たっぷりとあげつらう教師があるとするならば，そのような道徳の時間は導入の時点ですでに失敗していることになると横山は言う。「野暮」はしかたないとしても「いやみ」だけは道徳の授業では避けるべきである，と横山は確信している。

20 月明かりで見送った夜汽車　武藤　治枝

　昭和四十二年，私が学校事務職員として初めて勤めた小学校の三年目の秋のことです。
　あすから二日間開かれる文化祭の準備のため，その日も多くの先生方は遅くまで，最後の飾りつけに一生懸命でした。児童数が千人を超える大規模校でしたし，作品の種類もたくさんあって，子ども達の手を借りられる仕事は限られてもいましたので，飾りつけは大変な仕事でした。子ども達が心をこめて作ったものばかりですから，数が多いからといって手を抜くなどということはできるはずもなく，一つ一つ丁寧に飾りつけられていました。
　そんな先生方に交じって，若さにまかせてはしゃぎながら私も六年生の飾りつけの手伝いをしていました。
　午後八時を少し過ぎた頃だったと思います。私がお手伝いをしていた六年生のＩ先生が学年主任のＹ先生と何か話をしています。
　まだ六年生の飾りつけが途中で，とても申し訳ないが，これから夜行で，国体の県代表として出かけなければならない時間になったこと，駅で仲間が待っているから，そろそろ出かけたいという内容のようでした。
　そういえば，今朝の職員打ち合わせの時，校長先生がそうおっしゃっておられたっけ，そうかそのことなのかと私は思いました。
　するとＹ先生は，
「飾りつけも，もうここまでくればあと一息だ。一緒に国体へ行かれる仲間の方々に迷惑がかからないように，あとは僕達に任せて，頑張ってこいよ。あんたが汽車に乗る頃までには全部終わるだろうから安心して」
とＩ先生を送り出したのです。
　私の勤めていた学校は高田市の市街地のはずれの方にあり，高田駅から約二キロ離れた信越線の沿線近くにありました。当時，線路と三階建て鉄筋校舎の間には畑が広がっており，大きな建物もなかったので，日中であれば列車の窓からは，学校がよく見えます。私も上京の折り，あまりの近さに驚いたことがあります。高田駅を発車した列車は，三，四分もすれば学校の脇を通過するのです。
　Ｉ先生を送り出して，一時間ほど過ぎましたが，飾りつけは，まだまだ終わりそうにもありませんでした。作品の見方の説明は，これでどうだろうか，この作品は，こんな配列にした方がより効果的みたいだね，などと話をしている声が聞こえます。
　でも時間がたつにつれて，だんだん口数が少なくなり，黙りがちになって，どの先生もだいぶ疲れているのがわかります。

その時，突然，Y先生が，まわりにいた先生方に，
「もうすぐ，I先生の乗る列車が発車する。学校中の電気を消してもらうよう，放送しよう」
と言われました。
　ブレーカーが落とされ，あっというまに，あたりはまっ暗になり，一瞬，何のことかわからなくてポカンとしていた私の耳に，校内放送が聞こえました。
「お仕事の途中，たいへん申し訳ありませんが，I先生が国体に出かけるため，まもなく高田駅を出発します。飾りつけ途中に出かけることをとても気にしておられたので，全部終わったと安心して出かけてもらうために，少しの間，校内の電気を消させて頂きました。お願いします」
　暗闇の中から，オーという声と，拍手が聞こえました。
　私は急いで窓ぎわへ寄って，線路のあたりを，目を凝らして見つめました。三階の教室の窓からは，ゆるいカーブになった線路が，月明かりに，はっきり見えます。
　どの位たったでしょうか。
　夜汽車が通って行きます。胸がジーンとしてきました。ここから人の顔などわかるはずもないのに，私は，I先生の姿を見つけようとガラスに顔をくっつけ，列車の窓明かりを見つめていました。列車は，暗闇の中に吸い込まれるようにして，消えて行きました。
　I先生は，電気の消えたまっ暗な校舎を見て，きっと安心して出かけられたと思います。
　あたりが急に明るくなり，ハッと我に返りました。先生方は，また前のように，忙しそうに仕事を続け始めました。

（出典）『中学生の道徳3　自分をのばす』廣済堂あかつき，2009年．
　　　以下に掲載の教師用指導の手引：『中学生の道徳3　自分をのばす』，同『教師用指導の手引き』廣済堂あかつき，2009年，126 - 129頁（紙幅の都合で体裁を若干変更）．

第Ⅱ部　道徳教育の実際

20　月明かりで見送った夜汽車

主題名	思いやりの心	生徒用 P.96〜98
ねらい	思いやりの根底にある人間への深い理解と共感を認識し、人間愛に満ちた心情を育てる。	
内容項目	2-(2)　温かい人間愛の精神を深め、他の人々に対し思いやりの心をもつ。	

主題設定の理由

指導内容
思いやりとは、相手にとってどのようなことが望ましいことかをふまえて行動することだ。その意味では、社会に生きる人間としてもっとも大切な心情であり、この思いさえあればその人は豊かな人生を送れるであろう。だが最近は、自分にとってよいことを第一に考える人が多くなってきた。思いやりが減っていくだけ、感謝の心も少なくなり、いよいよ世の中はぎすぎすしてくる。重要な人格形成期にある中学生たちには、思いやりが人とのかかわりの中で欠かすことのできない心であることに気づき、その美しさをたたえる気持ちを大切にしてもらいたい。

生徒について
他人が思いやりに欠けた言動をとると腹を立てるが、本人はいたってクールというような生徒がいる。あるいは、他者からの思いやりばかりを求め、自身は自己中心的な生徒もいる。もちろん、たえず他者への配慮を忘れぬ生徒もいるが、どちらかというと少数である。非常に多感な時期にあって精神的な脆さを併せもつ中学生は、施すよりも求める心が強いようである。本時では、ひとつのエピソードを通して思いやりのある人間風景の美しさに触れる。そのときに受けるある種の感銘を通し、思いやりのもつぬくもりを感じさせ実践意欲を引き出したい。

資料について
人の思いやりというものをしみじみと味わうことのできる資料だ。職員総掛かりで翌日の文化祭の準備に忙しいある小学校が舞台。午後八時過ぎに中座したⅠ先生は国体に参加するため夜汽車に乗るのだった。学校の脇を通る線路に夜汽車がさしかかろうという時間、学校のブレーカーが落とされ校内は真っ暗になり、職員全員が月明かりの中をゆく夜汽車を見送る、という話である。思いやる人と、それを受ける人と、その双方向のあたたかい気持ちというものが、読む人の心にぬくもりを与えてくれる。短いが胸を打つ資料である。

評価

生徒
- 思いやりの心は双方向のものであるということに気づいた発言や記述がある。
- 思いやりの心は人間関係を基盤とする社会で大切なものであることに気づく様子が見られる。

授業
- 先生たちの「オー」という声と拍手からねらいに迫る発問を工夫できたか。
- 思いやりと感謝の心は好ましい社会の実現に欠かせないことに気づく授業が展開できたか。

関連事項
【教科】国語科（同類の主題の教材）
【特別活動】「学校文化祭に向けて」（学級活動）
　　　　　　「遠足の班行動」（学級活動）
【総合的な学習の時間】福祉体験活動
【内容項目】4-(2) ／ 4-(4)

学習指導要録「行動の記録」には「思いやり・協力」の項目がある。たとえば本時の発言や記述、さらに日常的な様子を観察することで、生徒に芽生える心情や実践意欲、態度を捉えることができるだろう。

第10章　道徳の指導案の実際——中学校

資料分析（資料の読み方）　A

場	❶文化祭の準備			❷Ｉ先生を送り出した後	
状況	文化祭の準備のため、遅くまで飾りつけに一生懸命だった。	準備の途中で、Ｉ先生が夜汽車に乗るために申し訳なさそうに出かける。		「Ｉ先生に安心して出かけてもらうために電気を消しました」という校内放送が流れる。	暗い学校から、夜汽車が通り過ぎるのを見る。
心の動き	【筆者】数が多いからといって手を抜くなどということはできない。	【Ｙ先生】あとは僕達に任せて、頑張ってこいよ。安心して。		【学校に残る人々】オーという声と、拍手。	【筆者】胸がジーンとしてきた。

中心場面	「電気を消しました」という校内放送に、歓声が沸き上がる場面。
中心発問	みんなは、何に対して「オー」という声をあげ、「拍手」したのだろう。
ねらい	思いやりの根底にある人間への深い理解と共感を認識し、人間愛に満ちた心情を育てる。

道徳の時間　展開構想図

基本発問
●読後の余韻の中で語り合う。
この話で印象に残るのはどの場面ですか。

中心発問
●Ｙ先生の粋な振る舞い、それに共感する人々のよさをおさえる。
みんなは、何に対して「オー」という声をあげ、「拍手」したのだろう。【❷】

切り返し発問
筆者が「胸がジーンときました」というこの光景に、あなたは何を感じますか。【❷】
●思いやりのある風景のあたたかさを捉える。

板書例

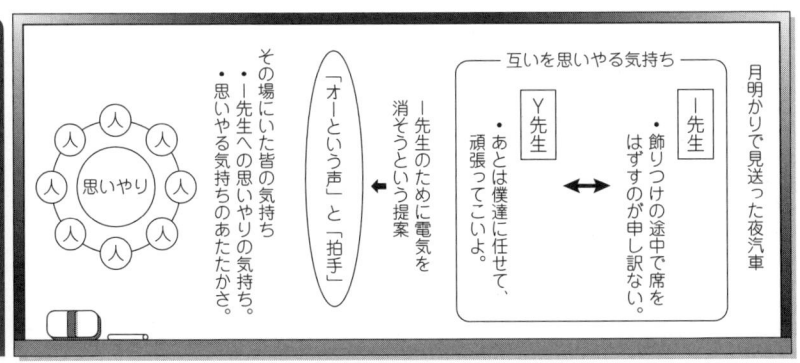

月明かりで見送った夜汽車

互いを思いやる気持ち

Ｉ先生
・飾りつけの途中で席をはずすのが申し訳ない。

Ｙ先生
・あとは僕達に任せて、頑張ってこいよ。

・Ｉ先生のために電気を消そうという提案

「オーという声」と「拍手」

・その場にいた皆の気持ち
・Ｉ先生への思いやりの気持ち
・思いやる気持ちのあたたかさ。

（中央の図）人々が「思いやり」を囲む

道徳の時間 展開例　　見送る人たちの情景から考える展開 A

A 月明かりで夜汽車を見送る人たちの情景からねらいに迫る展開

	学習活動	発問と予想される生徒の反応	留意点
導入	■教師の話を聴く。	きょうは、ちょっといい話をもとにいろいろ考えてみよう。	簡単な導入で展開に進む。
展開	資料を読む ■印象的な場面を語り合う。	この話で印象に残るのはどの場面ですか。 ◇ブレーカーを落とすところ。 ◇オーという歓声と拍手の場面。 ◇夜汽車が通り過ぎるところ。	読後の余韻を生かし、生徒の率直な印象をたずねる。なぜ、その場面なのか理由も問う。
	■思いやりの心について考える。	みんなは、何に対して「オー」という声をあげ、「拍手」したのだろう。 ●Y先生が電気を消したこと。 ○Y先生の振る舞いに、みんなの心があたたかくなったこと。 ○みんなが心に持っていた、人が人を思いやる気持ちのよさ。	**POINT** Y先生に対する賞賛にとどまらず、Y先生の粋な振る舞いに人間のよさを感じ取らせる。
		筆者が「胸がジーンときました」というこの光景に、あなたは何を感じますか。 ◇みんなに思いやりの心がある。 ◇お互いに思いやりがあるということはすばらしい。 ◇Y先生も、I先生も、ほかの先生も思いやりがある。 ◇思いやりのある関係は、すてきな集団をつくる。 ◇だれもがいい気持ちになっている。	**切り返し発問** Y先生やI先生だけでなく、すべての人のあたたかい心を捉える。思いやりのある人間関係は、すばらしい場（社会）をつくるということに気づかせたい。
終末	■吉川英治の言葉を読む。 ■文章化 ワークシート 道徳ノート	吉川英治さんの言葉は、まさにきょうの話で私たちが気づかされたことですね。Y先生とI先生の互いを思いやる心だけではなく、他の先生にも思いやりがある。この人たちは「あたたかい心」で、人の中にいるから、「人のあたたかさ」が分かるのでしょうね。ジーンときた筆者も、そしてこの話に感動した私たちも、実はそういう「あたたかい心」があるのです。きょう感じたこと、考えたことをノートにまとめてみましょう。	資料のあとの吉川英治の言葉を範読。 思いやりの根底にある人間愛に気づかせる助言をする。

資料解説

出典	「生きる」 PHP研究所　刊	解説	筆者が学校の事務職員をしていたころの心あたたまる思い出を綴った手記。仕事の途中で国体に出かけなければならなかった先生に気を遣わせまいと、学校の明かりを消して夜汽車を見送ったという感動的な話である。
作者	武藤治枝（むとう・はるえ）		

参考文献

尾田幸雄著（2008）「第2章 道徳とは何か」日本道徳教育学会編『道徳教育入門』教育開発研究所．

横山利弘著（2007a）『道徳教育，画餅からの脱却』暁教育図書．

横山利弘著（2007b）『道徳教育とは何だろうか』暁教育図書．

「横山利弘先生を囲む道徳教育研究会」での配布資料および講演内容メモ．

横山利弘他編（2009）『新学習指導要領対応　中学生の道徳』（1・2・3年生用）および『教師用指導の手引き』（1・2・3年生用）廣済堂あかつき株式会社．

（広岡　義之）

資 料 編

小学校学習指導要領新旧対照表(総則・道徳)

中学校学習指導要領新旧対照表(総則・道徳)

中学校「道徳の内容」一覧表【見え消し版】

「道徳の内容」の学年段階・学校段階の一覧表

小学校学習指導要領新旧対照表

第1章　総則（旧）	第1章　総則（新）
第1　教育課程編成の一般方針 2　学校における道徳教育は，学校の教育活動全体を通じて行うものであり，道徳の時間をはじめとして各教科，特別活動及び総合的な学習の時間のそれぞれの特質に応じて適切な指導を行わなければならない。 　道徳教育は，教育基本法及び学校教育法に定められた教育の根本精神に基づき，人間尊重の精神と生命に対する畏（い）敬の念を家庭，学校，その他社会における具体的な生活の中に生かし，豊かな心をもち，個性豊かな文化の創造と民主的な社会及び国家の発展に努め，進んで平和的な国際社会に貢献し未来を拓（ひら）く主体性のある日本人を育成するため，その基盤としての道徳性を養うことを目標とする。 　道徳教育を進めるに当たっては，教師と児童及び児童相互の人間関係を深めるとともに，家庭や地域社会との連携を図りながら，ボランティア活動や自然体験活動などの豊かな体験を通して児童の内面に根ざした道徳性の育成が図られるよう配慮しなければならない。	**第1　教育課程編成の一般方針** 2　学校における道徳教育は，道徳の時間を要（かなめ）として学校の教育活動全体を通じて行うものであり，道徳の時間はもとより，各教科，外国語活動，総合的な学習の時間及び特別活動のそれぞれの特質に応じて，児童の発達の段階を考慮して，適切な指導を行わなければならない。 　道徳教育は，教育基本法及び学校教育法に定められた教育の根本精神に基づき，人間尊重の精神と生命に対する畏敬の念を家庭，学校，その他社会における具体的な生活の中に生かし，豊かな心をもち，伝統と文化を尊重し，それらをはぐくんできた我が国と郷土を愛し，個性豊かな文化の創造を図るとともに，公共の精神を尊び，民主的な社会及び国家の発展に努め，他国を尊重し，国際社会の平和と発展や環境の保全に貢献し未来を拓（ひら）く主体性のある日本人を育成するため，その基盤としての道徳性を養うことを目標とする。 　道徳教育を進めるに当たっては，教師と児童及び児童相互の人間関係を深めるとともに，児童が自己の生き方についての考えを深め，家庭や地域社会との連携を図りながら，集団宿泊活動やボランティア活動，自然体験活動などの豊かな体験を通して児童の内面に

根ざした道徳性の育成が図られるよう配慮しなければならない。その際、特に児童が基本的な生活習慣、社会生活上のきまりを身に付け、善悪を判断し、人間としてしてはならないことをしないようにすることなどに配慮しなければならない。

「第1章総則」の第1の2について

　道徳教育の教育課程編成における方針として、道徳の時間の役割を「道徳の時間を要（かなめ）として学校の教育活動全体を通じて行うもの」であるとされた。ここで「要（かなめ）」という表現を用いて道徳の時間の道徳教育における中核的な役割や性格が明確にされた。また、「児童の発達の段階を考慮して」と示され、学校や学年の段階に応じ、発達的な課題に即した適切な指導を進める必要性について論じられている。

　道徳教育の目標については、従来の目標に加えて、「伝統と文化を尊重し、それらをはぐくんできた我が国と郷土を愛し」、「公共の精神を尊び」、「他国を尊重し、国際社会の平和と発展や環境の保全に貢献し」が加えられた。これらは、改正教育基本法における教育の目標や学校教育法の一部改正で新たに規定された義務教育の目標を踏まえたものである。

　道徳教育推進上の配慮事項については、人間関係を深めること、家庭や地域社会との連携、豊かな体験活動の充実等について示されているが、そこに「児童が自己の生き方についての考えを深め」が加えられ、児童が健全な自信をもち豊かなかかわりの中で自立心をはぐくみ、自律的に生きようとすることの大切さが提示されている。また、発達の段階や児童を取り巻く環境の変化を踏まえ、小学校段階で重視すべき豊かな体験として集団宿泊活動が新たに例示された。さらに、児童の内面に根ざした道徳性の育成に際し、「特に児童が基本的な生活習慣、社会生活上のきまりを身に付け、善悪を判断し、人間としてしてはならないことをしないこと」への配慮など、第3章の第3の1の(3)に示されている低学年段階の重点が例示され、小学校段階での指導の特色が浮き彫りにされている。

は加えられた語句・事項。___は変更された表現。

第3章　道徳（旧）	第3章　道徳（新）
第1　目標 道徳教育の目標は，第1章総則の第1の2に示すところにより，学校の教育活動全体を通じて，道徳的な心情，判断力，実践意欲と態度などの道徳性を養うこととする。 　道徳の時間においては，以上の道徳教育の目標に基づき，各教科，特別活動及び総合的な学習の時間における道徳教育と密接な関連を図りながら，計画的，発展的な指導によってこれを補充，深化，統合し，道徳的価値の自覚を深め，道徳的実践力を育成するものとする。 **第2　内容**	**第1　目標** 道徳教育の目標は，第1章総則の第1の2に示すところにより，学校の教育活動全体を通じて，道徳的な心情，判断力，実践意欲と態度などの道徳性を養うこととする。 　道徳の時間においては，以上の道徳教育の目標に基づき，各教科，外国語活動，総合的な学習の時間及び特別活動における道徳教育と密接な関連を図りながら，計画的，発展的な指導によってこれを補充，深化，統合し，道徳的価値の自覚及び自己の生き方についての考えを深め，道徳的実践力を育成するものとする。 　　道徳の時間の目標に関しては，「道徳的価値の自覚を深め」としていたところに，「自己の生き方についての考え」を加え，「道徳的価値の自覚及び自己の生き方についての考えを深め」とした。これは，道徳の時間の特質である道徳的価値の自覚を一層促し，そのことを基盤としながら，児童が自己の生き方に結び付けて考えてほしいとの趣旨を重視したものである。これは，中学校段階における「道徳的価値及びそれに基づいた人間としての生き方についての自覚」に発展する前の段階であるととらえることができる。 **第2　内容** 　道徳の時間を要（かなめ）として学校の教育活動全体を通じて行う道徳教育の内容は，次のとおりとする。 　　内容については，その項目を示す前段の冒頭

に「道徳の時間を要(かなめ)として学校の教育活動全体を通じて行う道徳教育の内容は,次のとおりとする」と示された。これは,以下に示す内容項目のすべてが,道徳の時間の内容として計画的,発展的に取り上げるべきものであり,教育活動全体でも,各教科等の特質に応じて指導するものであることが示されている。

〔第1学年及び第2学年〕

〔第1学年及び第2学年〕

「第1学年及び第2学年」においては,新たな項目として4の(2)「働くことのよさを感じて,みんなのために働く」を加えた。この段階から,児童が身近な集団の役に立つために働くという社会参画への意識を育てることを意図した項目であり,1の(2)の「自分がやらなければならない勉強や仕事」を自己の成長のためにしっかりと行うとする項目との関連や違いを考慮する必要があるだろう。

1 主として自分自身に関すること。
(1) 健康や安全に気を付け,物や金銭を大切にし,身の回りを整え,わがままをしないで,規則正しい生活をする。
(2) 自分がやらなければならない勉強や仕事は,しっかりと行う。
(3) よいことと悪いことの区別をし,よいと思うことを進んで行う。
(4) うそをついたりごまかしをしたりしないで,素直に伸び伸びと生活する。
2 主として他の人とのかかわりに関すること。
(1) 気持ちのよいあいさつ,言葉遣い,動作などに心掛けて,明るく接する。
(2) 身近にいる幼い人や高齢者に温かい心で接し,親切にする。
(3) 友達と仲よくし,助け合う。
(4) 日ごろ世話になっている人々に感謝する。

1 主として自分自身に関すること。
(1) 健康や安全に気を付け,物や金銭を大切にし,身の回りを整え,わがままをしないで,規則正しい生活をする。
(2) 自分がやらなければならない勉強や仕事は,しっかりと行う。
(3) よいことと悪いことの区別をし,よいと思うことを進んで行う。
(4) うそをついたりごまかしをしたりしないで,素直に伸び伸びと生活する。
2 主として他の人とのかかわりに関すること。
(1) 気持ちのよいあいさつ,言葉遣い,動作などに心掛けて,明るく接する。
(2) <u>幼い人や高齢者など身近にいる人</u>に温かい心で接し,親切にする。
(3) 友達と仲よくし,助け合う。
(4) 日ごろ世話になっている人々に感謝する。

	2の(2)は「幼い人や高齢者など身近にいる人に」と表現を調整し，児童が親切な行為について幼い人や高齢者だけでなく，困っている人など身近にいる多様な人々に意識を広げられるようにした。
3　主として自然や崇高なものとのかかわりに関すること。 (1)　身近な自然に親しみ，動植物に優しい心で接する。 (2)　生きることを喜び，生命を大切にする心をもつ。 (3)　美しいものに触れ，すがすがしい心をもつ。	3　主として自然や崇高なものとのかかわりに関すること。 (1)　生きることを喜び，生命を大切にする心をもつ。 (2)　身近な自然に親しみ，動植物に優しい心で接する。 (3)　美しいものに触れ，すがすがしい心をもつ。
	3の視点の内容項目については，従来の3の(2)の生命を大切にする心に関する内容が3の(1)となり，3の(2)の自然愛や動植物に対する優しさに関する内容を3の(2)として入れ替えられた。これは，3の視点の中で生命を尊重する心の育成を最初に位置付けたことによるものである。この改善は後述する中・高学年段階のみならず，中学校段階まで同様に行われている。これにより，自然を愛する心や畏敬の念に関する内容等の配列順も含め，学校や学年の段階を通した一貫的な理解がしやすくなった。
4　主として集団や社会とのかかわりに関すること。 (1)　みんなが使う物を大切にし，約束やきまりを守る。 (2)　父母，祖父母を敬愛し，進んで家の手伝いなどをして，家族の役に立つ喜びを知る。 (3)　先生を敬愛し，学校の人々に親しんで，学級や学校の生活を楽しくする。 (4)　郷土の文化や生活に親しみ，愛着をもつ。	4　主として集団や社会とのかかわりに関すること。 (1)　約束やきまりを守り，みんなが使う物を大切にする。 (2)　働くことのよさを感じて，みんなのために働く。 (3)　父母，祖父母を敬愛し，進んで家の手伝いなどをして，家族の役に立つ喜びを知る。 (4)　先生を敬愛し，学校の人々に親しんで，学級や学校の生活を楽しくする。 (5)　郷土の文化や生活に親しみ，愛着をもつ。

資 料 編

	4の(1)においては,「約束やきまりを守り,みんなが使う物を大切にする」と,前後の内容を入れ替え,集団のきまりをしっかりと守ることをより強調した。
〔第3学年及び第4学年〕	〔第3学年及び第4学年〕 　「第3学年及び第4学年」においては,新たな項目として,1の(5)「自分の特徴に気付き,よい所を伸ばす」が加えられた。児童が自己の生き方を大切に考え,多様な可能性を意識しながら自己のよさを実現するために意欲的に取り組んでいくことが重要であるとの考えによる。さらにこれは高学年段階の1の(6)「自分の特徴を知って,悪い所を改めよい所を積極的に伸ばす」につながる内容項目である。 　従前の1の(2)「よく考えて行動し,過ちは素直に改める」の項目が削除され,その趣旨は1の(1)の基本的な生活習慣の形成に関する内容に「よく考えて行動し」が加えられるとともに,1の(4)の正直さや明るい心に関する内容に「過ちは素直に改め」が加えられることによって,他の学年段階における内容との指導のつながりや発展性がより明確になった。
1　主として自分自身に関すること。 (1)　自分でできることは自分でやり,節度のある生活をする。 (2)　よく考えて行動し,過ちは素直に改める。 (3)　自分でやろうと決めたことは,粘り強くやり遂げる。 (4)　正しいと思うことは,勇気をもって行う。 (5)　正直に,明るい心で元気よく生活する。	1　主として自分自身に関すること。 (1)　自分でできることは自分でやり,よく考えて行動し,節度のある生活をする。 (2)　自分でやろうと決めたことは,粘り強くやり遂げる。 (3)　正しいと判断したことは,勇気をもって行う。 (4)　過ちは素直に改め,正直に明るい心で元気よく生活する。 (5)　自分の特徴に気付き,よい所を伸ばす。 　1の(3)において,「正しいと思うこと」を「正しいと判断したこと」と改められ,善悪の判断がより主体的に自らの考えで行われることとされた。 　3の視点の中で内容項目の順を低学年段階と

	同様の趣旨から入れ替えられている。
2 主として他の人とのかかわりに関すること。 (1) 礼儀の大切さを知り，だれに対しても真心をもって接する。 (2) 相手のことを思いやり，親切にする。 (3) 友達と互いに理解し，信頼し，助け合う。 (4) 生活を支えている人々や高齢者に，尊敬と感謝の気持ちをもって接する。 3 主として自然や崇高なものとのかかわりに関すること。 (1) 自然のすばらしさや不思議さに感動し，自然や動植物を大切にする。 (2) 生命の尊さを感じ取り，生命あるものを大切にする。 (3)) 美しいものや気高いものに感動する心をもつ。 4 主として集団や社会とのかかわりに関すること。 (1) 約束や社会のきまりを守り，公徳心をもつ。 (2) 働くことの大切さを知り，進んで働く。 (3) 父母，祖父母を敬愛し，家族みんなで協力し合って楽しい家庭をつくる。 (4) 先生や学校の人々を敬愛し，みんなで協力し合って楽しい学級をつくる。 (5) 郷土の<u>文化と伝統</u>を大切にし，郷土を愛する心をもつ。 (6) 我が国の<u>文化と伝統</u>に親しみ，国を愛する心をもつとともに，外国の	2 主として他の人とのかかわりに関すること。 (1) 礼儀の大切さを知り，だれに対しても真心をもって接する。 (2) 相手のことを思いやり，<u>進んで親切にする。</u> (3) 友達と互いに理解し，信頼し，助け合う。 (4) 生活を支えている人々や高齢者に，尊敬と感謝の気持ちをもって接する。 3 主として自然や崇高なものとのかかわりに関すること。 (1) 生命の尊さを感じ取り，生命あるものを大切にする。 (2) 自然のすばらしさや不思議さに感動し，自然や動植物を大切にする。 (3) 美しいものや気高いものに感動する心をもつ。 4 主として集団や社会とのかかわりに関すること。 (1) 約束や社会のきまりを守り，公徳心をもつ。 (2) 働くことの大切さを知り，進んで<u>みんなのために働く。</u> (3) 父母，祖父母を敬愛し，家族みんなで協力し合って楽しい家庭をつくる。 (4) 先生や学校の人々を敬愛し，みんなで協力し合って楽しい学級をつくる。 (5) 郷土の<u>伝統と文化</u>を大切にし，郷土を愛する心をもつ。 (6) 我が国の<u>伝統と文化</u>に親しみ，国を愛する心をもつとともに，外国の

人々や文化に関心をもつ。	人々や文化に関心をもつ。 　4の(2)においては，「進んで働く」を「進んでみんなのために働く」と改められ，働くことによる社会参画への意識が中学年なりに一層深められるようになった。
〔第5学年及び第6学年〕	〔第5学年及び第6学年〕 　「第5学年及び第6学年」においては，新たに付け加えた内容項目はないが，まず，1の(1)の内容に「生活習慣の大切さを知り」が加えられ，望ましい生活習慣の形成を重視するとともに，生活習慣にかかわる内容項目であることが明確にされた。また，「生活を振り返り」が「自分の生活を見直し」と改められ，生活の自己改善を図ることの重要性が示された。
1　主として自分自身に関すること。 (1)　<u>生活を振り返り</u>，節度を守り節制に心掛ける。 (2)　より高い目標を立て，希望と勇気をもってくじけないで努力する。 (3)　自由を大切にし，<u>規律ある行動を</u>する。 (4)　誠実に，明るい心で楽しく生活する。 (5)　真理を大切にし，進んで新しいものを求め，工夫して生活をよりよくする。 (6)　自分の特徴を知って，悪い所を改めよい所を積極的に伸ばす。	1　主として自分自身に関すること。 (1)　<u>生活習慣の大切さを知り</u>，<u>自分の生活を見直し</u>，節度を守り節制に心掛ける。 (2)　より高い目標を立て，希望と勇気をもってくじけないで努力する。 (3)　自由を大切にし，<u>自律的で責任のある行動をする</u>。 (4)　誠実に，明るい心で楽しく生活する。 (5)　真理を大切にし，進んで新しいものを求め，工夫して生活をよりよくする。 (6)　自分の特徴を知って，悪い所を改めよい所を積極的に伸ばす。 　1の(3)においては，「規律ある行動をする」が「自律的で責任のある行動をする」と改められ，自立心や自律性及び自己に対する責任感をはぐくむことが明確にされた。 　なお，この段階においても，3の視点の内容項目の順が低学年段階と同様の趣旨から入れ替えられ，生命を尊重する心の育成が最初に位置付けられ，低学年段階から中学校段階に至る3の視点全体の内容項目の連続性がより明確にな

った。

2　主として他の人とのかかわりに関すること。
(1)　時と場をわきまえて，礼儀正しく真心をもって接する。
(2)　だれに対しても思いやりの心をもち，相手の立場に立って親切にする。
(3)　互いに信頼し，学び合って友情を深め，男女仲よく協力し助け合う。
(4)　謙虚な心をもち，広い心で自分と異なる意見や立場を大切にする。
(5)　日々の生活が人々の支え合いや助け合いで成り立っていることに感謝し，それにこたえる。

3　主として自然や崇高なものとのかかわりに関すること。
(1)　自然の偉大さを知り，自然環境を大切にする。
(2)　生命がかけがえのないものであることを知り，自他の生命を尊重する。
(3)　美しいものに感動する心や人間の力を超えたものに対する畏敬の念をもつ。

4　主として集団や社会とのかかわりに関すること。
(1)　身近な集団に進んで参加し，自分の役割を自覚し，協力して主体的に責任を果たす。
(2)　公徳心をもって法やきまりを守り，自他の権利を大切にし進んで義務を果たす。
(3)　だれに対しても差別をすることや偏見をもつことなく公正，公平にし，

2　主として他の人とのかかわりに関すること。
(1)　時と場をわきまえて，礼儀正しく真心をもって接する。
(2)　だれに対しても思いやりの心をもち，相手の立場に立って親切にする。
(3)　互いに信頼し，学び合って友情を深め，男女仲よく協力し助け合う。
(4)　謙虚な心をもち，広い心で自分と異なる意見や立場を大切にする。
(5)　日々の生活が人々の支え合いや助け合いで成り立っていることに感謝し，それにこたえる。

3　主として自然や崇高なものとのかかわりに関すること。
(1)　生命がかけがえのないものであることを知り，自他の生命を尊重する。
(2)　自然の偉大さを知り，自然環境を大切にする。
(3)　美しいものに感動する心や人間の力を超えたものに対する畏敬の念をもつ。

4　主として集団や社会とのかかわりに関すること。
(1)　公徳心をもって法やきまりを守り，自他の権利を大切にし進んで義務を果たす。
(2)　だれに対しても差別をすることや偏見をもつことなく公正，公平にし，正義の実現に努める。
(3)　身近な集団に進んで参加し，自分の役割を自覚し，協力して主体的に責

正義の実現に努める。 (4) 働くことの意義を理解し，社会に奉仕する喜びを知って公共のために役に立つことをする。 (5) 父母，祖父母を敬愛し，家族の幸せを求めて，進んで役に立つことをする。 (6) 先生や学校の人々への敬愛を深め，みんなで協力し合いよりよい校風をつくる。 (7) 郷土や我が国の<u>文化と伝統</u>を大切にし，先人の努力を知り，郷土や国を愛する心をもつ。 (8) 外国の人々や文化を大切にする心をもち，日本人としての自覚をもって世界の人々と親善に努める。	任を果たす。 (4) 働くことの意義を理解し，社会に奉仕する喜びを知って公共のために役に立つことをする。 (5) 父母，祖父母を敬愛し，家族の幸せを求めて，進んで役に立つことをする。 (6) 先生や学校の人々への敬愛を深め，みんなで協力し合いよりよい校風をつくる。 (7) 郷土や我が国の<u>伝統と文化</u>を大切にし，先人の努力を知り，郷土や国を愛する心をもつ。 (8) 外国の人々や文化を大切にする心をもち，日本人としての自覚をもって世界の人々と親善に努める。 <small>　4の(3)の項目は「身近な集団に進んで参加し，自分の役割を自覚し，協力して主体的に責任を果たす」となり，4の(4)の働くことの意義の理解や公共のために尽くすことなどと関連させて，社会参画への意欲や態度に関する内容項目としての理解が容易になった。</small>
第3　指導計画の作成と各学年にわたる内容の取扱い 1　各学校においては，<u>校長をはじめ全教師</u>が協力して道徳教育を展開するため，次に示すところにより，道徳教育の全体計画と道徳の時間の年間指導計画を作成するものとする。	**第3　指導計画の作成と内容の取扱い** 1　各学校においては，<u>校長の方針の下に，道徳教育の推進を主に担当する教師（以下「道徳教育推進教師」という。）を中心に</u>，全教師が協力して道徳教育を展開するため，次に示すところにより，道徳教育の全体計画と道徳の時間の年間指導計画を作成するものとする。 <small>　1の道徳教育の指導計画の作成においては，「校長の方針の下に，道徳教育の推進を主に担当する教師（以下「道徳教育推進教師」という。）を中心に」と明示された。これは，全教</small>

師で作成する道徳教育の諸計画について，校長の方針を明確にし，学校として取り組む重点や特色を明確にする必要があることを意味する。さらに，道徳教育の推進を中心となって担う教師を位置付け，学校として一体的な推進体制をつくることの重要性を示したものである。

(1) 道徳教育の全体計画の作成に当たっては，学校における全教育活動との関連の下に，児童，学校及び地域の実態を考慮して，学校の道徳教育の重点目標を設定するとともに，第2に示す道徳の内容と各教科，特別活動及び総合的な学習の時間における指導との関連並びに家庭や地域社会との連携の方法を示す必要があること。

(2) 道徳の時間の年間指導計画の作成に当たっては，道徳教育の全体計画に基づき，各教科，特別活動及び総合的な学習の時間との関連を考慮しながら，計画的・発展的に授業がなされるよう工夫すること。その際，各学年段階の内容項目について，児童や学校の実態に応じ，2学年間を見通した重点的な指導や内容項目間の関連を密にした指導を行うよう工夫すること。なお，特に必要な場合には，他の学年段階の内容項目を加えることができること。

(3) 各学校においては，特に低学年では基本的な生活習慣や善悪の判断，社会生活上のルールを身に付けること，

(1) 道徳教育の全体計画の作成に当たっては，学校における全教育活動との関連の下に，児童，学校及び地域の実態を考慮して，学校の道徳教育の重点目標を設定するとともに，第2に示す道徳の内容との関連を踏まえた各教科，外国語活動，総合的な学習の時間及び特別活動における指導の内容及び時期並びに家庭や地域社会との連携の方法を示す必要があること。

(2) 道徳の時間の年間指導計画の作成に当たっては，道徳教育の全体計画に基づき，各教科，外国語活動，総合的な学習の時間及び特別活動との関連を考慮しながら，計画的，発展的に授業がなされるよう工夫すること。その際，第2に示す各学年段階ごとの内容項目について，児童や学校の実態に応じ，2学年間を見通した重点的な指導や内容項目間の関連を密にした指導を行うよう工夫すること。ただし，第2に示す各学年段階ごとの内容項目は相当する各学年においてすべて取り上げること。なお，特に必要な場合には，他の学年段階の内容項目を加えることができること。

(3) 各学校においては，各学年を通じて自立心や自律性，自他の生命を尊重する心を育てることに配慮するととも

中学年では自主性，協力し助け合う態度を育てること，高学年では自立心，国家・社会の一員としての自覚を育てることなどに配慮し，児童や学校の実態に応じた指導を行うよう工夫すること。また，高学年においては，悩みや心の揺れ，葛藤等の課題を積極的に取り上げ，考えを深められるよう指導を工夫すること。

に，児童の発達の段階や特性等を踏まえ，指導内容の重点化を図ること。特に低学年ではあいさつなどの基本的な生活習慣，社会生活上のきまりを身に付け，善悪を判断し，人間としてしてはならないことをしないこと，中学年では集団や社会のきまりを守り，身近な人々と協力し助け合う態度を身に付けること，高学年では法やきまりの意義を理解すること，相手の立場を理解し，支え合う態度を身に付けること，集団における役割と責任を果たすこと，国家・社会の一員としての自覚をもつことなどに配慮し，児童や学校の実態に応じた指導を行うよう工夫すること。また，高学年においては，悩みや葛藤（かっとう）等の心の揺れ，人間関係の理解等の課題を積極的に取り上げ，自己の生き方についての考えを一層深められるよう指導を工夫すること。

　　1の(1)の道徳教育の全体計画の作成に関しては，教育活動全体の関連を生かした指導の充実とともに，計画そのものに具体性が与えられた。1の(2)の道徳の時間の年間指導計画の作成に関しては，「第2に示す各学年段階ごとの内容項目は相当する各学年においてすべて取り上げること」と示された。このことは，2学年ずつまとめて示している道徳の内容項目について，どの内容も明確に各学年ごとに計画に位置付け，見通しのある適切な指導をすべきことが意味されている。

　　1の(3)においては，まず，児童が自らの生き方を積極的に考え，かけがえのない自他の生命を大切にする心を育てることの重要性から，「各学年を通じて自立心や自律性，自他の生命を尊重する心を育てることに配慮する」と示され，すべての学年段階にわたる一貫した重点として考慮する内容が提示された。それに続いて，各学年段階で配慮したい重点が，従前の内容に

	加えて具体的に示された。特に低学年では、人間としてはならないことをしないこと、中学年では、集団や社会のきまりを守ること、高学年では、法やきまりの意義を理解すること、相手の立場を理解し、支え合う態度を身に付けること、集団における役割と責任を果たすことなどが加えられた。また、思春期に入る児童も見られる高学年段階では、悩みや葛藤等の心の揺れに加えて、「人間関係の理解」等の課題が例示され、自己の生き方についての考えを一層深められるよう工夫することが示された。
2　第2の内容は、児童が自ら道徳性をはぐくむためのものであり、道徳の時間はもとより、各教科、特別活動及び総合的な学習の時間においてもそれぞれの特質に応じた適切な指導を行うものとする。その際、児童自らが成長を実感でき、これからの課題や目標が見付けられるよう工夫する必要がある。	2　第2に示す道徳の内容は、児童が自ら道徳性をはぐくむためのものであり、道徳の時間はもとより、各教科、==外国語活動==、総合的な学習の時間及び特別活動においてもそれぞれの特質に応じた適切な指導を行うものとする。その際、児童自らが成長を実感でき、これからの課題や目標が見付けられるよう工夫する必要がある。 　2について、趣旨はそのままである。
3　道徳の時間における指導に当たっては、次の事項に配慮するものとする。 (1)　校長や教頭の参加、他の教師との協力的な指導などについて工夫し指導体制を充実すること。	3　道徳の時間における指導に当たっては、次の事項に配慮するものとする。 (1)　校長や教頭などの参加、他の教師との協力的な指導などについて工夫し、==道徳教育推進教師を中心とした指導==体制を充実すること。
(2)　ボランティア活動や自然体験活動などの体験活動を生かすなど多様な==指導の工夫、魅力的な教材の開発や活用==などを通して、児童の発達段階や特性を考慮した創意工夫ある指導を行うこと。	(2)　==集団宿泊活動==やボランティア活動、自然体験活動などの体験活動を生かすなど、児童の発達の段階や特性等を考慮した創意工夫ある指導を行うこと。 ==(3)　先人の伝記、自然、伝統と文化、スポーツなどを題材とし、児童が感動を覚えるような魅力的な教材の開発や活用を通して、児童の発達の段階や特==

性等を考慮した創意工夫ある指導を行うこと。
(4) 自分の考えを基に，書いたり話し合ったりするなどの表現する機会を充実し，自分とは異なる考えに接する中で，自分の考えを深め，自らの成長を実感できるよう工夫すること。
(5) 児童の発達の段階や特性等を考慮し，第2に示す道徳の内容との関連を踏まえ，情報モラルに関する指導に留意すること。

　　3の(1)では，校長や教頭などの参加，他の教師との協力的な指導等において，「道徳教育推進教師を中心とした」指導体制を充実することとし，各学年や学級で進める道徳の時間の指導について，学校としての計画に基づいて見通しをもって実施し，相互に情報交換したり，学び合ったりして一層の効果を高めること等の重要性が示された。
　　3の(2)では，道徳の時間に生かす体験活動として，「総則」と同様に集団宿泊活動が加えられ，主として指導方法にかかわって創意工夫ある指導を行うことがより明確にされた。
　　3の(3)では，教材の開発や活用に関して，「先人の伝記，自然，伝統と文化，スポーツなどを題材とし，児童が感動を覚えるような魅力的な教材」と具体的に例示され，多様な教材を生かした創意工夫ある指導を行うことを一層重視された。
　　3の(4)では，「自分の考えを基に，書いたり話し合ったりするなどの表現する機会を充実し，自分とは異なる考えに接する中で，自分の考えを深め，自らの成長を実感できるよう工夫すること」と示され，全教育活動で充実する言語活動に関するものとして，道徳的価値観の形成を図る観点から，自らの成長を実感できるようにすることが重視された。
　　3の(5)は「児童の発達の段階や特性等を考慮し，第2に示す道徳の内容との関連を踏まえ，情報モラルに関する指導に留意すること」と示され，情報化の陰の部分への対応を重視された。

4　道徳教育を進めるに当たっては，学校や学級内の人間関係や環境を整えるとともに，学校の道徳教育の指導内容が児童の日常生活に生かされるようにする必要がある。また，家庭や地域社会との共通理解を深め，授業の実施や地域教材の開発や活用などに，保護者や地域の人々の積極的な参加や協力を得るなど相互の連携を図るよう配慮する必要がある。	4　道徳教育を進めるに当たっては，学校や学級内の人間関係や環境を整えるとともに，学校の道徳教育の指導内容が児童の日常生活に生かされるようにする必要がある。また，道徳の時間の授業を公開したり，授業の実施や地域教材の開発や活用などに，保護者や地域の人々の積極的な参加や協力を得たりするなど，家庭や地域社会との共通理解を深め，相互の連携を図るよう配慮する必要がある。
	4においては，学校と家庭，地域社会とが共通理解を深め，相互の連携を生かした一体的な道徳教育が行われるよう「道徳の時間の授業を公開」することに配慮する必要性について示された。
5　児童の道徳性については，常にその実態を把握して指導に生かすよう努める必要がある。ただし，道徳の時間に関して数値などによる評価は行わないものとする。	5　児童の道徳性については，常にその実態を把握して指導に生かすよう努める必要がある。ただし，道徳の時間に関して数値などによる評価は行わないものとする。

　　■は加えられた語句・事項。＿＿は変更された表現。

資料編

中学校学習指導要領新旧対照表

第1章　総則（旧）	第1章　総則（新）
第1　教育課程編成の一般方針 2　学校における道徳教育は，学校の教育活動全体を通じて行うものであり，道徳の時間をはじめとして各教科，特別活動及び総合的な学習の時間のそれぞれの特質に応じて適切な指導を行わなければならない。 　道徳教育は，教育基本法及び学校教育法に定められた教育の根本精神に基づき，人間尊重の精神と生命に対する畏（い）敬の念を家庭，学校，その他社会における具体的な生活の中に生かし，豊かな心をもち，個性豊かな文化の創造と民主的な社会及び国家の発展に努め，進んで平和的な国際社会に貢献し未来を拓（ひら）く主体性のある日本人を育成するため，その基盤としての道徳性を養うことを目標とする。 　道徳教育を進めるに当たっては，教師と生徒及び生徒相互の人間関係を深めるとともに，生徒が人間としての生き方についての自覚を深め，家庭や地域社会との連携を図りながら，ボランティア活動や自然体験活動などの豊かな体験を通して生徒の内面に根ざした道徳性の育成が図られるよう配慮しなければならない。	**第1　教育課程編成の一般方針** 2　学校における道徳教育は，道徳の時間を要（かなめ）として学校の教育活動全体を通じて行うものであり，道徳の時間はもとより，各教科，総合的な学習の時間及び特別活動のそれぞれの特質に応じて，生徒の発達の段階を考慮して，適切な指導を行わなければならない。 　道徳教育は，教育基本法及び学校教育法に定められた教育の根本精神に基づき，人間尊重の精神と生命に対する畏敬の念を家庭，学校，その他社会における具体的な生活の中に生かし，豊かな心をもち，伝統と文化を尊重し，それらをはぐくんできた我が国と郷土を愛し，個性豊かな文化の創造を図るとともに，公共の精神を尊び，民主的な社会及び国家の発展に努め，他国を尊重し，国際社会の平和と発展や環境の保全に貢献し未来を拓ひらく主体性のある日本人を育成するため，その基盤としての道徳性を養うことを目標とする。 　道徳教育を進めるに当たっては，教師と生徒及び生徒相互の人間関係を深めるとともに，生徒が道徳的な価値に基づいた人間としての生き方についての自覚を深め，家庭や地域社会との連携を図りながら，職場体験活動やボランティア活動，自然体験活動などの豊か

な体験を通して生徒の内面に根ざした道徳性の育成が図られるよう配慮しなければならない。その際，特に生徒が自他の生命を尊重し，規律ある生活ができ，自分の将来を考え，法やきまりの意義の理解を深め，主体的に社会の形成に参画し，国際社会に生きる日本人としての自覚を身に付けるようにすることなどに配慮しなければならない。

(1) 「第1章総則」の第1の2について

　道徳教育の教育課程編成における方針として，道徳の時間の役割が「道徳の時間を要（かなめ）として学校の教育活動全体を通じて行うもの」であるとし，「要」という表現を用いて道徳の時間の道徳教育における中核的な役割や性格が明確にされた。また，「生徒の発達の段階を考慮して」と示され，学校や学年の段階に応じ，発達的な課題に即した適切な指導を進める必要性について示された。

　道徳教育の目標については，従来の目標に加えて，「伝統と文化を尊重し，それらをはぐくんできた我が国と郷土を愛し」，「公共の精神を尊び」，「他国を尊重し，国際社会の平和と発展や環境の保全に貢献し」が加えられた。これらは，改正教育基本法における教育の目標や学校教育法の一部改正で新たに規定された義務教育の目標を踏まえたものである。

　また，学校教育全体で道徳教育を進めるに当たっては，「道徳的価値に基づいた」と「職場体験活動」が新たに加えられ，中学校段階における道徳教育の特質として道徳的価値に裏打ちされた人間としての生き方について自覚を深めることを一層明確にするとともに，特に社会において自立的に生きるために必要とされる力を育てる職場体験活動などの豊かな体験や道徳的実践を充実させ，道徳の時間と関連をもたせることによって生徒の内面に根ざした道徳性の育成に配慮することが示された。さらに，中学校段階において取り組むべき重点を明確にし，より効果的な指導が行われるように，「特に生徒が自他の生命を尊重し，規律ある生活ができ，自分の将来を考え，法やきまりの意義の理解を深め，主体的に社会の形成に参画し，国際社

資 料 編

| | に生きる日本人としての自覚を身に付けるようにすることなどに配慮しなければならない」が新たに加えられた。 |

▓▓は加えられた語句・事項。＿＿＿は変更された表現。

第3章　道徳（旧）	第3章　道徳（新）
第1　目　標 　道徳教育の目標は，第1章総則の第1の2に示すところにより，学校の教育活動全体を通じて，道徳的な心情，判断力，実践意欲と態度などの道徳性を養うこととする。 　道徳の時間においては，以上の道徳教育の目標に基づき，各教科，特別活動及び総合的な学習の時間における道徳教育と密接な関連を図りながら，計画的，発展的な指導によってこれを補充，深化，統合し，道徳的価値及び人間としての生き方についての自覚を深め，道徳的実践力を育成するものとする。	**第1　目　標** 　道徳教育の目標は，第1章総則の第1の2に示すところにより，学校の教育活動全体を通じて，道徳的な心情，判断力，実践意欲と態度などの道徳性を養うこととする。 　道徳の時間においては，以上の道徳教育の目標に基づき，各教科，総合的な学習の時間及び特別活動における道徳教育と密接な関連を図りながら，計画的，発展的な指導によってこれを補充，深化，統合し，道徳的価値及びそれに基づいた人間としての生き方についての自覚を深め，道徳的実践力を育成するものとする。 　　学校教育全体で取り組む道徳教育の要（かなめ）としての道徳の時間の役割と重要性を踏まえつつ，中学校段階における特質を一層明確にするため，「道徳的価値及びそれに基づいた人間としての生き方についての自覚を深め」と改善を図った。このことは道徳の時間が，各教科，総合的な学習の時間及び特別活動などにおける道徳的心情や判断力，実践意欲と態度などの道徳性の育成と密接な関連を図りながら，計画的，発展的な指導によってそれらを補充，深化，統合するものであることを示す。

197

| 第2　内　容 | 第2　内　容 |

道徳の時間を要として学校の教育活動全体を通じて行う道徳教育の内容は，次のとおりとする。

　内容については，その項目を示す前段の冒頭に「道徳の時間を要として学校の教育活動全体を通じて行う道徳教育の内容は，次のとおりとする」と示した。これは，以下に示す内容項目のすべてが，道徳の時間の内容として計画的，発展的に取り上げるべきものであり，教育活動全体でも，各教科等の特質に応じて指導するものであることを示している。

1　主として自分自身に関すること。 (1)　望ましい生活習慣を身に付け，心身の健康の増進を図り，節度を守り節制に心掛け調和のある生活をする。 (2)　より高い目標を目指し，希望と勇気をもって着実にやり抜く強い意志をもつ。 (3)　自律の精神を重んじ，自主的に考え，誠実に実行してその結果に責任をもつ。 (4)　真理を愛し，真実を求め，理想の実現を目指して自己の人生を切り拓いていく。 (5)　自己を見つめ，自己の向上を図るとともに，個性を伸ばして充実した生き方を追求する。 2　主として他の人とのかかわりに関すること。 (1)　礼儀の意義を理解し，時と場に応じた適切な言動をとる。 (2)　温かい人間愛の精神を深め，他の人々に対し感謝と思いやりの心をもつ。	1　主として自分自身に関すること。 (1)　望ましい生活習慣を身に付け，心身の健康の増進を図り，節度を守り節制に心掛け調和のある生活をする。 (2)　より高い目標を目指し，希望と勇気をもって着実にやり抜く強い意志をもつ。 (3)　自律の精神を重んじ，自主的に考え，誠実に実行してその結果に責任をもつ。 (4)　真理を愛し，真実を求め，理想の実現を目指して自己の人生を切り拓いていく。 (5)　自己を見つめ，自己の向上を図るとともに，個性を伸ばして充実した生き方を追求する。 2　主として他の人とのかかわりに関すること。 (1)　礼儀の意義を理解し，時と場に応じた適切な言動をとる。 (2)　温かい人間愛の精神を深め，他の人々に対し思いやりの心をもつ。

資 料 編

(3) 友情の尊さを理解して心から信頼できる友達をもち，互いに励まし合い，高め合う。 (4) 男女は，互いに異性についての正しい理解を深め，相手の人格を尊重する。 (5) それぞれの個性や立場を尊重し，いろいろなものの見方や考え方があることを理解して，<u>謙虚に他に学ぶ広い心をもつ</u>。	(3) 友情の尊さを理解して心から信頼できる友達をもち，互いに励まし合い，高め合う。 (4) 男女は，互いに異性についての正しい理解を深め，相手の人格を尊重する。 (5) それぞれの個性や立場を尊重し，いろいろなものの見方や考え方があることを理解して，<u>寛容の心をもち謙虚に他に学ぶ</u>。 (6) 多くの人々の善意や支えにより，日々の生活や現在の自分があることに感謝し，それにこたえる。 <small>2の視点について，2－(5)「謙虚に他に学ぶ広い心をもつ」が「寛容の心をもち謙虚に他に学ぶ」とされた。これは，小学校との内容の関連性と中学校における発達の段階を踏まえ，互いのもつ異なる個性を見つけ，違うものを違うと認める寛容の心をもって，他に対して謙虚に学ぶことをより一層強調したものである。また，これまでの2－(2)「温かい人間愛の精神を深め，他の人々に対し感謝と思いやりの心をもつ」の文言から「感謝」が取り出され，新たに2－(6)「多くの人々の善意や支えにより，日々の生活や現在の自分があることに感謝し，それにこたえる」として二つの内容項目に分けられ，全体の項目数が24項目とされた。これまで「感謝」にかかる内容は，主として他の人から受けた思いやりに対する人間としての心の在り方であることから，「思いやり」にかかる内容と表裏一体のものとして合わせて一つの内容としてきたが，小学校における内容との接続や系統性を踏まえるとともに，自己を他の人とのかかわりの中でとらえ，望ましい人間関係の育成を図る指導を一層充実する観点からこのような改善を図ったものである。</small>
3 主として自然や崇高なものとのかかわりに関すること。 (1) 自然を愛護し，美しいものに感動する豊かな心をもち，人間の力を超え	3 主として自然や崇高なものとのかかわりに関すること。 (1) 生命の尊さを理解し，かけがえのない自他の生命を尊重する。

199

たものに対する畏敬の念を深める。 (2) 生命の尊さを理解し，かけがえのない自他の生命を尊重する。 (3) 人間には弱さや醜さを克服する強さや気高さがあることを信じて，人間として生きることに喜びを見いだすように努める。	(2) 自然を愛護し，美しいものに感動する豊かな心をもち，人間の力を超えたものに対する畏い敬の念を深める。 (3) 人間には弱さや醜さを克服する強さや気高さがあることを信じて，人間として生きることに喜びを見いだすように努める。 <small>3の視点について，3-(2)「生命の尊さを理解し，かけがえのない自他の生命を尊重する」が3-(1)に，3-(1)「自然を愛護し，美しいものに感動する豊かな心をもち，人間の力を超えたものに対する畏(い)敬の念を深める」が3-(2)にとその配列を入れ替えられた。これは，小学校との接続や系統性を踏まえつつ，3の視点の中で生命を尊重する心の育成を最初に位置付けたものである。</small>
4 主として集団や社会とのかかわりに関すること。 (1) 自己が属する様々な集団の意義についての理解を深め，役割と責任を自覚し集団生活の向上に努める。 (2) 法やきまりの意義を理解し，遵(じゅん)守するとともに，自他の権利を重んじ義務を確実に果たして，社会の秩序と規律を高めるように努める。 (3) 公徳心及び社会連帯の自覚を高め，よりよい社会の実現に努める。 (4) 正義を重んじ，だれに対しても公正，公平にし，差別や偏見のない社会の実現に努める。 (5) 勤労の尊さや意義を理解し，奉仕の精神をもって，公共の福祉と社会の発展に努める。 (6) 父母，祖父母に敬愛の念を深め，	4 主として集団や社会とのかかわりに関すること。 (1) 法やきまりの意義を理解し，遵守するとともに，自他の権利を重んじ義務を確実に果たして，社会の秩序と規律を高めるように努める。 (2) 公徳心及び社会連帯の自覚を高め，よりよい社会の実現に努める。 (3) 正義を重んじ，だれに対しても公正，公平にし，差別や偏見のない社会の実現に努める。 (4) 自己が属する様々な集団の意義についての理解を深め，役割と責任を自覚し集団生活の向上に努める。 (5) 勤労の尊さや意義を理解し，奉仕の精神をもって，公共の福祉と社会の発展に努める。 (6) 父母，祖父母に敬愛の念を深め，

家族の一員としての自覚をもって充実した家庭生活を築く。 (7) 学級や学校の一員としての自覚をもち，教師や学校の人々に敬愛の念を深め，協力してよりよい校風を樹立する。 (8) 地域社会の一員としての自覚をもって郷土を愛し，社会に尽くした先人や高齢者に尊敬と感謝の念を深め，郷土の発展に努める。 (9) 日本人としての自覚をもって国を愛し，国家の発展に努めるとともに，優れた伝統の継承と新しい文化の創造に貢献する。 (10) 世界の中の日本人としての自覚をもち，国際的視野に立って，世界の平和と人類の幸福に貢献する。	家族の一員としての自覚をもって充実した家庭生活を築く。 (7) 学級や学校の一員としての自覚をもち，教師や学校の人々に敬愛の念を深め，協力してよりよい校風を樹立する。 (8) 地域社会の一員としての自覚をもって郷土を愛し，社会に尽くした先人や高齢者に尊敬と感謝の念を深め，郷土の発展に努める。 (9) 日本人としての自覚をもって国を愛し，国家の発展に努めるとともに，優れた伝統の継承と新しい文化の創造に貢献する。 (10) 世界の中の日本人としての自覚をもち，国際的視野に立って，世界の平和と人類の幸福に貢献する。 　　4の視点について，4-(2)「法やきまりの意義を理解し，遵守するとともに，自他の権利を重んじ義務を確実に果たして，社会の秩序と規律を高めるように努める」を4-(1)に，4-(3)「公徳心及び社会連帯の自覚を高め，よりよい社会の実現に努める」を4-(2)に，4-(4)「正義を重んじ，だれに対しても公正，公平にし，差別や偏見のない社会の実現に努める」を4-(3)とした。また，4-(1)「自己が所属する様々な集団の意義についての理解を深め，役割と責任を自覚し集団生活の向上に努める」を4-(4)として，以下の配列はこれまでと同様である。 　　これは，小学校との接続や系統性を踏まえつつ，法やきまりを守る態度等の育成にかかわる内容が最初に位置付けられたものである。
第3　指導計画の作成と内容の取扱い 1　各学校においては，<u>校長をはじめ全教師</u>が協力して道徳教育を展開するため，次に示すところにより，道徳教育の全体計画と道徳の時間の年間指導計画を作成するものとする。	第3　指導計画の作成と内容の取扱い 1　各学校においては，<u>校長の方針の下に，道徳教育の推進を主に担当する教師（以下「道徳教育推進教師」という。）を中心に</u>，全教師が協力して道徳教育を展開するため，次に示すとこ

	ろにより，道徳教育の全体計画と道徳の時間の年間指導計画を作成するものとする。 <small>1の道徳教育の指導計画の作成においては，「校長の方針の下に，道徳教育の推進を主に担当する教師（以下「道徳教育推進教師」という。）を中心に」と示した。これは，全教師で作成する道徳教育の諸計画について，校長の方針を明確にし，学校として取り組む重点や特色を明確にする必要があることを示すとともに，道徳教育の推進を中心となって担う教師を位置付け，学校として一体的な推進体制をつくることの重要性を示したものである。</small>
(1) 道徳教育の全体計画の作成に当たっては，学校における全教育活動との関連の下に，生徒，学校及び地域の実態を考慮して，学校の道徳教育の重点目標を設定するとともに，第2に示す道徳の内容と<u>各教科，特別活動及び総合的な学習の時間における指導との関連</u>並びに家庭や地域社会との連携の方法を示す必要があること。	(1) 道徳教育の全体計画の作成に当たっては，学校における全教育活動との関連の下に，生徒，学校及び地域の実態を考慮して，学校の道徳教育の重点目標を設定するとともに，第2に示す道徳の内容との関連を踏まえた<u>各教科，総合的な学習の時間及び特別活動における指導の内容及び時期</u>並びに家庭や地域社会との連携の方法を示す必要があること。
(2) 道徳の時間の年間指導計画の作成に当たっては，道徳教育の全体計画に基づき，各教科，<u>特別活動及び総合的な学習の時間</u>との関連を考慮しながら，計画的・発展的に授業がなされるよう工夫すること。その際，各内容項目の指導の充実を図る中で，生徒や学校の実態に応じ，3学年間を見通した重点的な指導や内容項目間の関連を密にした指導を行うよう工夫すること。	(2) 道徳の時間の年間指導計画の作成に当たっては，道徳教育の全体計画に基づき，各教科，<u>総合的な学習の時間及び特別活動</u>との関連を考慮しながら，計画的，発展的に授業がなされるよう工夫すること。その際，==第2に示す各内容項目の指導の充実を図る中で==，生徒や学校の実態に応じ，3学年間を見通した重点的な指導や内容項目間の関連を密にした指導を行うよう工夫すること。ただし，==第2に示す内容項目はいずれの学年においてもすべて取り上げること。==

(3) 各学校においては，特に，規律ある生活ができ，自分の将来を考え，国際社会に生きる日本人としての自覚が身に付くようにすることなどに配慮し，生徒や学校の実態に応じた指導を行うよう工夫すること。また，悩みや心の揺れ，かっ藤等の課題を積極的に取り上げ，人間としての生き方について考えを深められるよう配慮すること。

(3) 各学校においては，生徒の発達の段階や特性等を踏まえ，指導内容の重点化を図ること。特に，自他の生命を尊重し，規律ある生活ができ，自分の将来を考え，法やきまりの意義の理解を深め，主体的に社会の形成に参画し，国際社会に生きる日本人としての自覚を身に付けるようにすることなどに配慮し，生徒や学校の実態に応じた指導を行うよう工夫すること。また，悩みや葛藤（かっとう）等の思春期の心の揺れ，人間関係の理解等の課題を積極的に取り上げ，道徳的価値に基づいた人間としての生き方について考えを深められるよう配慮すること。

　1の(1)の道徳教育の全体計画の作成に関しては，教育活動全体の関連を生かした指導の充実とともに，計画そのものに具体性をもたせ，より活用しやすいものとするために，各教科等の道徳性の育成に関して，主な指導の「内容及び時期」を含めた計画を作成する必要があることを示した。
　1の(2)の道徳の時間の年間指導計画の作成に関しては，「第2に示す内容項目はいずれの学年においてもすべて取り上げること」を示した。
　このことは，道徳の内容項目について，どの内容も明確に各学年ごとに計画に位置付け，見通しのある適切な指導をすべきことを意味している。1の(3)においては，今日の問題状況や生徒の実態等に即した指導がより一層充実し展開できるよう，「生徒の発達の段階や特性等を踏まえ，指導内容の重点化を図ること」が示されている。指導内容の重点化にかかわっては，特に「自他の生命を尊重」することや，「法やきまりの意義の理解を深め，主体的に社会の形成に参画」することが新たに配慮すべきこととして示されている。また，思春期にある生徒の発達の段階を考慮し，「悩みや葛藤（かっとう）等の思春期の心の揺れ，人間関係の理解」等の課題が積極的に取り上げられ，「道徳的価値に基づいた」人間としての生き方についての考え

を深めることを改めて配慮すべきこととして示されている。

2　第2の内容は，生徒が自ら道徳性をはぐくむためのものであり，道徳の時間はもとより，各教科，特別活動及び総合的な学習の時間においてもそれぞれの特質に応じた適切な指導を行うものとする。その際，生徒自らが成長を実感でき，これからの課題や目標が見付けられるよう工夫する必要がある。

2　第2に示す道徳の内容は，生徒が自ら道徳性をはぐくむためのものであり，道徳の時間はもとより，各教科，総合的な学習の時間及び特別活動においてもそれぞれの特質に応じた適切な指導を行うものとする。その際，生徒自らが成長を実感でき，これからの課題や目標が見付けられるよう工夫する必要がある。

　　2について，趣旨はそのままとしている。なお，第2に示す道徳の内容について，「各教科，総合的な学習の時間及び特別活動においてもそれぞれの特質に応じた適切な指導を行うものとする」と示す趣旨をより明確にするため，学習指導要領の「第2章各教科」及び「第4章総合的な学習の時間」，「第5章特別活動」の「第3指導計画の作成と内容の取扱い」においても，その趣旨を新たに規定した。

3　道徳の時間における指導に当たっては，次の事項に配慮するものとする。
(1)　学級担任の教師が行うことを原則とするが，校長や教頭の参加，他の教師との協力的な指導などについて工夫し指導体制を充実すること。
(2)　ボランティア活動や自然体験活動などの体験活動を生かすなど多様な指導の工夫，魅力的な教材の開発や活用などを通して，生徒の発達段階や特性等を考慮した創意工夫ある指導を行うこと。

3　道徳の時間における指導に当たっては，次の事項に配慮するものとする。
(1)　学級担任の教師が行うことを原則とするが，校長や教頭などの参加，他の教師との協力的な指導などについて工夫し，道徳教育推進教師を中心とした指導体制を充実すること。
(2)　職場体験活動やボランティア活動，自然体験活動などの体験活動を生かすなど，生徒の発達の段階や特性等を考慮した創意工夫ある指導を行うこと。
(3)　先人の伝記，自然，伝統と文化，スポーツなどを題材とし，生徒が感動を覚えるような魅力的な教材の開発や活用を通して，生徒の発達の段階や特

性等を考慮した創意工夫ある指導を行うこと。
(4) 自分の考えを基に,書いたり討論したりするなどの表現する機会を充実し,自分とは異なる考えに接する中で,自分の考えを深め,自らの成長を実感できるよう工夫すること。
(5) 生徒の発達の段階や特性等を考慮し,第2に示す道徳の内容との関連を踏まえて,情報モラルに関する指導に留意すること。

3の(1)では,校長や教頭などの参加,他の教師との協力的な指導において「道徳教育推進教師を中心とした」指導体制を充実することとし,各学年や学級で進める道徳の時間の指導について,学校としての計画に基づいて見通しをもって実施し,相互に情報交換したり,学び合ったりして一層の効果を高めること等の重要性が示されている。

3の(2)では,将来の職業や生活を見通して,社会において自立的に生きるために必要とされる力を育成するという観点から,「職場体験活動」が加えられ,「職場体験活動やボランティア活動,自然体験活動などの体験活動を生かすなど,生徒の発達の段階や特性等を考慮した創意工夫ある指導を行うこと」とされた。

3の(3)では,教材の開発や活用に関して,「先人の伝記,自然,伝統と文化,スポーツなどを題材とし,生徒が感動を覚えるような魅力的な教材」と具体的に例示され,多様な教材を生かした創意工夫ある指導を行うことが一層重視されている。

3の(4)では,「自分の考えを基に,書いたり討論したりするなどの表現する機会を充実し,自分とは異なる考えに接する中で,自分の考えを深め,自らの成長を実感できるよう工夫すること」と示され,全教育活動で充実する言語活動に関するものとして,道徳的価値観の形成を図る観点から,自己の心情や判断等を表現する機会を充実して,自らの成長を実感できるようにすることが重視された。

3の(5)では,「生徒の発達の段階や特性等を

	考慮し，第2に示す道徳の内容との関連を踏まえて，情報モラルに関する指導に留意すること」と示され，情報化の影の部分への対応が重視された。
4　道徳教育を進めるに当たっては，学校や学級内の人間関係や環境を整えるとともに，学校の道徳教育の指導内容が生徒の日常生活に生かされるようにする必要がある。また，家庭や地域社会との共通理解を深め，授業の実施や地域教材の開発や活用などに，保護者や地域の人々の積極的な参加や協力を得るなど相互の連携を図るよう配慮する必要がある。	4　道徳教育を進めるに当たっては，学校や学級内の人間関係や環境を整えるとともに，学校の道徳教育の指導内容が生徒の日常生活に生かされるようにする必要がある。また，道徳の時間の授業を公開したり，授業の実施や地域教材の開発や活用などに，保護者や地域の人々の積極的な参加や協力を得たりするなど，家庭や地域社会との共通理解を深め，相互の連携を図るよう配慮する必要がある。
	4においては，学校と家庭，地域社会とが共通理解を深め，相互の連携を生かした一体的な道徳教育が行われるよう，「道徳の時間の授業を公開」することに配慮する必要性が示された。
5　生徒の道徳性については，常にその実態を把握して指導に生かすよう努める必要がある。ただし，道徳の時間に関して数値などによる評価は行わないものとする。	5　生徒の道徳性については，常にその実態を把握して指導に生かすよう努める必要がある。ただし，道徳の時間に関して数値などによる評価は行わないものとする。

　　　は加えられた語句・事項。　　　は変更された表現。　　　は配列の変更。

資 料 編

中学校「道徳の内容」一覧表【見え消し版】

1 主として 自分自身に 関すること	(1) 望ましい生活習慣を身に付け，心身の健康の増進を図り，節度を守り節制に心掛け調和のある生活をする。
	(2) より高い目標を目指し，希望と勇気をもって着実にやり抜く強い意志をもつ。
	(3) 自律の精神を重んじ，自主的に考え，誠実に実行してその結果に責任をもつ。
	(4) 真理を愛し，真実を求め，理想の実現を目指して自己の人生を切り拓いていく。
	(5) 自己を見つめ，自己の向上を図るとともに，個性を伸ばして充実した生き方を追求する。

2 主として 他の人との かかわりに 関すること	(1) 礼儀の意義を理解し，時と場に応じた適切な言動をとる。
	(2) 温かい人間愛の精神を深め，他の人々に対し感謝と思いやりの心をもつ。
	(3) 友情の尊さを理解して心から信頼できる友達をもち，互いに励まし合い，高め合う。
	(4) 男女は，互いに異性についての正しい理解を深め，相手の人格を尊重する。
	(5) それぞれの個性や立場を尊重し，いろいろなものの見方や考え方があることを理解して，**寛容の心をもち**謙虚に他に学ぶ広い心をもつ。
	(6) **多くの人々の善意や支えにより，日々の生活や現在の自分があることに感謝し，それにこたえる。**

3 主として 自然や崇高 なものとの かかわりに 関すること	(2)(1) 生命の尊さを理解し，かけがえのない自他の生命を尊重する。
	(1)(2) 自然を愛護し，美しいものに感動する豊かな心をもち，人間の力を超えたものに対する畏き敬の念を深める。
	(3) 人間には弱さや醜さを克服する強さや気高さがあることを信じて，人間として生きることに喜びを見いだすように努める。

4 主として 集団や社会 とのかかわ りに関する こと	(2)(1) 法やきまりの意義を理解し，遵守するとともに，自他の権利を重んじ義務を確実に果たして，社会の秩序と規律を高めるように努める。
	(3)(2) 公徳心及び社会連帯の自覚を高め，よりよい社会の実現に努める。
	(4)(3) 正義を重んじ，だれに対しても公正，公平にし，差別や偏見のない社会の実現に努める。
	(1)(4) 自己が属する様々な集団の意義についての理解を深め，役割と責任を自覚し集団生活の向上に努める。
	(5) 勤労の尊さや意義を理解し，奉仕の精神をもって，公共の福祉と社会の発展に努める。
	(6) 父母，祖父母に敬愛の念を深め，家族の一員としての自覚をもって充実した家庭生活を築く。
	(7) 学級や学校の一員としての自覚をもち，教師や学校の人々に敬愛の念を深め，協力してよりよい校風を樹立する。
	(8) 地域社会の一員としての自覚をもって郷土を愛し，社会に尽くした先人や高齢者に尊敬と感謝の念を深め，郷土の発展に努める。
	(9) 日本人としての自覚をもって国を愛し，国家の発展に努めるとともに，優れた伝統の継承と新しい文化の創造に貢献する。
	(10) 世界の中の日本人としての自覚をもち，国際的視野に立って，世界の平和と人類の幸福に貢献する。

「道徳の内容」の学年段階・

		小学校第1学年及び第2学年	小学校第3学年及び第4学年
		1．主として自分自身に関すること	
	基本的な生活習慣	健康や安全に気を付け、物や金銭を大切にし、身の回りを整え、わがままをしないで、規則正しい生活をする。	(1) 自分でできることは自分でやり、よく考えて行動し、節度のある生活をする。
自主・自律	向上心	(2) 自分がやらなければならない勉強や仕事は、しっかりと行う。	(2) 自分でやろうと決めたことは、粘り強くやり遂げる。
	自主・自律	(3) よいことと悪いことの区別をし、よいと思うことを進んで行う。	(3) 正しいと判断したことは、勇気をもって行う。
	正直・誠実	うそをついたりごまかしたりしないで、素直に伸び伸びと生活する。	(4) 過ちは素直に改め、正直に明るい心で元気よく生活する。
	真理愛		
	個性の伸長		(5) 自分の特徴に気付き、よい所を伸ばす。
		2．主として他の人とのかかわりに関すること	
人間関係	礼儀	(1) 気持ちのよいあいさつ、言葉遣い、動作などに心掛けて、明るく接する。	(1) 礼儀の大切さを知り、だれに対しても真心をもって接する。
	思いやり	(2) 幼い人や高齢者など身近にいる人に、温かい心で接し、親切にする。	(2) 相手のことを思いやり、進んで親切にする。
	友情（男女協力）	(3) 友達と仲良くし、助け合う。	(3) 友達と互いに理解し、信頼し、助け合う。
	謙虚・寛容		
	感謝	(4) 日ごろ世話になっている人々に感謝する。	(4) 生活を支えている人々や高齢者に、尊敬と感謝の気持ちをもって接する。
		3．主として自然や崇高なものとのかかわりに関すること	
生命尊重	生命尊重	(1) 生きることを喜び、生命を大切にする心をもつ。	(1) 生命の尊さを感じ取り、生命あるものを大切にする。
	自然愛	(2) 身近な自然に親しみ、動植物に優しい心で接する。	(2) 自然のすばらしさや不思議さに感動し、自然や植物を大切にする。
	畏敬の念	(3) 美しいものに触れ、すがすがしい心をもつ。	(3) 美しいものや気高いものに感動する心をもつ。
	生きる喜び		
		4．主として集団や社会とのかかわりに関すること	
規範意識	規範・公徳心	(1) 約束やきまりを守り、みんなが使う物を大切にする。	(1) 約束や社会のきまりを守り、公徳心をもつ。
	正義・公平		
社会参画	役割・責任		
	勤労	(2) 働くことのよさを感じて、みんなのために働く。	(2) 働くことの大切さを知り、進んでみんなのために働く。
	家庭愛	(3) 父母、祖父母を敬愛し、進んで家の手伝いなどをして、家族の役に立つ喜びを知る。	(3) 父母、祖父母を敬愛し、家族みんなで協力し合って楽しい家庭をつくる。
	愛校心	(4) 先生を敬愛し、学校の人々に親しんで、学級や学校の生活を楽しくする。	(4) 先生や学校の人々を敬愛し、みんなで協力し合って楽しい学級をつくる。
	郷土愛	(5) 郷土の文化や生活に親しみ、愛着をもつ。	(5) 郷土の伝統と文化を大切にし、郷土を愛する心をもつ。
	愛国心		(6) 我が国の伝統と文化に親しみ、国を愛する心をもつとともに、外国の人々や文化に関心をもつ。
	国際理解		

学校段階の一覧表（新課程）

小学校第５学年及び第６学年	中　学　校
(1) 生活習慣の大切さを知り，自分の生活を見直し，節度を守り節制に心掛ける。	(1) 望ましい生活習慣を身に付け，心身の健康の増進を図り，節度を守り節制に心掛け調和のある生活をする。
(2) より高い目標を立て，希望と勇気をもってくじけないで努力する。	(2) より高い目標を目指し，希望と勇気をもって着実にやり抜く強い意志をもつ。
(3) 自由を大切にし，自律的で責任のある行動をする。	(3) 自律の精神を重んじ，自主的に考え，誠実に実行してその結果に責任をもつ。
(4) 誠実に，明るい心で楽しく生活する。	
(5) 真理を大切にし，進んで新しいものを求め，工夫して生活をよりよくする。	(4) 真理を愛し，真実を求め，理想の実現を目指して自己の人生を切り拓いていく。
(6) 自分の特徴を知って，悪い所を改めよい所を積極的に伸ばす。	(5) 自己を見つめ，自己の向上を図るとともに，個性を伸ばして充実した生き方を追求する。
(1) 時と場をわきまえて，礼儀正しく真心をもって接する。	(1) 礼儀の意義を理解し，時と場に応じた適切な言動をとる。
(2) だれに対しても思いやりのある心をもち，相手の立場に立って親切にする。	(2) 温かい人間愛の精神を深め，他の人々に対して，思いやりの心をもつ。
(3) 互いに信頼し，学び合って友情を深め，男女仲良く協力して助け合う。	(3) 友情の尊さを理解して心から信頼できる友達をもち，互いに励まし合い，高め合う。
	(4) 男女は互いに異性についての正しい理解を深め，相手の人格を尊重する。
(4) 謙虚な心をもち，広い心で自分と異なる意見や立場を大切にする。	(5) それぞれの個性や立場を尊重し，いろいろなものの見方や考え方があることを理解して，寛容の心をもち，謙虚に他に学ぶ。
(5) 日々に生活が人々の支え合いや助け合いで成り立っていることに感謝し，それにこたえる。	(6) 多くの人々の善意や支えにより，日々の生活や現在の自分があることに感謝し，それにこたえる。
(1) 生命がかけがえのないものであることを知り，自他の生命を尊重する。	(1) 生命の尊さを理解し，かけがえのない自他の生命を尊重する。
(2) 自然の偉大さを知り，自然環境を大切にする。	(2) 自然を愛護し，美しいものに感動する豊かな心をもち，人間の力を超えたものに対する畏敬の念を深める。
(3) 美しいものに感動する心や人間の力を超えたものに対する畏敬の念をもつ。	
	(3) 人間には弱さや醜さを克服する強さや気高さがあることを信じて，人間として生きることに喜びを見いだすように努める。
(1) 公徳心をもって法やきまりをまもり，自他の権利を大切にし進んで義務を果たす。	(1) 法やきまりの意義を理解し，遵守するとともに，自他の権利を重んじ義務を確実に果たして，社会の秩序と規律を高めるように努める。
	(2) 公徳心及び社会連帯の自覚を高め，よりよい社会の実現に努める。
(2) だれに対しても差別をすることや偏見をもつことなく公正，公平にし，正義の実現に努める。	(3) 正義を重んじ，だれに対しても公正，公平にし，差別や偏見のない社会の実現に努める。
(3) 身近な集団に進んで参加し，自分の役割を自覚し，協力して主体的に責任を果たす。	(4) 自己が属する様々な集団の意義についての理解を深め，役割と責任を自覚し，集団生活の向上に努める。
(4) 働くことの意義を理解し，社会に奉仕する喜びをもって公共のために役立つことをする。	(5) 勤労の尊さや意義を理解し，奉仕の精神をもって，公共の福祉と社会の発展に努める。
(5) 父母，祖父母を敬愛し，家族の幸せを求めて，進んで役に立つことをする。	(6) 父母・祖父母に敬愛の念を深め，家族の一員としての自覚を持って充実した社会生活を築く。
(6) 先生や学校の人々への敬愛を深め，みんなで協力し合いよりよい校風をつくる。	(7) 学級や学校の一員としての自覚をもち，教師や学校の人々に敬愛の念を深め，協力してよりよい校風を樹立する。
	(8) 地域社会の一員としての自覚をもって郷土を愛し，社会に尽くした先人や高齢者に尊敬と感謝の念を深め，郷土の発展に努める。
(7) 郷土や我が国の伝統と文化を大切にし，先人の努力を知り，郷土や国を愛する心をもつ。	(9) 日本人としての自覚をもって国を愛し，国家の発展に努めるとともに，優れた伝統の継承と新しい文化の創造に貢献する。
(8) 外国の人々や文化を大切にする心をもち，日本人としての自覚をもって世界の人々と親善に努める。	(10) 世界の中の日本人としての自覚をもち，国際的視野に立って，世界の平和と人類の幸福に貢献する。

人名索引

ア 行

アウグスティヌス　21
アウレリウス，M.　20
アクィナス，T.　21
芥川龍之介　134
アリストテレス　19, 79
伊藤仁齋　27
ウェーバー，M.　22
栄西　27
エリクソン，E. H.　30
オットー，R.　80

カ 行

貝原益軒　28
カント，I.　24, 65, 78, 80
空海　26
倉橋惣三　55

サ 行

最澄　26
佐藤一齋　27
ザビエル，F.　23
聖徳太子　26
ショーペンハウエル，A.　24
親鸞　27
ソクラテス　17, 78

タ 行

太宰治　140

デューイ，J.　25
道元　27

ナ 行

中江藤樹　27
ニール，A. S.　57
日蓮　27
二宮尊徳　28
ノルト，D. L.　58

ハ 行

林羅山　27
ピアジェ，J.　37
福沢諭吉　28
プラトン　18, 80
フレーベル，F. W. A.　55
ヘルバルト，J. F.　25
法然　27
ホメロス　17
ボルノー，O. F.　60

マ・ヤ・ラ・ワ行

村井実　111
本居宣長　28
山鹿素行　27
横山利弘　2, 100
ルソー，J-J.　23, 112
和辻哲郎　79

事項索引

ア 行

愛国心　69, 81
アイデンティティ　30
『アヴェロンの野生児』　16
アガペー　20
アタラクシア　20, 155
アパテイア　20
アポリア　152
在り方生き方　12
アレテー　18
粋　170
生きる力　74
畏敬　67
いじめ　14
『一般教育学』　25
いやみ　171
instrumentalism　26
インターネット　14
「運命の激転」　140
エトス　19
エートス　19
『エミール』　23

カ 行

改正教育基本法　3
学習指導案　125
学習指導要領　90, 124
　　中学校——　3, 91
『学問のすゝめ』　28
価値の絶対性　18
価値の相対性　18
学級における指導計画　99
学校教育法　10
『学校と社会』　26
要（かなめ）　72
過保護　124
規範意識　11
基本的な生活習慣　12, 124

キャラクター・エデュケーション　108
教育愛　57
『教育学講義』　25
教育再生会議　110
教育的雰囲気　59
教材の活用　9
郷土　65, 80
共同体意識　124
清き明き心　26
「銀色のシャープペンシル」　154
禁欲　20
『蜘蛛の糸』　134
『経験と教育』　26
権謀術数　22
公共の精神　4, 10
心の教育　8, 55
『心のノート』　112
古代ギリシアの四徳　21
『国家』　18
孤独　35
『子どもが育つ魔法の言葉』　59
5領域　49

サ 行

自己実現　11
自己中心性　37
思春期　11
自然体験活動　9
自尊感情　3
指導方法　127
自由意志　22
習慣　19
修身　108
重点化　82
重要関係の範囲　36
授業公開　9, 14
「授業の山」　150, 151
『純粋理性批判』　24
情報モラル　14

211

事項索引

職場体験活動　9
自律　38
『神学大全』　21
人格　19
人格的強さ　33
人格の完成　64, 65
人権の尊重　68
信仰　40
人生周期　31
親密性　35
漸成的自我発達理論　31
精神的平静さ　20
生命尊重　3
責任転嫁　123
全体計画　90
　　――の作成　13
全面主義　106

タ　行

他者とのかかわり　16
タマゴッチ理論　147
他律　38
中央教育審議会　12
超自我　34
「月明かりで見送った夜汽車」　170
定言的命法　65, 78
道徳　34
道徳教育　2
道徳教育推進教師　4, 94, 122
道徳教育の歴史　16
道徳資料　124, 149
道徳性の芽生え　43, 50, 54, 64
道徳的価値　13, 72
道徳的行為　75, 78
道徳的実践意欲　149, 151
道徳的実践心情　149
道徳的実践力　8, 64
道徳的な心情　70
道徳的判断力　149
道徳的美点　33
道徳の教科化　9
道徳の時間　64
徳　33

特設主義　105, 106
特別活動　8
独立自尊　28

ナ　行

内容項目　77, 81
『ニコマコス倫理学』　19
日本人　67, 80
人間尊重　67
ヌミノーゼ　80
年間指導計画　94, 96

ハ　行

パイデイア　19
『走れメロス』　140
virtue　33
発達段階　31, 77
発達的認識論　37
発問　126
　　中心――　150
汎心性　40
誹謗中傷　14
ヒューマニズム　21
２つのＲの時代　22
『プロテスタンティズムの倫理と資本主義の精神』　22
ペリペテイア　140
保育所保育指針　47
ボランティア活動　9

マ　行

誠　28
「まどガラスとさかな」　128, 149
『民主主義と学校』　26
無比な愛　20
モデリング　56
モラトリアム　30

ヤ　行

役割演技　14, 119
野暮　171
豊かな心　68
豊かな人間性　10

212

ゆとり　11
用具主義　26
幼稚園教育要領　45

ラ・ワ行

利害損得　123

理性　19
倫理　34, 146
ロゴス　19
『ロビンソン・クルーソー』　16
『論語』　147

執筆者紹介（執筆順，執筆担当）

広岡義之（ひろおか・よしゆき，編著者，神戸親和女子大学発達教育学部）
　　　　　　　　　　　　　　　　　　　　　第1章・第7章・第10章

津田　徹（つだ・とおる，神戸芸術工科大学基礎教育センター）　第2章・第9章

猪田裕子（いのだ・ゆうこ，芦屋大学臨床教育学部）　第3章・第4章

深谷　潤（ふかや・じゅん，西南学院大学人間科学部）　第5章・第6章

塩見剛一（しおみ・こういち，名古屋女子大学文学部）　第8章

　　　　　　　　　　　　　　　　　　新しい道徳教育
　　　　　　　　　　　　　　　　　　——理論と実践——

　　　　　　　　2009年10月20日　初版第1刷発行　　　　〈検印省略〉
　　　　　　　　2015年1月20日　初版第3刷発行

　　　　　　　　　　　　　　　　　　　　　　　　定価はカバーに
　　　　　　　　　　　　　　　　　　　　　　　　表示しています

　　　　　　　　　　　　　　編著者　広　岡　義　之
　　　　　　　　　　　　　　発行者　杉　田　啓　三
　　　　　　　　　　　　　　印刷者　中　村　知　史

　　　　　　　　　発行所　株式会社　ミネルヴァ書房

　　　　　　　　　　　　607-8494　京都市山科区日ノ岡堤谷町1
　　　　　　　　　　　　電話 075-581-5191／振替 01020-0-8076

　　　　　　　　© 広岡ほか，2009　　　　　　　　中村印刷・兼文堂
　　　　　　　　　　ISBN978-4-623-05521-0
　　　　　　　　　　　　Printed in Japan

教職論 [第2版] ──教員を志すすべてのひとへ

教職問題研究会編　A5判240頁　本体2400円

「教職の意義等に関する科目」の教科書。教職と教職をめぐる組織・制度・環境を体系立ててわかりやすく解説した，教職志望者および現場教員にも必読の一冊。近年の法改正，学習指導要領改訂を踏まえて全面改訂した。

『人間と教育』を語り直す──教育研究へのいざない

皇　紀夫編著　A5判250頁　本体2500円

教育を「人間の在り方」の次元に引き寄せて語り直すことで，読者が，教育の意味や役割について主体的により深く考え，教育に新しい意味世界を発見できるように構成した教育入門書。教育を考える新しい思考スタイルや，従来想定されることがなかった問題などが語られる。

教育の制度と歴史

広岡義之編著　A5判200頁　本体2400円

教員志望者必携。西洋と日本の教育の歴史と制度の変遷を，豊富な図版を交えてわかりやすく解説。現代日本の教育制度の課題についてもやさしくコンパクトにまとめた。

これからの学校教育と教師──「失敗」から学ぶ教師論入門

佐々木司・三山　緑編著　A5判190頁　本体2200円

教職「教育原理」「教職の意義等にかんする科目」向けの入門書。各章末で，現在教壇に立つ現場教員の「失敗・挫折」を扱ったエピソードを紹介，本文と合わせて，そこから「何を学ぶのか」，わかりやすく解説する。

───── ミネルヴァ書房 ─────

http://www.minervashobo.co.jp/